Diogenes Taschenbuch 24596

Neustart

Nichts einfacher als das

Ausgewählt von
Christine Stemmermann

Diogenes

Mitarbeit: Lena Baumann
Nachweis am Schluss des Bandes
Covermotiv: Illustration von Anthony Zinonos
Copyright © Anthony Zinonos

Originalausgabe
Alle Rechte an dieser Ausgabe vorbehalten
Copyright © 2021
Diogenes Verlag AG Zürich
www.diogenes.ch
100/21/44/1
ISBN 978 3 257 24596 7

Inhalt

Meir Shalev
Glücksmomente 7

Dave Eggers
Bis an die Grenze 14

Margaret Forster
*Ein Zimmer, sechs Frauen
und ein Bild* 36

Joachim B. Schmidt
Die Widmung 65

Clemens Meyer
Warten auf Südamerika 74

Sylvain Tesson
Die Wälder der Rückkehr 96

Kurt Tucholsky
*Die Kunst, falsch zu reisen
Die Kunst, richtig zu reisen* 110

Joey Goebel
Das Schneckenhaus 115

Sy Montgomery
Einfach Mensch sein 150

Laura de Weck
Zeitenwende 165

Marlen Haushofer
Die Verwandlung 168

Henry David Thoreau
Wo und wofür ich lebte 178

Walter E. Richartz
Der Aussteiger 202

Susanna Tamaro
*Geh, wohin dein Herz
dich trägt* 219

Elizabeth Strout
Fluss 225

Nachweis 254

MEIR SHALEV

Glücksmomente

Nicht nur Anregung, neues Wissen und Zufriedenheit schenkt der Wildgarten seinem Besitzer, sondern auch Momente wahren Glücks. Sie sind zumeist periodisch wiederkehrend und voraussehbar, aber das tut der Freude und Wonne keinen Abbruch. Es sind die Momente des Knospens und Blühens und der Wiederkehr überwinternder oder übersommernder Vögel, es sind Momente, wenn leichter Wind über die Mohnwiese weht oder die grünen Blätter der Meerzwiebel knospen, nachdem die Blüten verblüht sind. Hierher gehört auch das Keimen der ausgesäten Lupinen, wenn ihre ersten Blättchen aus der Erde hervorschauen und wachsen – wie kleine Hände, die den Himmel anflehen. Ebenso das Keimen der Alpenveilchensamen, denn im Gegensatz zu den ersten Blättchen vieler anderer Blumen, die sich stark von den Blättern der erwachsenen Pflanze unterscheiden, sieht das erste Blatt des Alpenveilchens genauso aus wie das der reifen Pflanze, abgesehen davon, dass es sehr klein ist und die individuelle Zeichnung, die auf jedem Blatt eines Alpenveilchens erscheint, im ersten Jahr noch fehlt.

Auch Tiere können einem Glücksmomente bescheren, zum Beispiel der Gesang der Bienen in der Eiche oder im Kreuzdorn – was mich jedes Mal aufs Neue überrascht und freut, weil beider Blüten nicht so auffallend und attraktiv sind wie etwa die des Judas- oder des Storax-Baums. Die Eichenblüten sind winzig, farb- und geruchlos, und sie werden durch den Wind bestäubt. Wenn er weht, sieht man Wolken von Blütenstaub aus den Wipfeln männlicher Eichen aufsteigen und forttreiben. Aber die Bienen fliegen diese Bäume in Massen für eine Gratismahlzeit an, und schon an einem ersten sonnig warmen Tag Ende Januar kann man sie dort hören, als würden Bassisten und Cellospieler im Geäst musizieren. Ihr Summen klingt tief und weich, ist aber deutlich im Laub wahrzunehmen und erfüllt die Luft.

Beim ersten Mal wusste ich nicht, was ich da hörte, doch als ich näher trat und den Kopf hob, entdeckte ich, dass das Geräusch aus dem Eichengeäst kam. Tausende von Bienen waren dort zugange, sammelten Blütenstaub und summten mächtig. Ich lehnte mich an den Stamm, schloss die Augen und versank von Kopf bis Fuß im Gesang der Bienen, und seither tue ich das Jahr für Jahr. Was für ein herrliches Konzert, zart und volltönend, warm und kräftig, und es kündet davon, dass die Bienen den Frühling anders betrachten als ich. Unser Frühling ist bunt und würzig, warm und hell, anregend und liebkosend, angenehm für Auge, Haut und Nase, lockt mit seinem Liebreiz erst das Herz, dann auch den Körper ins Freie – zum Spazieren, Schnuppern, Schauen, Lieben. Aber die Bienen schwirren im Frühling zur Arbeit aus. Sie reden nicht vom »Hügel der Alpenveilchen«, erzählen nicht von »Anemonenteppichen«. Ihr Frühling hat rein wirtschaftliche Bedeutung: Der Bienenstock wimmelt von hungrigen Mäulern, die Speisekammer hat sich in der trüben Jahreszeit geleert, man muss Blütenstaub und Nektar einbringen, Honig produzieren, um die Königin und die Larven zu ernähren, eine weitere Generation Arbeiterinnen aufzuziehen. Ich finde es angenehm, ihrem Gesang zu lauschen, und noch angenehmer, zu wissen, dass ich nicht einer von ihnen bin – nicht zu den Bienen-, Ameisen- oder sonstigen Staaten gehöre, in denen die Sklaverei vererbt wird und schon derart geheiligte Tradition ist, dass an ihr nicht gerüttelt werden kann.

Einen anderen freudigen Moment erlebe ich, wenn ein Igel oder eine Schildkröte in meinem Garten auftaucht. Ich liebe Igel und Schildkröten, und jedes Jahr sehe ich sie seltener. Doch manchmal kommen sie und erfüllen mein Herz mit Freude. Als ich eines Abends im Garten am Boden saß, kam eine Igelmutter mit zwei Jungen, deren Stacheln noch nicht richtig hart waren. Sie liefen emsig hierhin und dorthin, suchten, schnupperten, kamen an mir vorbei, so nahe, dass eines der Jungen mich streifte. Eine solche Nähe zu einem Wildtier, und sei es ein kleiner Igel, eine Nähe, die Vertrauen und Sicherheit atmet, ist höchst angenehm.

Und die Vögel: In meinem Garten und seiner Umgebung leben Wiedehopfe, Krähen, Turteltauben, Palmtauben, Honigsauger, Halsbandsittiche, Schlangenadler, Bülbüls, Amseln, Streifenprinien, Kohlmeisen, Braunlieste, Rotkehlchen, Blutspechte, Schleiereulen, Zwergohreulen, Steinhühner, Triele, Lerchen, Falken, Eichelhäher und Spatzen. Sie alle erkenne ich an Aussehen und Stimme. Erwache ich vor Sonnenaufgang, kann ich die Uhrzeit daran ablesen, welcher Vogel gerade draußen singt.

Außer dem Ruf des Schlangenadlers habe ich alle Vogelstimmen schon gehört. Amseln und Bülbüls singen am schönsten, aber ich höre auch gern den Braunliest, eine Art Eisvogel, der seine Nahrung nicht mehr aus dem Wasser fischt, sondern sich Eidechsen und Insekten im Steilflug vom Boden schnappt und morgens laute Lacher über den Garten schickt, um allen zu verkünden, dass dieser Garten ihm gehört. Aber er gehört auch dem Honigsauger, der es trotz seiner Winzigkeit furchtlos ausposaunt, und auch den Halsbandsittichen, die Eindringlinge sind, sich aber wie Hausherren gebärden. Sie vertreiben die Spechte aus meinem Garten, und das nicht, weil Gott ihnen dieses Gebiet verheißen hätte, sondern weil sie es auf die Nisthöhlen der Spechte in den Baumstämmen abgesehen haben. Und das Rotkehlchen kehrt jedes Jahr aus Europa zurück und erinnert mich und die übrigen Vögel daran, dass der Garten weder mir noch ihnen gehört, sondern ihm allein.

Dieses Rotkehlchen ist mein zweites. In meinem zweiten oder dritten Winter hier kam das erste, stand in der Terebinthe vor meinem Fenster und stieß Kriegsrufe aus, ein scharfes, aggressives Schnickern: Za! Za! Za! Raus aus meinem Revier! Häufig sah ich es auch seine Grenzen verteidigen, und das war ein lustiger Anblick: Ein kleines, rundliches Vögelchen, das man zwischen Daumen und Zeigefinger zerquetschen könnte, hüpft kühn von Zweig zu Zweig: Za! Za! Za! Wer hier naht, wird totgemacht!

Zu Beginn des Sommers kehrte das Rotkehlchen in sein Land zurück, und als im nächsten Winter das Za! Za! Za! samt Rotkehlchen wieder da war, erklärte man mir auf meine Frage, es sei vermutlich derselbe Vogel, der an seinen gewohnten Wintersitz zurückgekehrt sei. Aber kleine Singvögel leben nicht lange, und ich war sehr traurig, als es, ein paar Jahre nach seinem ersten Auftritt, Winter wurde und mein Rotkehlchen seine Terebinthe nicht wieder aufsuchte.

Einige Jahre lebte ich ohne Rotkehlchen, bis mir die Götter ein neues schickten. An einem kalten Wintermorgen hörte ich es draußen und eilte überglücklich hinaus. Da ist es, schnickert eifrig, schützt sein Revier gegen jeden fremden Eindringling. Trotz seiner sozialistischen Farbe und seines dünnen, geraden Schnabels ist es politisch sehr falkenhaft.

Auch der Honigsauger bescherte mir einmal einen Glücksmoment, oder genauer gesagt, Schmerz und Reue, die in Freude umschlugen. Der Honigsauger, auch »Nektarvogel« genannt, ist der kleinste Vogel in meinem Garten. Manchmal – eher selten – erscheint eine Streifenprinie und macht ihm diesen Titel streitig, aber die Honigsauger sind fast immer hier. Die Weibchen sind graubraun, die Männchen schillern in Grün und Schwarz, zwei Farben, die bei jeder Bewegung changieren.

Häufig kreisen sie wie winzige Hubschrauber um die Blumen, was sehr hübsch anzusehen ist, doch in diesem honigsüßen Winzling verbirgt sich ein jähzorniges, angriffslustiges und triebhaftes Wesen. Die Männchen liefern sich Verfolgungsjagden am Himmel und im Geäst des Gartens und bekämpfen sogar ihre Spiegelbilder in den Fensterscheiben. Sie sausen rauf und runter, kurven so wendig, dass Jagdflieger sie nur beneiden können, und haben vor nichts Angst, weder vor Artgenossen noch anderen Vögeln, noch vor Tier oder Mensch. Wenn ich sie sehe, fällt mir eine hübsche Stelle in Nachum Gutmans Buch *Lobengulu, König von Zulu* ein. Darin berichtet er, wie in Südafrika ein »Honigsauger« – Gutman benutzt nicht den moderneren Namen »Nektarvogel« – einen Pavian verscheuchte, der sich dem Nest näherte: »Als der Affe noch näher ans Nest kam, veranstaltete der Honigsauger einen Mordskrach. Die Zwitscher schossen so rasch wie Gewehrsalven aus seiner Kehle. Er hüpfte auf den Affen zu, sprang um ihn herum, flog über ihn hinweg. (…) So ist das, wenn man zwei Eier im Nest hat. Es kommt nicht allein auf die Größe an.«

Einmal zerstörte ich versehentlich das Nest von Honigsaugern, die in meinem Garten lebten, und das tut mir bis heute leid. Ich schnitt damals die Lavendelsträucher zurück, die auf einer der Terrassen wachsen, und sah dabei ständig ein Honigsauger-Pärchen laut kreischend über mir flattern. Die beiden fielen mir auf, aber ich begriff nicht, dass sie mich wegjagen wollten. Ich dachte, sie seien mit ihren eigenen Angelegenheiten beschäftigt, einem Streit unter Nachbarn oder mit Liebeswerben und Untreue. Erst als meine Gartenschere ihr Nest traf, das verborgen im Dickicht hing, verstand ich, aber da war es zu spät. Das Nest war angeschnitten und barst, und die zwei winzigen Eier darin fielen heraus und zerbrachen. Die Honigsauger flogen davon und kehrten den ganzen Sommer nicht in meinen Garten zurück, und ich fürchtete bereits, sie würden nie wiederkommen. Aber im nächsten Sommer erschienen sie erneut – sie oder ein anderes Paar. Ich freute mich riesig, und seither halte ich die Augen offen und nehme mich in Acht.

Doch die Vögel, die mir die größte Freude bereiten, wohnen nicht in meinem Garten, sondern auf dem angrenzenden Feld. Es sind die Triele – Vögel, die fliegen können, aber lieber zu Fuß laufen. Sie haben die Größe eines jungen Huhns, lange Beine, scharfblickende gelbe Augen und ein gelb, braun und grau gemustertes Gefieder im Flecktarnlook. Wenn sie regungslos dastehen, nimmt das Auge sie kaum wahr, aber nachts hört man ihre Stimmen von weit her. Zu Beginn der Nacht und auch noch in ihrer Mitte und am Ende halten sie Zusammenkünfte ab, wie sie hier in der Jesreelebene üblich sind – mit Volkstanz und Gesang.

Diese Versammlungen haben etwas Geheimnisvolles und Verlockendes, das ich sehr mag. In Sommernächten, wenn die Triele auf dem gemähten Feld unterhalb meines Hauses singen und tanzen, gehe ich manchmal hinunter und im Dunkeln auf sie zu. Man darf ihnen nicht zu nahe kommen, denn dann verstummen sie und flüchten. Im Abstand von dreißig Metern strecke ich mich rücklings auf dem Boden aus, schaue in den Himmel und lausche.

Ihre mysteriösen, seltsamen Stimmen, das Liegen auf der Erde unter dem großen, hohen Sommerhimmel geben einem das Gefühl, mit offenen Augen zu träumen. Leider sehe ich keine Himmelsleitern und keine Engel, aber der Mensch muss sich mit dem zufriedengeben, was er hat. Und in diesem Moment habe ich eine warme Nacht und weiche Erde ohne Steine und einen Himmel voller Sterne, und Triele singen mir ein Lied – und das ist weit mehr, als die meisten Menschen haben, weit mehr, als ich in vielen anderen Momenten habe.

DAVE EGGERS
Bis an die Grenze

Sie hatten einen Apfel, eine Tüte ungeschälte Möhren, eine Flasche Gatorade Orange, eine Tüte Cracker, eine halbe Packung Kaubonbons und eine Flasche Wasser, zwei Drittel voll. Die Kinder trugen Jeans und T-Shirts. Die Temperatur lag um die achtzehn Grad. Josie war zuversichtlich, dass sie zum See wandern und rechtzeitig zum Mittagessen wieder zurück sein könnten.

»Paul«, sagte sie, wohl wissend, dass sie ihm eine Freude machen würde, »kannst du die Karte abzeichnen?« Seine Augen nahmen ein dienstfeifriges Funkeln an, als sie ihm einen Stift und einen Supermarktkassenzettel mit freier Rückseite aus ihrem Portemonnaie gab. Seine Zeichnung war schlicht, aber verständlich und enthielt die meisten Informationen auf der Karte, nämlich nicht viele: einen langen, gewundenen Wanderweg und einen ovalen See und daneben ein winziges Rechteck, das, so vermutete Josie, eine Art Picknickplatz war oder vielleicht so was wie ein Unterstand. Das Schild zeigte weniger eine moderne offizielle Wanderkarte, sondern eher etwas, was ein des Lesens und Schreibens unkundiger und noch dazu volltrunkener Halunke gezeichnet haben könnte.

Als sie zu dem Weg kamen, sah Josie jedoch, dass er breit und gut markiert war, und es hätte sie nicht gewundert, wenn an der Strecke Souvenirläden und Imbissbuden gewesen wären. Sie gingen los. Sie kamen in einen kleinen Birkenwald, wo die Bäume in regelmäßigen Abständen zueinander standen und das Licht den Boden sprenkelte und die Luft kühl war. Weiter vorne sahen sie an einem Baumstamm einen gelben Streifen von der Größe einer Hand, und Josie lachte, weil sie wusste, dass es ein leichter Wanderweg sein würde, mit Markierungen alle hundert Meter. Sie schauten auf Pauls Karte, und sie verriet ihnen nichts Neues. Der See war irgendwo vor ihnen – schien noch immer höchstens eine Stunde Fußmarsch entfernt.

»Eine Brücke«, sagte Paul und zeigte auf einen längs halbierten Baumstamm, der über einen kleinen Bachlauf gelegt worden war, der zum Fluss führte. Die provisorische Brücke überspannte den schmalen, seichten Bach, der langsam dahinrieselte, und war glitschig vermoost, doch Paul und Ana wollten sie unbedingt ohne Josies Hilfe überqueren. Sie war gerade mal einen Meter hoch, sodass sich die Kinder, selbst wenn sie abrutschten, wohl kaum verletzen würden. Josie erlaubte ihnen, über den Stamm zu laufen, und dann wollten sie es noch einmal machen und kamen zurück und gingen erneut drüber.

Sie folgten dem Fluss eine Zeit lang, eine Stunde oder mehr, durch die inzwischen brütende Hitze, die Paul und Ana zusetzte, doch dann bog der Weg landeinwärts und in Richtung Berge, und sie gingen im Schatten. Weiter vorne schien der Weg direkt auf einen Felsbrocken von der Größe einer alten Scheune zuzulaufen. Sie folgten ihm bis zu dem Felsen, der sich aus der Nähe eher wie eine Granitwand ausnahm. Sie suchten links und rechts, entdeckten aber keine gelben Markierungen.

»Ich glaube, wir müssen durch den Felsen durch«, sagte Paul. Er wirkte absolut ernst, bis sein linker Mundwinkel sich zu einem kleinen Grinsen verzog.

»Guckt mal. Gelb«, sagte Ana.

Josie und Paul drehten sich um und sahen, dass Ana einen kleinen gelben Streifen an einem Baum hoch oben auf dem Berg entdeckt hatte, der den Fluss überblickte. Ein schmaler Pfad führte zu dem Felsbrocken hinauf und um ihn herum, und sie nahmen ihn, wobei alle drei, Josie und Paul und Ana, das starke Gefühl hatten, dass sie ohne Ana diese nun offensichtliche Möglichkeit, den Felsen zu überwinden, übersehen hätten. Sie brauchten eine halbe Stunde, um den Pfad zu erklimmen, indem sie auf Baumwurzeln traten, um festen Halt zu haben, bis sie oben waren und in einiger Entfernung eine Lichtung sahen.

»Könnte der See sein«, sagte Paul.

Josie sah auf ihre Uhr. Es war kurz nach Mittag. Wenn das wirklich der See war, könnten sie, selbst wenn sie bis an sein Ufer wanderten, kehrtmachen und schnell zurückgehen und würden um zwei zurück in der Stadt sein. Sie erreichten den Bergkamm, aber da war kein See, nur Überbleibsel oder die Anfänge eines seichten Tümpels. Drum herum war eine weitläufige Wiese, die mit violetten und gelben Wildblumen gesprenkelt war.

»Ist das der See?«, fragte Ana.

»Das ist nicht der See«, sagte Paul, blickte dann Josie an. »Oder?«

»Nein«, sagte Josie.

Genau in so einer Umgebung, in die Biegung eines Berges geschmiegt, hatte sie gehofft, den See zu finden, und jetzt waren sie so weit gegangen und über den Kamm gestiegen und hatten etwas anderes gefunden, einen versumpften Tümpel – es war grausam.

»Okay«, sagte sie. »Lasst uns überlegen.« Und sie dachte über die Zeit nach und ihre Position auf diesem Wanderweg, auf halber Höhe eines Berges, der um ein Vielfaches größer war, als sie erwartet hatte. Sie hatten Stunden gebraucht, um bis hierher zu kommen. Es war noch Zeit weiterzugehen, den See zu erreichen und kehrtzumachen, dachte sie, hatte allerdings das greifbare Gefühl, die falsche Entscheidung zu treffen. Sie traute sich nicht, Paul anzusehen, aus Furcht, seine Augen würden sie verurteilen.

Ana zeigte zum Himmel. »Guck mal, Mom«, sagte sie. Eine große dunkle Wolke war hinter dem Berg hervorgekommen. Genau in dem Moment, als sie sie sahen, hörten sie Donner. Es war ein lautes Räuspern, das durch das Tal hallte, ein Vorbote von Unheil.

»Kommt das Gewitter auf uns zu?«, fragte Paul.

»Gibt es Blitze?«, fragte Ana.

Wieder donnerte es, diesmal lauter. Josie blickte hoch und sah, dass die Wolke näher gekommen war, den halben Berghang in düsteren Schatten tauchte. Und sie standen ganz in der Nähe von dem seichten Tümpel.

»Ich weiß nicht«, sagte Josie. Da sie nicht weit von einem Tümpel standen, versuchte sie sich zu erinnern, wie Blitze und Wasser sich zueinander verhielten. Leitete das Wasser oder schützte es? Die Möglichkeiten, die sich ihnen boten, waren nicht gerade berauschend. Es würde blitzen.

Wahrscheinlich auch regnen. Wenn sie im Freien blieben, würden sie nass bis auf die Haut.

»Sollen wir da rüberlaufen?«, fragte Ana und zeigte auf ein Wäldchen weiter vorne. Bis dahin war es gut eine achtel Meile die ansteigende Wiese hinauf, keine abschreckende Distanz, aber andererseits waren die Distanzen bisher immer irgendwie irreführend gewesen. Alles, was vermeintlich ganz nah war, war in Wirklichkeit doppelt so weit gewesen und hatte dreimal so lange gedauert.

»Blitze schlagen in Bäume ein, nicht?«, fragte Paul.

»Ich weiß nicht«, sagte Josie. Wieso wusste sie so was nicht? Wasser meiden oder Wasser suchen? Unter Bäume gehen oder weg von Bäumen?

Andererseits hatten sie bislang noch keinen Blitz gesehen, daher hegte sie die Hoffnung, dass sie es bis zu dem Wäldchen schaffen könnten, ehe das richtige Gewitter kam, falls es überhaupt kam. Der Wald schien die sicherste Option. Sie könnten sich dort ausruhen, trocken bleiben.

»Laufen wir«, sagte Josie.

Paul und Ana stand die Erschöpfung in den Augen, doch die wurde rasch durch den neuen Schwung einer notwendigen Aufgabe verdrängt.

»Wir laufen zu der Gruppe Bäume da hinten, okay?«, sagte Josie.

Sie nickten. Ana ging in die Startposition einer Sprinterin.

»Fertig?«, fragte Josie. »Dann los.«

Sie rannten los, weg von dem Wasser und über die Blumenwiese, ohne darauf zu achten, was für Farben sie unter den Füßen zertraten.

»Jaaa!«, schrie Ana hinter ihr.

Josie blickte sich um, sah Anas kleine Füße über Steine und Dornengestrüpp fliegen und ihren großen orangeroten Kopf hüpfen wie eine Kerze, die von einem Kaninchen getragen wird. Sie sah Pauls Gesicht, konzentriert und zielstrebig. Die Bäume waren jetzt nur noch ein paar Hundert Meter entfernt. Sie würden es schaffen. Als sie sich den ersten großen Kiefern näherten, kam Josie sich albern vor, dass sie das Ganze dramatischer gemacht hatte als nötig. Schließlich waren sie doch bloß in der freien Natur und liefen in einem aufziehenden Gewitter. Sie wollte nicht, dass ihre Kinder Angst vor dem Regen oder dem Donner oder den Blitzen hatten, selbst wenn sie das Gewitter in dieser Höhe aus einer bedrohlichen Nähe erleben würden. Vor dem Wald lag eine Formation kleiner schartiger Felsbrocken, und Josie blieb zwischen ihnen stehen, ließ sich von Paul und Ana überholen, musste lächeln, als sie sie vorbeiflitzen sah, mit pumpenden Armen, beide mit einem wilden Grinsen im Gesicht.

»Gut so, gut so!«, schrie Josie fast triumphierend.

Ein gellendes Krachen riss den Himmel über ihnen auf. Die Welt wurde weiß, und Josies Rücken verkrampfte sich wie unter einem Peitschenschlag. Vor ihr waren Paul und Ana für einige lange Sekunden in dem weißen Licht erstarrt, mitten im Lauf fotografiert. Sie hatte kurz den Gedanken, dass sie getroffen worden waren, dass es so war, wenn man vom Blitz getroffen wurde, dass ihre Kinder aus der Welt eliminiert wurden. Doch das Licht ging aus, die Welt wurde wieder farbig, und ihre Kinder bewegten sich weiter, lebten weiter, und auf den Blitz folgte ein so lauter

Donnerschlag, dass Josie jäh stehen blieb und sich auf die Erde warf. »Hinlegen!«, rief sie Paul und Ana zu. »Und herkommen.«

Paul und Ana krochen zu ihr, und sie legte sich schützend über die beiden. Sie blieben eine Minute lang unten, während der Himmel knurrte und schnaubte, als würde er ungeduldig nach Josie und ihren Kindern suchen.

»Ich hab Angst«, sagte Ana. »Der Blitz trifft uns bestimmt, oder?«

»Nein«, sagte Paul entschieden. »Nicht, wenn wir unten bleiben, so wie jetzt. Mach dich klein«, sagte er, und Ana schrumpfte zusammen, hielt die Knie mit den Armen umfasst.

»Gut so«, sagte er.

»Okay. Wir laufen weiter«, sagte Josie. »Bloß bis zu den Bäumen.« Sie blickte auf, sah, dass sie höchstens hundert Meter vom nächsten Wäldchen entfernt waren.

»Fertig?«, fragte sie.

Paul und Ana nickten, bereit, aufzuspringen und loszulaufen. Josie wartete einen Moment länger, als sie vorgehabt hatte, und das ganz ohne Grund. Einen flüchtigen Augenblick lang schaute sie in den Wald und ließ den Blick an dem höchsten Baum hochgleiten, fragte sich kurz, ob es stimmte, dass Blitze immer in den höchsten Punkt einer Fläche einschlagen.

»Laufen wir jetzt?«, fragte Paul.

Und dann riss die Welt auf. Ein widerliches Licht erfüllte den Wald, und ein blauweißer Blitz spaltete den Baum, den Josie gerade betrachtet hatte, eine schnelle Axt, die an seinem Rückgrat entlangfuhr.

»Scheiße«, sagte Josie.

»Mom, werden wir jetzt getroffen?«, fragte Ana.

Josie sagte, nein, sie würden nicht getroffen. Näher als bei dem letzten Einschlag würden Blitze nicht kommen, sagte sie ihnen, obwohl sie keine Veranlassung hatte, das zu glauben. Eigentlich kamen die Blitze nämlich von Mal zu Mal näher. Als würden sie vorsätzlich handeln.

Sie warteten, sahen, wie die verkohlten Reste des gespaltenen Baums schwelten, eine dünne graue Rauchfahne nach oben zog. Wieder grollte der Donner, als würde ein Panzer über das Dach des Himmels fahren. Josie ging im Kopf alle verfügbaren Optionen durch. Sie könnten bleiben, wo sie waren, aber sie würden klatschnass werden. Der Regen würde bald kommen, da war sie sicher, und die Sonne würde untergehen, und es würde stockfinster sein. Sie würden nass sein und frieren und nicht zurückfinden. Sie mussten weiter, sofort. Sie konnte sehen, dass sich der Wanderweg die nächste Meile hochwand, unterbrochen von kleinen Baumbeständen. Sie würden zwischen den Blitzeinschlägen von einem zum anderen laufen müssen.

»Wir laufen zu dem nächsten Wäldchen da vorne«, sagte sie zu den Kindern. »Das sind bloß ein paar Hundert Meter.« Aber der Pfad führte über offenes Gelände, war ungeschützt, und sie wären auf der Strecke leichte Ziele für jede heimtückische Gewalt, die es auf sie abgesehen hatte.

»Nein, Mama«, sagte Ana. »Nein, bitte.«

Paul erklärte, dass der Blitz gerade in die Bäume eingeschlagen war, und wollte wissen, wieso sie ausgerechnet da hinlaufen würden, wo gerade der Blitz eingeschlagen war.

»Der schlägt nicht noch einmal da ein«, sagte sie, ohne sich selbst zu glauben. »Und es wird bald regnen, okay? Wir müssen weiter.« Sie klammerte sich an die irrationale Hoffnung, dass am See irgendetwas war, irgendeine menschliche Behausung, und wenn nur ein weggeworfenes Zelt. »Eins, zwei, drei«, sagte sie, und sie rannten wieder, mit hochgezogenen Schultern, den Kopf voller Angst vor Strafe von oben.

Die ersten Regentropfen fielen auf ihre sprintenden Körper, als sie den Schutz der Bäume erreichten. Sie kamen an dem Baum vorbei, der vom Blitz getroffen worden war, und rochen das verkohlte Holz, den seltsam sauberen Geruch, und liefen weiter, bis der Wald dichter wurde, dunkel vor tiefen Zweigen. Josie blieb stehen, und Paul und Ana drückten sich an sie, und alle drei lehnten sich außer Atem an den breiten Stamm einer alten Kiefer.

»Können wir nicht einfach hierbleiben?«, fragte Ana, und Josie hielt es für durchaus möglich, dass sie dableiben konnten, zumindest für eine Weile, in der Hoffnung, dass das Gewitter weiterzog. Doch während sie das in Erwägung zog, wurde der Regen heftiger, und ein kalter Windstoß fegte durch die Bäume. Die Temperatur schien rasant zu fallen, und der Regen durchnässte sie im Nu bis auf die Haut. Sie blickte zu Ana hinunter, die ein kurzärmeliges Shirt trug. Sie hatte die Augen weit aufgerissen, und ihre Zähne begannen zu klappern. Nein, dachte Josie. Nein. Nur eine einzige Option. Sie zog ihr eigenes Shirt aus. »Komm, ich zieh dir das über«, sagte sie zu Ana, und Ana blickte sie entsetzt an.

»Zieh das an«, sagte Josie streng.

Ana zog sich das Shirt über den Kopf, und es hing schlabberig an ihrem Oberkörper und lag auf den Knien auf.

»Du willst so weiter?«, fragte Paul und deutete mit dem Kinn auf Josies weißen BH, ein zweckmäßiges Modell mit einem winzigen Spitzensaum.

»Das macht mir nichts«, sagte Josie, die seine Bemerkung als Ausdruck von Besorgnis missverstand. Er schämte sich für sie, wurde ihr klar. Er wollte nicht, dass seine Mutter im BH über einen Bergpfad lief.

»Zeig mir noch mal die Karte«, sagte Josie, bat Paul um die Zeichnung, die er gemacht hatte, bevor sie losgegangen waren. Josie war nicht sicher, was sie darauf zu finden hoffte, aber ihr waren Zweifel gekommen, ob es klug war, weiter in diese Richtung zu laufen. Sie bewegten sich in das Unwetter hinein, in ein Gebiet, das sie nicht kannten, aber wenn sie zurückgingen, egal wie lange es dauerte oder wie nass sie wurden und wie sehr sie froren, würden sie garantiert zurück in die Stadt finden. Paul zögerte einen Moment, dann nahm sein Gesicht einen ernsten Ausdruck an. Er zog das Stück Papier aus der Tasche, faltete es auseinander und beugte sich darüber, um es vor dem Regen zu schützen.

Über ihnen krachten zwei Jets zusammen. Eine andere Erklärung konnte es nicht geben. Josie hatte noch nie so lauten Donner gehört. Die Regentropfen wurden noch dicker. Ihre Kinder, ohnehin schon völlig durchnässt, wurden irgendwie noch nasser und froren noch mehr. Josie schätzte die Temperatur auf dreizehn, vierzehn Grad und nahm an, dass sie in der nächsten Stunde um etliche Grad absacken würde.

Jetzt schaute sie auf die Karte, und obwohl sie so unvollständig war wie die Karte, von der Paul sie abgezeichnet hatte und nur einen gewundenen Wanderweg zu einem ovalen See zeigte, war neben dem Oval dieses winzige Rechteck zu erkennen. Das musste irgendein Gebäude sein, dachte sie. Schon ein Klohäuschen könnte die Rettung sein.

»Bist du sicher, dass das da hingehört?«, fragte sie und deutete auf seine Zeichnung.

»Was?«, sagte Paul. »Das? Das war auf der Karte an dem Schild.«

»Okay«, sagte sie. »Ganz sicher?«

»Ganz sicher«, sagte er.

Sie wusste, dass ihr Sohn die Aufgabe, die Karte zu zeichnen, mit größter Ernsthaftigkeit ausgeführt hatte, und falls er sich nicht vertan hatte, dann könnte das Kästchen auf der handgemalten Karte sie retten. Es war sehr viel näher, als zum Anfang des Wanderwegs zurückzukehren – Meilen näher. Es lag gleich hinter einer weiten Biegung des Weges.

»Habt ihr zwei euch ausgeruht?«, fragte Josie.

Keines der Kinder antwortete.

»Wir müssen wieder laufen«, sagte sie. »Wir müssen laufen, bis wir am See und am Unterstand sind. Versteht ihr? Wir legen die Strecke in Etappen zurück. Wir laufen von Punkt zu Punkt, und wir ruhen uns aus, wenn ihr eine Pause braucht. Okay?«

Über ihnen zerplatzte ein Planet wie ein Luftballon.

»Könnt ihr zwei tapfer sein?«, fragte Josie.

Paul und Ana zögerten nicht. Sie nickten heftig, wollten tapfer sein, wussten, dass es keine andere Wahl gab, als tapfer zu sein, dass es nichts Tolleres gab, als tapfer zu sein.

In diesem Moment begriff Josie, was besser war, als nach mutigen Menschen zu suchen – Gott, sie war seit Jahren auf dieser Suche: Besser und womöglich leichter, als nach solchen Menschen auf der bestehenden Welt zu suchen, war es, sie zu *erschaffen*. Sie musste integre und mutige Menschen nicht finden. Sie musste sie machen.

Ein verstohlenes Lächeln hatte sich auf Anas Gesicht ausgebreitet.

»Was ist?«, fragte Josie.

»Das darf ich nicht sagen«, sagte Ana.

»Sag schon. Ist doch egal.«

»Das ist ein schlimmes Wort, glaub ich«, sagte Ana.

»Macht nichts.«

»Scheißsturm«, sagte Ana, und Paul lachte, seine Eispriesteraugen lächelten, von innen erleuchtet.

»Scheißsturm, genau«, sagte Josie. »Das ist ein Scheißsturm. Seid ihr bereit, durch diesen Scheißsturm zu rennen?«

Sie grinsten und liefen wieder los. Sie rannten durch das Wäldchen, und als die Bäume aufhörten und die nächsten hundert Meter Wanderweg sichtbar waren, sahen sie eine weitere gelbe Markierung und hasteten darauf zu. Die Steine auf dem Weg waren jetzt nass, und Ana rutschte auf einem aus, fiel hin und schlug sich das Bein an dem Geröll auf. Blitze tauchten die Welt in hartes blaues Licht, aber Josie blieb nicht stehen. Sie hob Ana im Laufen hoch und trug sie Brust an Brust, bis sie den nächsten kleinen Wald erreichten.

Als sie Ana schließlich absetzen konnte, hatte sich irgendwas in Josies Rücken verschoben. Da war was absolut nicht in Ordnung. Sie konnte nicht atmen. Sie stellte Ana hin und legte sich auf die Seite und versuchte, eine wirksame Methode zu finden, um Luft in ihren Körper zu bekommen. Ein Bandscheibenvorfall. Ein verletzter Lungenflügel. Eine gebrochene Rippe. Alles war möglich.

»Was hast du?«, fragte Paul.

Josie konnte nicht sprechen. Sie hob einen Finger, um Zeit zu erbitten. Jetzt starrten beide Kinder sie an, Ana in dem weiten Shirt ihrer Mutter, das an ihr herunterhing wie ein Kittel. Josie blickte hinauf in die Baumwipfel, die schwarzen Tannensilhouetten vor dem Himmel, wütend und grau wie ein Meeressturm.

Josie kam langsam wieder zu Atem, und als sie sich schließlich aufsetzen konnte, sah sie, dass Paul unten von ihrem Shirt, dem Shirt, das Ana jetzt trug, einen Streifen abgerissen und Ana damit das Bein provisorisch verbunden hatte. Es sah aus wie auf einem Schlachtfeld im Ersten Weltkrieg, aber Ana streichelte den Stoffstreifen ehrfürchtig. Ein Oval aus Blut quoll hindurch, und Anas Augen wurden groß.

Josie schaute den Wanderweg hoch und meinte, gleich hinter einer weiteren Baumgruppe und einem niedrigen Kamm die Lichtung zu sehen, wo der See und der Unterstand sein könnten. Sie stand auf, hatte große Angst, dass sie vielleicht nicht die Kraft dazu hätte oder dass das, was mit ihrem Rücken passiert war, durch das Aufstehen noch viel schlimmer werden würde. Aber obwohl sie fix und fertig war und jetzt sah, dass ihre Beine an mehreren Stellen bluteten, konnte sie atmen und war einigermaßen sicher, wieder laufen zu können.

»Sie kann nicht laufen«, sagte Paul und zeigte auf Ana.

»Stimmt das?«, fragte Josie sie. Ana stiegen Tränen in die Augen, und ihr Kinn bebte. Josie blickte nach unten und sah, dass Ana den rechten Fuß nicht belasten konnte. Josie untersuchte das Bein von oben bis unten und konnte keinen Bruch ertasten, doch als sie ganz leicht auf den Verband drückte, wimmerte Ana. »Du hast eine Verstauchung. Nichts gebrochen«, sagte Josie, und jetzt quollen Ana die Tränen aus den Augen. »Okay. Halt dich an mir fest«, sagte Josie zu ihr, »wie ein Äffchen.«

Ana schlang die Arme um sie und drückte ihre kleine Schulter an Josies Hals. Als Josie sich aufrichtete, jetzt mit vierzig Pfund mehr in den Armen, protestierte ihr Rücken lautstark.

»Fertig, Paul?«, sagte sie.

»Bloß bis zu den nächsten Bäumen?«, fragte er.

Vor ihnen erstreckten sich einige Hundert Meter Sand und Geröll durch ein offenes Tal, das völlig ungeschützt war.

»Genau«, sagte sie. »Du läufst, und ich bin direkt hinter dir. Bleib nicht stehen, bevor du da bist.«

»Jetzt?«, fragte Paul.

»Jetzt«, sagte Josie.

Sie rannten los, und Josie hielt einen Arm um Anas Po geschlungen, während sie den anderen vorstreckte, um sich abfangen zu können, falls sie stürzten. Sie rechnete mit einem Sturz. Sie war noch nie mit Ana auf dem Arm über einen nassen, mit Geröll übersäten Weg mit solchen Schmerzen gelaufen. Jeder Schritt jagte Josie einen scharfen Stich stählernes Licht durch die Wirbelsäule und das Bein hinunter. Anas Gewicht verschlimmerte das, was Josie auch immer mit ihrem Rücken angestellt hatte, aber sie konnte das Tempo auf der freien Strecke nicht verlangsamen. Sie musste mit Paul Schritt halten, der sich plötzlich mühelos flink und geschmeidig bewegte. Josie sah, wie er sprang und landete, begeistert von seiner Behändigkeit und seinem Mut.

Als wollte er sie für diesen Moment des Stolzes bestrafen, riss der Himmel auf, von einem Ende zum anderen. Paul stürzte zu Boden, und Josie fiel auf die Knie. Kein Erdbeben, kein Tornado konnten so laut sein. In den gut vier Jahrzehnten ihres Lebens hatte Josie nie zuvor so ein Unwetter gehört, hatte nie zuvor einen so strafenden Himmel erlebt.

Sie standen auf und liefen weiter und schafften es zum nächsten Wald. Josie folgte Paul zu einer Stelle an einem toten Kiefernstamm. Sie saßen nebeneinander wie Soldaten im Schützengraben, keuchend. Ana klebte noch immer an Josies Oberkörper, ihr verfilzter Haarschopf an Josies Hals.

»Frierst du?«, fragte Paul und deutete auf Josies BH, ihre marmorierte Haut.

»Nein, nein«, sagte Josie. Kalter Regen rann an ihr herab, und die Kälte drang ihr in die Knochen, während sie sich ausruhten, doch solange sie lief, war ihr warm gewesen. Der Schmerz jedoch überwältigte ihre Sinne.

»Wir schaffen das«, sagte Josie. »Das weißt du doch, oder?«

Paul nickte ernst, als würde seine Mutter etwas bestätigen, das er bereits geahnt hatte und von dem er gehofft hatte, dass es stimmen würde. Sie waren in Bewegung, setzten die wunderbaren Mechanismen ihrer Körperlichkeit vollständig ein, und sie überlisteten die blinde, brachiale Kraft des Unwetters.

»Wir müssen nur noch um die Biegung da hinten, glaube ich«, sagte Josie und deutete nach vorne. Paul holte seine Karte hervor und zeigte auf einen weiten Bogen, den sein selbst gezeichneter Weg kurz vor dem See beschrieb.

»Ich glaube, es ist nicht mehr weit«, sagte er.

Eine andere Art von Donner erfüllte die Luft. Er war so laut wie zuvor, als der Himmel aufgerissen war, aber diesmal kam das Geräusch aus Richtung Wanderweg. Es war langsamer, ein anwachsendes Tosen, das sich anhörte wie Steine, wie Tausende Steine, die sich gleichzeitig bewegten.

Josie stand auf und schaute die Biegung des Weges entlang. Sie konnte nichts sehen. Dann drang eine Staubwelle hinter einer Wölbung der Felswand hervor. Josie hatte noch nie eine Lawine gesehen oder gehört, aber sie wusste, dass das da eine Lawine war, keine dreihundert Meter weiter vorn. Nachdem das seltsam geordnete Tosen verklungen war, wurde das Tal still, als müsste es sich nach der Anstrengung ausruhen. Josie hatte keine Ahnung, was sie tun sollte. Ein Rückzug war unmöglich aus all den Gründen, die sie sich zuvor klargemacht hatte – die Kinder würden leiden, es war zu kalt, sie wären durchnässt und durchgefroren. Aber weiter in Richtung der Lawine gehen?

»War das eine, Mom?«, fragte Paul.

»Was?«, fragte Josie.

Paul sah Josie mit großen Augen an, gab ihr zu verstehen, dass er das Wort »Lawine« nicht vor Ana aussprechen wollte.

»Ich glaube, ja«, sagte Josie.

Der Regen schien sein Volumen schlagartig zu verdoppeln. Jeder einzelne Tropfen war fett und schwer. Josie wusste, dass sie weitermussten. Sie beschloss, dass sie sich bis zu der nicht einsehbaren Biegung des Wanderweges vorwagen und wenigstens einen Blick um die Ecke riskieren würden, um zu sehen, was passiert war, ob der Weg dahinter noch begehbar war. Sie nahm Ana hoch, die sich irgendwie noch fester an sie klammerte als zuvor, was schmerzhaft, aber nötig war, und sie ging los. Diesmal übernahm sie die Führung, dicht gefolgt von Paul.

Schon weit vor der Biegung konnten sie die Spuren der Lawine sehen. Eine unwegsame graue Diagonale aus Steinen und Geröll hatte den Weg verschwinden lassen und erstreckte sich bis auf den Talboden in gut hundert Metern Tiefe. Josie spähte die Felswand hoch und suchte nach irgendwelchen Hinweisen darauf, was sie weiter im Schilde führte. Hinter den herabgestürzten Gesteinsbrocken konnte sie den Weg sehen, der anscheinend weiter zu einer Lichtung führte. Irgendwie würden sie und Paul und Ana rund fünfzig Meter weit über das Lawinenfeld klettern müssen, um wieder auf den Weg zu gelangen, und das angesichts der Möglichkeit, dass die Gesteinsmassen sich wieder in Bewegung setzten, dass ihre Überquerung das Ganze ins Rutschen bringen würde.

Irgendein Impuls in ihr riet ihr, sich zu beeilen, nicht länger zu grübeln. »Los geht's«, sagte sie. Ihr Rücken schrie wieder, doch sie kletterte auf die ruhenden Steine, merkte, dass es ihr beinahe unmöglich war, sicheren Tritt zu finden. Sie hob einen Fuß, verlagerte ihr Körpergewicht darauf, und sofort rutschte ihr Fuß weg, und sie fiel hin. Ana entglitt ihr und landete auf den dreckigen Steinen. Josie konnte ihren Sturz zwar mit den Händen abfangen, schlug aber mit der Stirn gegen einen aufragenden Stein. Der Schmerz war rasch und heftig, aber Josie wusste, dass die Verletzung nicht schwer war.

»Alles okay?«, fragte Paul. Er war neben Josie und Ana aufgetaucht, und dank seines leichten Gewichts konnte er flink die Spitze des Gerölls erklimmen, ohne einzusinken.

Ana nickte, und Josie sagte, ihr sei nichts passiert.

»Du hast Blut im Gesicht«, sagte Paul zu Josie. »Aber nicht viel.«

Josie hatte keine Hand frei, um es abzuwischen. Und sie wusste, dass Ana allein klettern musste, um es auf die andere Seite zu schaffen.

»Folge Paul«, sagte sie, und Ana erhob keinen Einspruch.

Ana, die jetzt ihr bandagiertes Bein schonte, bewegte sich flink über die lockere Steinmasse, und Josie folgte ihr, so gut sie konnte. Sie versuchte, sich leichter zu machen, wendiger.

»Wartet!«, rief sie. Die Kinder, die keine Probleme hatten, waren schon weit vor ihr.

Josie kroch, rutschte, ihre Gliedmaßen sanken in das Geröll ein wie in frisch gefallenen Schnee.

Plötzlich hatte sie eine Idee und setzte sie prompt in die Tat um, weil sie wusste, dass sie alles versuchen musste. Sie drehte sich auf den Rücken und schob sich mit den Füßen weiter, wie ein Mechaniker unter ein Auto. Das Geröll zerkratzte ihr den Rücken, den nackten Hals und den Hinterkopf, aber es klappte. Ihre Hände und Beine hatten zu viel

Druck auf die losen Steine ausgeübt und waren immer wieder eingesackt. Aber ihr Rücken fungierte wie ein Schneeschuh, verteilte ihr Gewicht, und so schob sie sich über das Gestein, während ihre Kinder zuschauten und sie schließlich anfeuerten.

»Gleich hast du's geschafft«, sagte Paul.

»Gleich hast du's geschafft«, wiederholte Ana.

Josie hatte das starke Gefühl, dass ihre Kinder diesen Anblick in Erinnerung behalten würden, das Bild ihrer Mutter, die wie eine Rückenschwimmerin mitten in einem alaskischen Gewitter über ein Lawinenfeld glitt. Josie prustete los und lachte laut auf, während der Regen auf sie einprasselte.

Dann war sie bei ihren wartenden Kindern. Ana stand auf einem Bein und hielt sich an der Schulter ihres Bruders fest. Pauls Beine waren blutig aufgeschürft, die Haut an seinen Hände war eingerissen und dreckig von den Steinen, über die er geklettert war. Anas Beine und Hände waren ähnlich übel zugerichtet, und irgendwann hatte sie sich eine Verletzung an der Schläfe zugezogen, eine fingergroße rote Wunde. Über ihnen krachte erneut der Donner, lauter als jeder Donner seit Anbeginn der Schöpfung je gewesen war, und Josie lachte wieder auf. »Es hört nie auf, was?«, sagte sie. »Eins nach dem anderen.« Ana und Paul lächelten, wussten aber nicht genau, was ihre Mutter meinte, und Josie war froh, dass ihnen der Subtext ihrer Feststellung entgangen war.

»Okay, kann's weitergehen?«, fragte sie. Sie drehte sich um, ohne irgendetwas zu erwarten, doch jetzt, auf der anderen Seite des Geröllfeldes, konnte sie den strahlend blauen See sehen, nicht größer als ein Swimmingpool. Josie lachte wieder. »Oh Gott«, sagte sie, »seht euch das an. Wie klein der ist. Den ganzen Weg dafür!«

»Aber er ist so blau«, sagte Paul. »Und guck mal da.«

Josie hatte nach dem Unterstand gesucht, den die Karte versprochen hatte, aber Paul hatte sie zuerst entdeckt. Es war mehr als nur ein Unterstand. Es war eine stabile Hütte aus Rundhölzern und Ziegelsteinen, mit einem Schornstein, der schnurgerade aufragte wie ein Leuchtturm. An der Tür hing das gleiche schlaffe Trio Luftballons, das sie an dem Schild am Anfang des Wanderweges gesehen hatten.

Josie musste ihren Kindern nicht sagen, was sie tun sollten. Sie waren schon losgelaufen. Ana war irgendwie wieder erstarkt, und Paul rannte voraus, weil er wusste, dass seine Schwester allein klarkam, und Josie ging hinter ihnen her. Ihre Schultern bebten vor Kälte und einer Art tränenlosem Weinen.

Als sie die Hütte erreichte, sah sie das Schild über der Tür. »Willkommen zum Stromberg-Familientreffen«, stand darauf. Sie trat ein und sah Paul und Ana, die klatschnass vom Regen und blutverschmiert mitten in einem Raum standen, der offenbar für eine Überraschungsparty geschmückt worden war. Es gab Luftballons, Luftschlangen, einen Tisch, der beladen war mit Säften und Limos, Chips, Obst und einem prächtigen Schokoladenkuchen unter einer Plastikhaube. Überall in der Hütte standen gerahmte Fotos aus jeder Epoche, die meisten in Schwarz-Weiß, alle säuberlich beschriftet. Die Strombergs im Wandel der Zeiten. Josie konnte nur vermuten, dass irgendein unerschrockenes Mitglied der Familie vor Tagen hier in der Hütte gewesen war, alles für das Familienfest vorbereitet hatte und dann aus irgendeinem Grund – Feuer oder sonstige Tragödien – das Ganze absagen musste, sodass die Hütte samt ihren Gaben nun einer anderen, kleineren Familie zur Verfügung stand: Josie, Paul und Ana, die so müde waren.

»Wer sind die Strombergs?«, fragte Paul.

»Heute sind wir die Strombergs«, sagte Josie.

Der Vorrat an Feuerholz hätte für drei Winter gereicht, und es war auch reichlich Wasser da. Also machte Josie ein Feuer, und sie zogen ihre Sachen aus und wuschen sich und saßen dann nackt unter einer großen Wolldecke, während ihre schmutzige Kleidung vor dem Kamin trocknete. Sie aßen und tranken wild durcheinander alles, worauf sie Lust hatten, und waren schon bald satt, und obwohl ihre Muskeln schmerzten und ihre Wunden schreiend nach Aufmerksamkeit verlangten, konnten sie stundenlang nicht einschlafen. Jeder Teil ihres Seins war wach. Ihr Geist jubelte triumphierend, ihre Arme und Beine wollten mehr Herausforderungen, mehr Siege, mehr Ruhm.

»Das war gut, was?«, sagte Paul.

Er wartete nicht auf eine Antwort. Er starrte ins Feuer, mit glühendem Gesicht, das viel jünger wirkte, als es war – vielleicht wiedergeboren. Seine Eispriesteraugen hatten ein neues und ungetrübtes Glück gefunden. Er wusste, dass es gut war.

Josie merkte, dass sie lächelte, denn sie wusste, dass sie mit dem, was sie hatten, getan hatten, was sie konnten, und dass sie in jedem Schritt Freude und Sinn gefunden hatten. Sie hatten ausgelassene Musik gemacht, und sie hatten furchterregenden Hindernissen in dieser Welt getrotzt, und sie hatten gelacht und triumphiert und Blut vergossen, waren aber jetzt nackt zusammen und warm, und das Feuer vor ihnen würde nicht ausgehen. Josie blickte in die leuchtenden, flammenden Gesichter ihrer Kinder und wusste, dass sie genau die waren, die sie sein sollten, und genau dort waren, wo sie hingehörten.

MARGARET FORSTER
Ein Zimmer, sechs Frauen und ein Bild

Der Lärm, der Schmutz, die hohen grauen Häuser, die dreckige Haustür, der schmierige Klopfer, der Geruch im dunklen Flur (nach gekochtem Kohl), die kaputte Lampe, der völlig zerschlissene Treppenläufer, die fehlenden Geländerstäbe – und dann ihr Zimmer. Nach hinten hinaus, mit Blick auf die Mülltonnen. Die Netzgardine ein dreckiger Schleier, den sie sofort herunterriß und zusammengeknüllt in eine Ecke stopfte, egal, was der Vermieter dazu sagen würde. Etwas mehr Licht drang herein, aber nicht viel. Die Fensterscheiben waren von außen und von innen völlig verdreckt. Gwen rieb mit der Hand darüber. Interessant. Die Schmierstreifen waren gelb, wie nachgedunkeltes Eidotter. Rauch, jemand hatte in diesem Kellerloch stark geraucht.

Sie lächelte. Alles sah schäbig und trübselig aus, aber es gehörte ihr. Sie war als Fremde in dieses Zimmer gekommen (erst siebzehn und zum ersten Mal von zu Hause fort), aber sie würde es sich vertraut machen und keine Angst davor haben. Die Züge, die im Bahnhof Euston ein- und ausfuhren, machten eine Menge Lärm, aber nur die schrillen Pfiffe der Bahnwärter erschreckten sie. Das Geräusch der Züge selbst, der Räder auf den Gleisen, war ein Rhythmus, an den sie sich gewöhnen würde. Sie würde es müssen.

Sie hatte kein Geld für ein besseres Zimmer, und sie wollte nicht draußen in St. Albans bei ihrer Tante wohnen, wie Gus es zuerst getan hatte. Sie wollte in der Nähe der Slade wohnen und jeden Tag zu Fuß hin- und zurückgehen können. Die Gower Street, das hatte sie schon herausgefunden, war zu Fuß nur zehn Minuten entfernt.

Ein langweiliger Weg. Kein Grün, nur Pflastersteine und hohe Häuser, die das Licht fernhielten, außer an den allerhellsten Tagen. Und so viele Menschen, die von der Euston Road nach Bloomsbury hasteten. Sie hatte hier keine Schönheit erwartet, sie hatte gewußt, daß es keine berauschenden Anblicke geben würde, nichts, was sich mit dem Meer zu Hause vergleichen ließ, aber die Trostlosigkeit ihrer Umgebung war trotzdem ein Schock. Sie mußte sich sehr zusammenreißen, mußte sich selbst zur Geduld mahnen. Das, weswegen sie in diesen Teil Londons gekommen war, würde sich ihr bald offenbaren, und nichts anderes würde eine Rolle spielen.

Die Hände in die Hüften gestemmt, sah sie sich in ihrem Zimmer um und beschloß, nichts zu verändern. Das Bett würde andersherum besser stehen, aber sie würde es lassen. Sie setzte sich auf die Kante und merkte, wie die Matratze unter ihr einsackte. Sie mußte sich ein Brett besorgen und es zwischen die Sprungfedern und die alte Matratze schieben. Aber die Bettwäsche war sauber. Sie roch frisch, als Gwen daran schnupperte. Es gab keinen Spiegel im Zimmer, weder an der Schranktür noch über dem Kaminsims. Kein Wunder – dieses Zimmer wollte keine seiner Einzelheiten widergespiegelt sehen. Außerdem gab es auch keinerlei Zierat, was ein Segen war. Die Oberflächen von

Kommode und Frisiertisch waren leer, nicht einmal ein Tuch deckte die zerkratzten Platten ab. Trotzdem gab es zu viele Möbel auf zu wenig Raum, Sie mußte sich zur Seite drehen, wenn sie vom Bett zur Tür wollte. Wo sollte sie sich waschen? Es gab einen Waschständer mit einem Krug und einer Schüssel, aber es war kein Wasser im Krug. Würde jemand es jeden Tag bringen, oder mußte sie es sich selbst holen?

Das Auspacken ging schnell. Der schmale Schrank schien ihre Kleider nur widerwillig aufzunehmen. Er enthielt keine Kleiderstange, sondern nur eine Reihe von Haken. Sie hatte vier Kleider dabei und zwei Röcke und sechs Blusen, die sie in der Slade tragen würde. Zwei Paar Stiefel, ein Paar Galoschen. Ihre Strümpfe und ihre Unterwäsche kamen in die Schubladen der Kommode, wo hinterher immer noch reichlich Platz war. Das Nachthemd und den Morgenmantel breitete sie auf dem Bett aus. Sie sahen fast unschicklich aus, wie sie so dalagen, die weiße Baumwolle grell vor der braunen Tagesdecke, zu rein für deren altes Gesicht. Das Problem waren ihre Zeichensachen. Es gab nichts, wo sie ihre Skizzenbücher und Kohlestifte, ihre Radiergummis und Pinsel verstauen konnte. Gus hatte gesagt, sie solle nichts mitbringen, aber sie hatte ihm nicht gehorcht. Sie räumte sie in die breite unterste Schublade der Kommode und schob ihren Koffer unter das Bett.

Es war spät. Sie hatte nichts gegessen, seit sie Miss Philpots Gästehaus in Bayswater, wo sie vorher untergekommen war, verlassen hatte, aber sie hatte keinen Hunger. Sie war viel zu aufgeregt beim Gedanken an den nächsten Morgen, an dem sie zur Slade gehen und *endlich* anfangen würde. Nach dem Abenteuer, das Wasserklosett am Ende des Flurs zu finden, zog sie sich aus und legte sich ins Bett und verschränkte die Arme hinter dem Kopf und starrte die Tapete an. Verschiedene Brauntöne mit einem unerklärlichen Grün, das etwa alle dreißig Zentimeter auftauchte. Was war das Grüne? Sie konzentrierte sich. Das Muster ergab keinen Sinn. Sie hatte die Vorhänge offengelassen, aber die Laternen auf der Straße über ihr warfen nur ein trübes Licht herein. Das Grün, so entschied sie, sollte Stiele von Blüten darstellen, Blüten von einer Art, wie sie sie noch nie gesehen hatte. Man konnte Alpträume davon bekommen, aber sie schlief gut.

Wie riesig! Gwen war noch nie in einem so großen Raum gewesen, die Decke so hoch, daß sie sich winzig vorkam. Der Raum war nicht leer – er war vollgestopft mit Büsten und Statuen und Staffeleien –, aber er vermittelte trotzdem ein Gefühl der Leere, das sie begeisterte. Die Luft war kalt, das Licht grell. Sie blieb ernst und zögernd in der Tür stehen, unsicher, wo sie hingehen sollte. Ein Mädchen mit langen, welligen, offenen Haaren drehte sich an einer Staffelei um und sah sie. Sie stand auf und kam auf Gwen zu, lächelnd, einladend, die Arme ausgestreckt, als wollte sie sie überschwenglich begrüßen. Gwen hielt ihr schnell die Hand hin, um eine Umarmung zu verhindern. Das Mädchen lachte und nahm ihre Hand. Sie sagte, sie sei Edna Waugh, und Gwen solle sich neben sie setzen. Gus habe ihr von der Ankunft seiner Schwester erzählt, und alle seien gespannt, sie kennenzulernen. Gwen setzte sich, wie geheißen. Sie wollte nicht reden. Sie brannte darauf anzufangen und griff sofort nach ihren Kohlestiften. Es schien keinen Lehrer zu geben, der ihr sagen konnte, was sie tun sollte, also machte sie dasselbe wie Edna und zeichnete, was vor ihr stand. Alle an der Slade, Männer und Frauen, fingen im Antikensaal an. Wie angewiesen, hatte sie eine Schachtel mit Kohlestiften und Ingrespapier und ein Stück Brot dabei. Sie machte sich daran, die Gipsabgüsse griechischer, römischer und Renaissance-Köpfe zu zeichnen, und wartete darauf, korrigiert zu werden.

Eine Korrektur gab es an diesem Tag nicht. Henry Tonks, der Lehrer, tauchte zwar irgendwann auf, war aber mit anderen in dem riesigen Raum beschäftigt und sagte außer ein paar höflichen Begrüßungsworten nichts zu seiner neuen Schülerin. Aber er blieb einen Moment bei ihr stehen und sah ihr zu. Es machte sie nicht so nervös, wie sie gedacht hatte. Von Gus, der das alles ein Jahr zuvor durchlaufen hatte, wußte sie, was Tonks erwartete: Das Gespür seiner Schüler sollte durch das Studium der Skulpturen entwickelt werden, bevor sie zum lebenden Modell übergehen konnten. Einfach nur in diesem Raum zu sitzen und den ganzen Tag zeichnen zu können war ein Privileg, von dem niemand Gwen sagen mußte, daß sie es wertschätzen solle, und sie klagte nie über das, was andere, über das repetitive Zeichnen stöhnend, als langweilig empfanden. Viel zu früh war es fünf Uhr. Sie war die letzte, die ging, ein ganzes Bündel Zeichnungen in ihrer Mappe, keine einzige davon ihrer eigenen Meinung nach gut genug. Morgen würde sie sich noch mehr Mühe geben, und am Tag danach noch mehr, und sie würde sich nicht von ihrem Ziel ablenken lassen.

Es gab viele, die sie ablenken wollten. Sirenen überall,

die von den Freuden sangen, sich in Cafés zu treffen, und von Theaterbesuchen und von Zusammenkünften in diesem oder jenem Zimmer. Versuchungen überall, denen Gus immer bereitwillig nachgab. Sie selbst war sich nicht sicher, ob sie ihnen vollständig widerstehen konnte oder ob sie es sollte.

»Komm mit zu mir nach Hause«, hatte Ida gesagt. »Es ist nicht weit.« Sie überquerten die Tottenham Court Road, Ida unaufhörlich redend, während Gwen den Kopf gesenkt hielt und ihre neue Freundin nicht ansah, ihr aber aufmerksam zuhörte, und gingen weiter durch die Goodge Street – sie las die Namen und prägte sie sich ein – und von da in die Wigmore Street, wo Ida lebte. Das Haus war beängstigend hoch. Es zeugte von Grandeur und Wohlstand, aber als sie eingetreten war, verschwand dieser Eindruck. Die Diele war vollgestopft mit Stoffballen, wie es schien, und mit großen geschlossenen Pappkartons. Ida ging, oder vielmehr lief, schon die Treppe hinauf, winkte Gwen, ihr zu folgen, und wiederholte lachend: »Nicht mehr weit, nicht mehr weit.« Im vierten Stock stieß sie eine Tür auf und sagte: »Da wären wir, setz dich, setz dich, komm wieder zu Atem.« Gwen mußte nicht zu Atem kommen, sie war nicht außer Atem, aber sie setzte sich auf den Stuhl, der der Tür am nächsten stand, einen eigenartigen Stuhl mit gerader Rückenlehne, golden angestrichen.

Mit einem Blick erfaßte sie das Leben hier in diesem Zimmer. Voll, freundlich, schwach beleuchtet, voller Farben und Strukturen, unordentlich, ein wenig schäbig, abgewetzte und verblichene Stoffe überall. Ida brachte Tee, und hinter ihr her kam eine dicke, weich aussehende Frau, die sich langsam bewegte wie ein Ball, der über den Boden rollte. »Meine Mutter«, sagte Ida, und zu ihrer Mutter: »Die Schwester von Gus.« Gwen glaubte zu sehen, daß der Blick von Mrs. Nettleship schärfer wurde. »Seine Schwester«, sagte Mrs. Nettleship. »Ich verstehe.« Es klang nicht sehr freundlich. Irgendwo im Haus klingelte es, und Mrs. Nettleship seufzte und sagte, sie müsse gehen, sie werde gebraucht. Als sie das Zimmer verließ, kam ein Mädchen hereingerannt. »Ethel«, sagte Ida, »das hier ist Gwen, die Schwester von Gus.« Ethel lächelte freundlich und erbot sich, mehr Tee zu holen, aber Gwen war ein wenig gekränkt. Sie wollte nicht als die Schwester von Gus durch ihr neues Leben gehen. Sie war sie selbst, das mußten die Leute doch sehen.

Als sie das Haus der Nettleships eine Stunde später verließ, fühlte sie sich erleichtert und schämte sich sofort dafür. Die Nettleship-Mädchen waren bezaubernd gewesen und hatten alles getan, um ihr das Gefühl zu geben, willkommen und zu Hause zu sein. Aber genau da lag das Problem. Die Wigmore Street Nr. 58 *war* ein Zuhause. Sie verkörperte den Begriff »Zuhause«, obwohl sie eigentlich, das hatte Gwen bereits erfahren, zu drei Vierteln eine Arbeitsstätte war. Mrs. Nettleship betrieb auf zwei Etagen eine Schneiderwerkstatt, und Mr. Nettleship malte auf einer weiteren. Aber es herrschte eine Atmosphäre der Nähe und der Behaglichkeit, die in Tenby völlig gefehlt hatte. Als Gwen zum Euston Square zurückging, fragte sie sich, ob ihre beunruhigenden Gefühle im Haus der Nettleships etwas mit Neid zu tun hatten. Wollte sie haben, was Ida hatte?

»Laß uns Mittag essen gehen«, sagte Edna. Sie war zufällig auf Gwen gestoßen, die irgendwie verloren durch einen der Korridore der Slade wanderte. Gwen wollte nicht zu Mittag essen, sie aß nie zu Mittag, sie hatte kein Geld dafür, aber sie ging mit der unwiderstehlichen Edna, nachdem sie sich ihren Hut aufgesetzt hatte. »Dein Hut!« sagte Edna. Lachte sie sie aus? »Ach ja«, sagte Edna, »trag deinen hübschen Hut, und ich werde meinen tragen, obwohl ich nicht an ein Lokal gedacht hatte, wo Hüte erforderlich sind. Wir werden sehr elegant aussehen, sehr schicklich, niemand im Bella's wird mich erkennen.« Irgendwo in dieser Bemerkung steckte ein Witz, das wußte Gwen. Das Bella's war ein Café in der Charlotte Street, ein winziges Lokal, eingezwängt zwischen zwei anderen, vornehmeren Restaurants. Es gab vier kleine runde Tische mit je vier Hockern, auf denen die Gäste (unbequem) sitzen konnten. Gwen sah, daß die beiden jungen Männer, die schon im Café saßen, die Augen nicht von Edna wenden konnten. Sie war nicht überrascht. Edna war zauberhaft, sie besaß ein Leuchten, als sprühten ihre Haare und ihre Kleider Funken. Aber sie war nicht kokett oder leichtfertig. Gwen hätte den beiden glotzenden Männern gern gesagt, daß Edna ihr Kunststudium sehr ernst nahm und sie ihr hübsches Äußeres nicht für das einer leichtfertigen Person halten sollten. Sie wußte, daß niemand an ihrer eigenen Ernsthaftigkeit zweifeln würde. Alles an ihr verriet sie – ihre dunkle, dezente Kleidung, ihr ernster Gesichtsausdruck, ihre reservierte, zurückhaltende Art. Aber auch da würden sie sich irren. In ihrem Kopf rasten Millionen wilder und spektakulärer Gedanken und Vorstellungen herum, und im Kern ihres Wesens hütete sie eine Leidenschaft, die die Leute sicherlich erschreckt hätte, hätten sie von ihr gewußt. Sie lag zusammengerollt in ihrem Innern, machtvoll, abwartend, aber noch schlafend. Edna spendierte ihr einen Kaffee und ein gekochtes Ei und Toast und lud sie ein, am Wochenende mit ihr nach Hause zu fahren, nach St. Albans.

Es war Grilda, die sie fragte, was seltsam war, weil sie selbst daran gedacht hatte, Grilda zu fragen und nicht Ida oder Edna. Grilda, die mit richtigem Namen Maude hieß, schien ihr am ähnlichsten zu sein. Sie huschte durch die Räume, ohne je richtig zur Ruhe zu kommen, und war Gwen dadurch aufgefallen. Sie zeichnete gut. Gwen hatte sie im Antikensaal beobachtet und gesehen, wie sorgfältig sie war, wie sie sich bemühte, die Anatomie eines Kopfes oder Körpers zu verstehen. Jetzt, wo sie endlich in den Saal mit den lebenden Modellen vorgedrungen waren, legte Grilda dieselbe gewissenhafte Aufmerksamkeit für Details an den Tag.

Sie waren nicht direkt Freundinnen, aber auch das war ein Punkt, der für Grilda sprach. Sie bewegte sich unbefangen unter den jungen Studentinnen und war bei ihren Zusammenkünften mit dabei, stand aber keinem der anderen Mädchen besonders nahe und tat sich mit keiner zusammen. Gwen hatte kaum je mit ihr gesprochen. Sie saßen während des Unterrichts am lebenden Modell nebeneinander, aber erst als es fast schon fünf Uhr und Zeit war zusammenzupacken, fragte Grilda sie ganz beiläufig, als wäre es nichts Besonderes, ob sie ihr Modell stehen würde. Gwen nickte, ohne erst nachdenken zu müssen. Sie wollte selbst, daß jemand für sie Modell stand, hatte aber noch niemanden gefragt, weil sie meinte, sie nicht in ihr Zimmer mitnehmen zu können, und sie nirgendwo anders hingehen konnten. Grilda hatte angeblich zwei Zimmer, die geräumig und hübsch waren. Gwen hatte schon daran gedacht, sich Grilda als Modell anzubieten, in der Hoffnung, daß sie zu Grilda gehen würden und das Ganze sich zu einem wechselseitigen Arrangement entwickeln würde.

Aber Grilda fragte zuerst. Am selben Abend ging Gwen mit zu ihr nach Hause, ohne daß sie unterwegs miteinander sprachen. Grilda war groß, mit langen Armen und Beinen und einer Brust, die Gwen für flach hielt, bis sie sie nackt sah und erkannte, daß Grilda ihre Brüste versteckte. Es kam keine Verlegenheit auf, bei keiner von ihnen. Sobald sie in Grildas Wohnung waren und die Vorhänge zugezogen hatten und das Feuer brannte, setzte sich Grilda, den Skizzenblock auf den Knien, und sagte: »Da, glaube ich, rechts vom Kamin, in der Nähe der Lampe.« Gwen zog sich schnell aus und legte ihre Kleider ordentlich über eine Stuhllehne. Grilda hatte nicht gesagt, welche Pose sie einnehmen solle, also setzte sie sich so wie das Modell, das sie an diesem Tag gezeichnet hatten, die Knie geschlossen, die Hände auf den Knien, den Kopf leicht angehoben. Im Zimmer war es noch nicht warm, und ihre Brustwarzen waren steif. Grilda zeichnete schweigend, studierte sie mehr, als daß sie skizzierte. Auf einem runden Tisch neben Grilda stand ein Krug mit Lilien, wachsartigen weißen Blumen mit orangen Staubgefäßen. Ihr Duft erfüllte das Zimmer und rief bei Gwen eine leichte Übelkeit hervor.

»Danke«, sagte Grilda und klappte ihr Skizzenbuch zu.

Gwen fragte nicht, ob sie die Zeichnungen sehen könne. Sie zögerte. Sie wollte, daß Grilda ihr anbot, jetzt für sie Modell zu sitzen. Es war ihr Zimmer, es wäre vielleicht unverschämt, sie darum zu bitten. »Das Licht ist schlecht«, sagte Grilda. »Wir sollten bis zum Sommer warten.« Und dann, endlich: »Hast du es eilig? Möchtest du mich zeichnen?« Sie warf ihre Kleider auf den Boden und nahm Gwens Platz ein, aber ihre Pose war anders. Sie setzte sich ganz vorn auf die Stuhlkante, die Arme hinter dem Rücken, die Beine von sich gestreckt. Gwen mochte die Pose nicht, aber Grilda wirkte so ungeduldig, daß sie nichts sagen wollte. Sie zeichnete schlecht, es gelang ihr einfach nicht, das Ungelenke an Grilda einzufangen. Ihr Körper bestand aus zwei völlig unterschiedlichen Hälften – der Oberkörper schön gerundet und richtig proportioniert, die Glieder fast sperrig und zu lang, zu schwer. Grildas Gesicht sah sie sich überhaupt nicht an, sie ließ es leer.

Der Abend war kein Erfolg.

Manchmal, selten, ließ sie sich überreden, mit in eins der Cafés in der Tottenham Court Road zu gehen. Ida bat sie, nach dem Unterricht mitzukommen, und es war schwer, Ida etwas abzuschlagen. Aber als sie das erste Mal hinging, hatte Ida jemanden dabei. »Das hier ist Ursula«, sagte sie, »gerade aus Paris zurück, stell dir das vor!« Ursula war elegant und ziemlich schön, und Gwen fühlte sich sofort zu ihr hingezogen, da sie wußte, daß Gus in seinem ersten Jahr in sie vernarrt gewesen war. Ursula erwähnte Gus nicht. Sie erzählte von Paris, und Gwen hörte aufmerksam zu. Hatte Ursula Geld, daß sie sich diese Reise hatte leisten können, fragte sie sich. Ursula wirkte neben der lebhaften, redseligen Ida eher still, und Gwen erahnte in ihrer Zurückhaltung eine Empfindsamkeit, von der sie glaubte, daß sie ihrer eigenen ähnelte. Sie brauchte eine Freundin, und das konnte nicht Ida sein, jedenfalls nicht so, wie Gwen es sich vorstellte, obwohl sie sie sehr mochte. Ursula, dachte sie. könnte diese Freundin sein. Sie würde sehen.

Sie schrieb oft an Winifred, schien aber unfähig, mit Worten auszudrücken, was sie mit ihren Zeichnungen ausdrücken konnte, und als das Schreiben immer gestelzter und mühsamer wurde, ging sie dazu über, ihr Skizzen zu schicken, auf deren Rückseiten sie zusätzliche Informationen kritzelte. Sie zeichnete ihren Kommilitonen Ambrose McEvoy mit seinen enganliegenden, glatten schwarzen Haaren, seinem Monokel und seiner untadeligen Kleidung, und auf die Rückseite der Zeichnung schrieb sie, seine Stimme sei merkwürdig, sie habe etwas Knarrendes, aber sie lerne von ihm viel über den Aufbau von Farben und den Umgang mit Licht und Dunkel. Das war natürlich nicht die ganze Geschichte, aber ihr fehlten die Worte, sie zu erzählen. Ein winziges Rinnsal von Gefühlen aus dem tiefen, verborgenen Brunnen, von dessen Existenz nur sie wußte, sickerte seit neuestem durch sie hindurch, und sie hatte Angst, es könnte sich in einen Sturzbach verwandeln und sie mit sich reißen, bevor sie bereit war. Also dämmte sie es ein und widersetzte sich ihm. Es gab so viel zu lernen, und nichts durfte sich dem in den Weg stellen. Sie wußte, daß sie dazu geboren war zu lieben, aber nicht, wann oder wen. Zu mehreren war man sicherer, und sie war meistens mit mehreren zusammen. Sie machte sich zwar nichts aus Gruppen, aber in einer Gruppe fühlte sie sich geschützt.

Winifred kam. Ihr Vater hatte erlaubt, daß sie in London Musik studierte. Sie würde mit Gwen und Gus und einer weiteren Freundin, Grace, in der Fitzroy Street wohnen. Ihrem Vater hatten sie verheimlicht, daß das Haus, die Nr. 21, einst ein Bordell gewesen war und daß die Frau, der es gehörte, eine ungewöhnliche Person war, die er nicht gebilligt hätte. Gwen hatte Mrs. Everett noch nicht kennengelernt, aber sie hatte sie gesehen, in Witwentracht und Männerstiefeln, eine große Tasche bei sich, in der sich den Gerüchten zufolge eine Bibel, ein Dolch, ein Kochtopf und ein Laib Brot befanden. Einer der Studenten an der Slade, William Orpen, der in ihrem Haus im Souterrain wohnte, hatte eine Sitzung ihrer sogenannten »Sonntagsschule« besucht, wo, begleitet von Händeklatschen und Hin-und-her-Geschaukel, religiöse Lieder gesungen wurden. William fand es zum Schreien komisch, genau wie Gus, der einmal mitgenommen wurde, aber Gwen schüttelte sich. Sie wußte, daß ihr Vater außer sich wäre.

Sie hatte keine Ahnung, wie es sein würde, zu viert zusammenzuleben, aber die finanziellen und sonstigen Vorteile waren zu offensichtlich, um sie außer acht zu lassen. Weil es am Euston Square zu eng und zu dunkel war, konnte sie dort nicht arbeiten – und sie hatte immer gewußt, daß sie in ihrem zweiten Jahr umziehen mußte. Eine Weile hatte sie bei Gus gewohnt, der an den Montague Place gezogen war, aber das hatte nicht sonderlich gut funktioniert. Sie brauchten jemanden zwischen sich, der sie gleichzeitig auf Distanz hielt und miteinander verband. Dieser jemand würde Winifred sein, ihre Schwester, die mit ihnen beiden vertraut und doch von jedem von ihnen völlig verschieden war. Sie würde den Ausgleich herstellen, und da Grace auch noch da war, würde die Last nicht zu groß werden.

Sie kam im Januar, an einem bitterkalten Tag. In der Nacht hatte es geschneit, und die rußschwarzen Häuser der Fitzroy Street sahen richtig hübsch aus. Gwen hatte zu Winifreds Begrüßung für viel Geld Blumen gekauft, sechs Christrosen, die sie in einer grünen Glaskaraffe auf den Waschtisch in Winifreds Zimmer stellte. Sie hatten Winifred das Zimmer gegeben, das zur Straße hinausging. Es war das beste Zimmer, aber das war nicht so großzügig, wie es schien, da Gwen und Gus beide die hinteren Zimmer bevorzugten, wo das Licht intensiver war und von Norden kam. Grace bekam das kleinere Zimmer vorn, das durch eine Tür mit dem von Winifred verbunden war. Die Zimmer erweckten den Eindruck, größer zu sein, als sie es in Wirklichkeit waren (aber sie waren leider auch kälter). Mrs. Everett war egal, was sie damit machten, und Gwen und Gus hatten die meisten Möbel umgestellt und bahnenweise alten Samt, den sie billig auf einem Markt erstanden hatten, über alles geworfen, was ganz besonders häßlich war. Winifred und Grace waren begeistert.

In ihrem eigenen Zimmer hatte Gwen den Teppich zusammengerollt und unter das Fenster geschoben, so daß die Bodendielen nackt waren. Sie liebte es, sie unter ihren Füßen zu spüren. Es gab Platz für ihre Staffelei, und sie konnte so tun, als wäre das hier ihr Atelier und nicht ihr Schlafzimmer. Aber das hatte eine seltsame Wirkung. Indem sie ihre Staffelei und ihre Farben und alles, was dazugehörte, so in den Mittelpunkt rückte, veränderte sie das Zimmer auf eine Weise, bei der ihr irgendwie unbehaglich zumute war. Das Bett war immer noch da, die anderen Möbelstücke fielen immer noch ins Auge, und sie fühlte sich von ihnen bedroht, sie wollte sie los sein. Sie hatten keinen Platz im Zimmer einer Künstlerin; sie paßten nicht hierher.

Winifred wurde von den Kunststudenten, die in die Fitzroy Street kamen, sehr bewundert, ging aber keine Beziehungen ein. Gwen beobachtete, wie Winifred beobachtet wurde, und wunderte sich über ihre mangelnde Reaktion. Es war, glaubte sie, eine andere Art von Zurückhaltung als die, die sie selbst zeigte. Winifred unterdrückte keine Leidenschaft. Sie war einfach an keinem der Studenten interessiert, deren Überschwang und Gelärme und scheinbarer Mangel an Ernsthaftigkeit ihr Rätsel aufgaben. Sie irrte sich natürlich. Gwen wußte, wie absolut ernst sie alle die Kunst nahmen, wenn auch nicht unbedingt das Leben, aber ihre Schwester sah ihre Zielstrebigkeit nicht. Sie sah nur das Trinken, das Rauchen, das Lachen, das Herumalbern und die Mißachtung von Konventionen. Es verwirrte Winifred, daß Gwen zu dieser Gruppe gehörte, daß sie sie nicht ablehnte, sondern ebenso wie Gus an allen Unternehmungen beteiligt zu sein schien. Manchmal wünschte sie sich, sie könnte sie alle in ihrer heißgeliebten Slade School of Art bei der Arbeit sehen. Es war, als gehörten sie alle einer Geheimgesellschaft an. Gwen, so entschied sie, war ein eher zurückhaltendes Mitglied und nicht so glücklich, wie Winifred es erwartet hatte.

Es gab plötzliche Tränenausbrüche, die verwirrend waren. Manchmal kam Winifred abends nach Hause in die Fitzroy Street und fand Gwen auf ihrem Bett, die Fäuste geballt, den Körper starr vor irgendeinem andauernden Kummer, der zu schrecklich war, um darüber zu sprechen. Einmal fiel der Name Ambrose McEvoy, als Winifred fragte, was denn los sei, aber nach der gemurmelten Erwähnung seines Namens folgte keine weitere Erklärung. Es war alles ziemlich beängstigend.

Wenn sie die Stufen der National Gallery hinaufstieg, kam Gwen sich wichtig vor. Sie war keine Touristin, sie war keine Ignorantin, sie war nicht gekommen, um einfach nur zu glotzen. Das hier war ihre Arbeit. Tonks hatte ihr nicht ans Herz legen müssen, dieses Museum zu ihrem zweiten Zuhause zu machen, es oft zu besuchen und aus allem zu lernen, was hier zu finden war. Allein die Steine des Gebäudes hatten für sie etwas Heiliges, und wenn sie vor einem Gemälde saß, das sie studieren wollte, konnte sie sich stundenlang vollständig darin verlieren. Sie saß ganz still auf ihrem Klapphocker, schaute, suchte die innere Struktur des Bildes vor sich. Sie suchte nach den Muskeln unter den Ärmeln, den Knochen unter der Haut, den Halssehnen, den Äderchen im Auge. Dann schlug sie ihr Skizzenbuch auf und kopierte die Linien, Farbe und Textur völlig außer acht lassend.

Sie war mit Gabriel Metsus *Frau an einem Tisch sitzend und Mann eine Geige stimmend* fertig. Heute war sie gekommen, um sich Rembrandts *Selbstporträt* im Alter von vierunddreißig Jahren anzusehen. Jung, aber doch vierzehn Jahre älter, als sie selbst es war. Sie hatte also vierzehn Jahre

Zeit, um Rembrandts Niveau zu erreichen, ein Gedanke, der sie erschaudern ließ. Sie wünschte, er hätte sich direkt angesehen, aber sein Blick war leicht zur Seite gerichtet. Wieso? Wie kam das? Wo war sein Spiegel? Und war er Linkshänder? Falls nicht, wieso lag die rechte Hand dann quer vor dem Körper? Er stützte sich auf etwas, ein Geländer vielleicht oder einen Sims. Die Kleider, der Hut waren beeindruckend, aber sie war mehr am Gesicht interessiert, vor allem am Kinn und dem spärlichen Haarwuchs. Ihr eigenes Kinn trieb sie zur Verzweiflung. Gus versteckte seins, das wie ihres leicht fliehend war, unter seinem Bart, und fast wünschte sie sich, sie könnte das auch. Sie zeichnete sich immer frontal, dann störte das Kinn sie nicht ganz so sehr. Frontal und, immer öfter, mit einer Hand auf der Hüfte. Sie mochte das Gefühl, das sich dann einstellte, ein Gefühl von Trotz, sogar Arroganz. Sie hoffte, daß die Pose den Eindruck erweckte, sie habe alles unter Kontrolle und sei fähig, sich ohne Scham selbst ins Gesicht zu sehen. Es war eine Lüge, aber sie wollte, daß es eine überzeugende Lüge war, die niemand in Frage stellen würde.

Am Abend vorher waren sie alle im Café Royal gewesen, sie und Gus und Ida und Ambrose und Grilda. (Ursula wäre ihr lieber gewesen, aber die war nach Hause gefahren, ins Pfarrhaus ihres Vaters in Essex.) Sie hatten Sandwiches gegessen und Bier getrunken und beobachtet, was sich um sie herum abspielte, aber niemand von ihnen hatte gezeichnet. Winifred hatte nicht mitkommen wollen; sie hatte gesagt, sie würde sich fehl am Platz und unwohl fühlen, und da war Gwen klargeworden, daß sie selbst sich durch und durch wohl fühlte. Teil einer Gruppe zu sein, einer Clique, war nichts, was sie sich gewünscht oder für möglich gehalten hatte – sie war doch eine Einzelgängerin, eigenbrötlerischer als ihre Schwester. Gus war derjenige, der Leute um sich herum brauchte und gern im Mittelpunkt von Aktivitäten stand, nicht sie. Und doch hatte sie, wie so oft in letzter Zeit, mit ihren Freunden zusammengesessen, getrunken, gegessen und geredet, ganz gelöst. Sie hatte sich selbst in dem riesigen Spiegel gesehen, der an der gegenüberliegenden Wand hing, und nicht glauben können, daß sie es wirklich war. Ida auf der einen Seite, Ambrose auf der anderen, dicht zusammengedrängt auf der Bank, während Rauch um ihre Köpfe waberte und das Licht der Kerzen Schatten auf ihre Gesichter warf. Sie sah so klein und unauffällig aus neben Ida, die in Karmesinrot gekleidet war und eine Blume, die Gus ihr geschenkt hatte, in den Haaren trug. Unscheinbar, das war das Wort, das ihr in den Sinn gekommen war, als sie sich selbst betrachtete. Dunkles Kleid, schlichte Frisur, blasses, ungeschminktes Gesicht. Nur ihre Halskette funkelte, die Diamanten ihrer Mutter hoben sich strahlend von dem schwarzen Samtkleid ab. Sie hatte nicht gewußt, ob sie sie tragen sollte oder nicht: Sie sahen an ihr fehl am Platz aus und hätten in ungewollter Weise die Aufmerksamkeit auf sie ziehen können. Aber sie trug sie.

Wahrscheinlich war es das Bier, aber gegen Ende des Abends war sie davon überzeugt gewesen, daß Ambrose ihr besondere Aufmerksamkeit zukommen ließ. Meistens wich er ihren Blicken aus, aber dann sah er ihr plötzlich tief in die Augen, und sein Ausdruck veränderte sich. Es war aufregend, aber auch quälend. Sie wollte, daß er ihre Hand nahm oder den Arm um sie legte, so wie Gus seinen um Ida gelegt hatte. Dann könnte sie den Kopf an seine Schulter lehnen und die Augen schließen und spüren, wie er sie umarmte ... Aber er ging nicht über einen Blick hinaus, und sie hätte am liebsten geweint. Was mußte sie tun? Ida mußte nichts tun. Gus tat alles. Und Ambrose war anschließend nicht mit ihnen in die Fitzroy Street gekommen wie sonst. Sie hatten sich auf der Straße getrennt. Er und Grilda waren in die eine Richtung gegangen, sie und Gus und Ida in die andere. Sie war sich verlassen und verloren vorgekommen, und zu Hause hatte sie sich auf ihr Bett geworfen und vor Wut in ihr Kopfkissen gebissen.

Jetzt waren sie weg, der Ärger, die Frustration. Solange sie hier war, in der National Gallery, vor dem Rembrandt, war sie sicher vor unziemlichen Gefühlen. Es waren Menschen, lebende Menschen, die sie durcheinanderbrachten. Sie mußte sich von ihnen lösen, aber das wäre unnatürlich. Sie liebte ihre Clique, liebte die Künstlerinnen, mit denen sie befreundet war. Sie hatten sie in ihr Herz geschlossen und ihr Leben so unermeßlich bereichert – es wäre absurd, sie fallenzulassen. Die Männer also? Sie waren das störende Moment, sogar Gus – vor allem Gus. Man brauchte sich nur Edna anzusehen, erst neunzehn und bald verheiratet, und schon geriet ihre Hingabe an die Kunst ins Wanken. Mußte man wählen? Würde Ida diese Wahl treffen müssen?

Gwen starrte den Rembrandt an. Sie würde sich selbst malen und versuchen, dieses ganze Gebrodel unter der Oberfläche in das Porträt hineinzulegen, und dazu ihre Entschlossenheit, sich selbst zu retten.

Die Sommerferien kamen, und ihr Geld reichte nicht, um in London zu bleiben, also war sie gezwungen, nach Tenby zu fahren, obwohl sie es nicht mehr als ihr Zuhause betrachtete. Es war eine Qual, den Zug nach Tenby zu nehmen und zu wissen, daß Ida und eine andere Gwen, Gwen Salmond, nach Paris fuhren, wo sie noch nie gewesen war und liebend gerne hingefahren wäre. Sie wollten versuchen, an der Académie Julien zu studieren, wo Bonnard und Vuillard studiert hatten, und waren so ungeheuer aufgeregt, daß es wie Hitze von ihnen ausstrahlte. Es war absolut unerträglich. Ist das Neid, nackt und häßlich? fragte sich Gwen und gab sich nur zu schnell die Antwort – ja, sie war neidisch, so neidisch, daß sie am liebsten vor Wut in Tränen ausgebrochen wäre.

Ihr Vater hatte kein Verständnis für Tränen. Das wußte sie. Sie machten ihn nur ärgerlich. Dennoch tropften jedesmal Tränen über ihre blassen Wangen, wenn sie ihm in seinem kalten, freudlosen Haus gegenübertrat, und sie schien nichts dagegen tun zu können. »Bitte«, sagte sie. Sie würde alles tun, sie würde auf alles verzichten. Sie hatte lange genug nur von Brot und Nüssen und etwas Obst gelebt und würde ausschließlich von Brot und Wasser leben, wenn er ihr nur eine kurze Reise nach Paris finanzierte. Ihr Gebettel – und sie streckte dabei die Hände aus wie eine Bettlerin – machte ihn rasend. Wieso, fragte er, konnte sie nicht zufrieden sein? Früher waren London und die Slade School alles gewesen, was sie sich wünschte. Er hatte es ihr geschenkt, und jetzt – er war dabei, den *Oliver Twist* noch einmal zu lesen – *wollte sie mehr.*

Also aß Gwen drei Tage lang überhaupt nichts. Sie trank

Wasser und dünnen Tee, nahm aber keine feste Nahrung zu sich. Sie saß mit ihrem Vater und Winifred am Tisch und verweigerte jeden Bissen. Am vierten Tag wurde sie ohnmächtig. Es war kein Trick. Sie stand am Ende der Mahlzeit vom Tisch auf, als ihr Vater es tat, und erreichte die Tür nicht mehr. Stumm, anmutig glitt sie zu Boden, und ihr Kleid bauschte sich mit einem leisen Rascheln um sie herum. Winifred erzählte ihr später, wie erschrocken ihr Vater war, wie er zu Gwen lief und ängstlich ihren Puls fühlte und – Winifred schwor, das sei die Wahrheit – ihre Stirn küßte. Sie selbst wußte nichts davon. Als sie zu sich kam, war ihr Vater nicht im Zimmer. Winifred kniete neben ihr und drückte ihr ein feuchtes Tuch auf die Stirn. »Du mußt essen«, sagte ihre Schwester. »Du mußt essen, sonst bist du nicht kräftig genug, um nach Paris zu fahren.«

Ihr Geld reichte nur für die dritte Klasse, aber das war ihr völlig recht. Es war September und sonnig, und draußen an Deck zu sein war angenehm. Niemand nahm von ihr Notiz, und sie stand an der Reling und beobachtete, wie die Kreidefelsen immer kleiner wurden. Nur der Gedanke daran, in Calais anzukommen und den Zug nach Paris finden zu müssen, machte sie nervös. Niemand schien ihr Französisch zu verstehen, und bei der Geschwindigkeit, mit der die Franzosen sprachen, verstand sie selbst nur wenig von dem, was sie sagten. Aber obwohl sie nervös war, war sie auch erleichtert darüber, so isoliert zu sein. Es herrschte ein unbeschreibliches Stimmengewirr, und mitten darin war sie sprachlos und taub und in sich gekehrt, was sie aufregend fand. In ihr war eine Selbstgenügsamkeit, wie sie sie noch nie zuvor erlebt hatte, und als sie am Gare du Nord von Ida abgeholt wurde, empfand sie fast so etwas wie Bedauern. Ida lachte und redete und umarmte sie, und das Gefühl, losgelöst und unberührbar zu sein, verschwand.

Sie war begeistert von der Wohnung. Drei große Zimmer, *leer*. Holzfußböden, hohe Fenster, blendendes Licht. Sie brauchten keine Betten. Matratzen reichten, und Kissen waren besser als Sessel und Stühle. Gwen war fast schwindelig vor Aufregung. Innerhalb kürzester Zeit waren sie zu dritt auf dem Markt gewesen und hatten das Allernotwendigste eingekauft, und dann fuhren Ida und die andere Gwen über das Wochenende nach Boulogne und ließen sie allein. Als die Tür sich geschlossen hatte, stieß Gwen einen ihrer lauten Ausrufe aus. »Oh!« rief sie verzückt. Und tanzte mit weit ausgebreiteten Armen durch die Zimmer. Am liebsten hätte sie die Wohnung nie wieder verlassen, sehnte sich aber gleichzeitig danach, Montparnasse zu erkunden. Und ging schließlich los, ohne auch nur einen Gedanken daran, daß sie sich verlaufen könnte, und wanderte völlig unbekümmert und voller Eifer durch die Straßen und Boulevards. Als sie in ihr Zimmer zurückkam, fing sie sofort an zu malen, die Staffelei am Fenster aufgebaut, so daß sie die Szenerie unter sich sehen konnte.

Aber Straßenszenen waren nicht das, was sie wollte. Sie wünschte sich nur aus einem einzigen Grund, daß Ida und Gwen Salmond zurückkamen – damit die beiden ihr Modell stehen konnten, damit sie sich an einem Interieur mit Menschen darin versuchen konnte. Sie waren sehr entgegenkommend, als sie zurück waren, sie verstanden ihre fieberhafte Ungeduld. Die andere Gwen zog ein weißes

Musselinkleid an und Ida einen Rock mit Volants und dazu ein rosa Tuch, das sie sich um den Oberkörper schlang. Sie stellte sie nebeneinander, Gwen mit einem Buch in der Hand, während Ida ihr über die Schulter sah. Aber es waren nicht die Personen, mit denen sie Probleme hatte – die Komposition war einfach –, sondern das Zimmer um sie herum. Sie mühte sich damit ab, das Wesen des Zimmers einzufangen, und spürte, wie es ihr entglitt. Der Blick wurde von dem Fenster im Hintergrund angezogen, auf seinem Weg dorthin aber vom Kamin und von einem gerahmten Bild, das an der Wand darüber hing, ins Stolpern gebracht. Und von der Stuckrosette an der Decke. Irgend etwas stimmte nicht. Sie brauchte einen Lehrer. Der Lehrer, den sie wollte, war Whistler, aber er verlangte für Stunden an seiner Académie Carmen doppelt soviel wie andere Schulen. Was tun?

Sie borgte sich Geld. Es widersprach allem, was ihr Vater je gepredigt hatte – Kein Borger sei und auch Verleiher nicht –, und er wäre außer sich, wenn er je davon erfuhr. Aber die Summe, die er ihr zukommen ließ, reichte nicht für Stunden an der Académie Carmen, und so nahm sie das Geld, das Gwen Salmond ihr anbot. Sobald sie Whistler gegenüberstand, war sie glücklich. Er war klein und adrett und hatte lockige graue Haare; vor allem fielen ihr seine hellen, fragenden Augen und seine schönen Hände auf, die er selten still hielt. An ihm war eine Leidenschaftlichkeit, die sie auf der Stelle ansprach. Er war anders als Henry Tonks, und seine Ideale waren nicht die der Slade. In der Kunst, so glaubte er, ging es um Poesie, darum, das Wesen der Dinge herauszuarbeiten und Schönheit jeder Art auszudrücken – Linie, Form, vor allem aber Gefühl. Kunst handelte davon, aus der Seele zu sprechen.

Sie wollte nicht nach London und an die Slade zurück. Paris war richtig für sie, entschied sie. Sie mußte hierbleiben. Also schrieb sie ihrem Vater einen leidenschaftlichen Brief, in dem sie versuchte, ihm verständlich zu machen, wie lebenswichtig Paris und Whistler und die Académie Carmen für sie waren. Nie hätte sie gedacht, daß er kommen würde, um sich anzusehen, wo sie lebte – »Oh!« rief sie aus, als sie seinen Brief las. Die anderen konnten ihre Bestürzung nicht verstehen. Ihr Vater, sagten sie, würde ganz bestimmt sehen, wie glücklich sie war und wie sehr ihre Arbeit sich verbessert hatte. Aber sie kannten ihn nicht. Er war nicht an Glück interessiert, sondern nur an Gehorsam und Schicklichkeit. Er würde sogar an ihrer äußeren Erscheinung etwas auszusetzen finden. Die Mädchen sagten, sie würden ihr helfen. Wenn sie ein neues Kleid für sich entwarf, würden sie es für sie nähen. Also versuchte sie, sich hübsch und mädchenhaft zu geben, verwarf die üblichen dunklen Farben und wählte einen schimmernden blauen Taft und einen Schnitt, den sie von einem Gemälde von Manet kopiert hatte, ein Kleid mit einem weiten Rock und fließenden Ärmeln und einem Halsausschnitt mit Spitzenbesatz, der ein wenig Busen sehen ließ.

Der Blick, den er ihr zuwarf, war – eisig. Abscheu lag darin, und Entsetzen. Er sagte, sie sehe aus wie eine Prostituierte. Sie war versucht zu fragen, woher er das wisse, riß aber statt dessen einen Umhang vom Haken und hüllte sich darin ein. »Ist es so besser?« fragte sie herausfordernd. Er drehte sich um und verließ die Wohnung, und sie folgte ihm nicht. Vom Fenster aus sah sie ihn zu seinem Hotel zurückmarschieren, hoch aufgerichtet, den Stock schwingend. Es war ihm völlig egal, daß er sie gekränkt hatte, er war sich absolut sicher, daß sie des Geldes wegen zu ihm zurückgekrochen kommen würde. Aber das würde sie nicht. Sie würde ihn nie wieder um Geld bitten.

Ehe sie ihren Vater um Geld anbettelte, würde sie bereitwillig das werden, was zu sein er ihr vorgeworfen hatte. In Paris bleiben zu können wäre es wert, eine Prostituierte zu werden – wenn nötig.

Wie lange hatte sie bleiben können? Im Zug zählte sie die Monate – nur fünf, und doch hatten sie sich gedehnt und gedehnt und ihr ganzes Leben ausgefüllt. Es war ein Jammer, Paris jetzt verlassen zu müssen, aber die Darlehen der anderen Gwen und die Einkünfte aus dem Modellstehen reichten einfach nicht. Sie mußte zurückgehen und ohne teure Stunden allein lernen, wie man malte. Idas Gesellschaft half, war aber nicht genug. Ida fuhr zurück nach Hause in die Wigmore Street, und wo sollte sie hin? Sie wußte es nicht. Vielleicht würde Gus helfen, nicht mit Geld – er war genauso arm wie sie selbst –, aber bei der Suche nach einem Zimmer.

Tatsächlich fand sie selbst eins, in der Howland Street, um die Ecke von ihrer alten Wohnung in der Fitzroy Street. Ein Souterrain, feucht und häßlich, aber es paßte zu ihrer Stimmung. Die Stufen, die zu ihrem Zimmer hinabführten, waren aus Eisen, und ihre Stiefel klapperten unangenehm darauf. Natürlich gab es kein Licht. Das Fenster ging auf eine Mauer hinaus, an der Wasser herunterlief und deren

Steine mit Moos bewachsen waren. Gwen machte sich nicht die Mühe, die Netzgardine abzunehmen, es hätte keinen Unterschied gemacht. Auch das Auspacken sparte sie sich und ließ die meisten ihrer Sachen in ihren beiden Taschen. Nur ihre beste rote Bluse hängte sie auf. Dann setzte sie sich mit kerzengeradem Rücken auf das Bett und versuchte nachzudenken. Wie sollte sie nach Paris zurückkommen? Es schien unmöglich zu sein. Gus würde seine Bilder in der Carfax Gallery ausstellen und hoffte, einige davon verkaufen zu können, was ihm wahrscheinlich auch gelingen würde. Konnte sie das Geld für die Rückkehr nach Paris verdienen, indem sie es ihm gleichtat? Der Gedanke war absurd. Sie hatte nichts, was sie ausstellen konnte. Sie kannte keine Galeristen.

Bevor sie nach Paris gegangen war, hatte sie in Tenby an einem Selbstporträt in Öl gearbeitet, von dem sie dachte, es könnte vielleicht etwas daraus werden. Es war, für ihre Verhältnisse, relativ groß, vierundzwanzig auf vierzehn Zoll, hochkant, und sie hatte sich große Mühe damit gegeben, hatte zwischen den Pinselstrichen so konzentriert in den Spiegel des Kleiderschranks gestarrt, daß sie sich körperlos vorgekommen war – die Frau, die arrogant aus dem Spiegel zurückstarrte, war nicht sie, sondern eine anspruchsvolle Zuchtmeisterin, vor der sie ein wenig Angst hatte. Sie hatte dieses unfertige Bild im Haus ihres Vaters zurückgelassen und wollte nicht hinfahren, um es zu vollenden und nach London mitzunehmen. Überhaupt, was würde sie dann damit machen? Es Gus zeigen? Sehen, ob er irgendwelche Ideen hatte? Er legte immer großes Interesse an ihrer Arbeit an den Tag und hatte schon seine Bestürzung darüber geäußert, daß sie in dieser Souterrainwohnung nicht arbeiten konnte. Er hatte gesagt, sie müsse da weg, an die Luft, ans Licht. Er selbst würde verrückt werden, wenn er in so einem Loch leben müßte.

Im Frühling holte er sie weg. Eines Nachmittags, als sie neben ihrem schmutzigen Fenster kauerte und eine streunende Katze skizzierte, die sich auf der Fensterbank niedergelassen hatte, kam er und sagte, sie müsse mit ihm nach Dorset fahren und über Wiesen voller Primeln spazieren und im Meer schwimmen und ihre Lebensgeister auffrischen. Sie waren von ihrer früheren Vermieterin, Mrs. Everett, in eine Pension in Swanage eingeladen. Gwen fuhr mit und wünschte sich nur, eine ihrer Freundinnen könne ebenfalls mitkommen (was sie Gus gegenüber aber nicht äußerte). Es war, wie er versprochen hatte, wunderschön und wild, und sie genoß die Freiheit, spazierenzugehen und zu schwimmen und die ganze Zeit draußen zu sein, aber das Seltsame war, daß sie, obwohl sie die Einsamkeit und die Schönheit der Landschaft genoß und schätzte, nicht den Wunsch hatte, sie zu malen. Sie arbeitete überhaupt nicht, während Gus wie ein Verrückter zeichnete. Gedanken an Menschen und Räume und an Menschen *in* Räumen ließen ihr keine Ruhe. Der weite, offene Himmel Dorsets und die gewaltige Fläche des Meeres hemmten sie, statt sie aus sich herauszulocken – sie wollte sich selbst in etwas hineinzeichnen, sich auf das Wesen von etwas oder jemandem konzentrieren, das oder der faßbar war. Sie wurde unruhig und zappelig und ging Gus auf die Nerven.

Aber er war nett zu ihr. Wieder in London, war es ein Freund von ihm, der ihnen sein Haus in Kensington überließ, ein ganzes Cottage praktisch für sie allein. Sie zog aus ihrem Souterrainzimmer aus und fing, sobald sie im Cottage war, an zu arbeiten, nachdem Winifred ihr Selbstporträt aus Tenby mitgebracht hatte. Sie mußte vor allem an der Hand arbeiten, an der Art, wie sie so absichtsvoll auf ihrer Hüfte ruhte. An der Hand und an dem Gürtel, der ihre Taille eng einschnürte. Das Bild war fertig, bevor Gus' Freund zurückkam und sie wieder umzog, dieses Mal in die Gower Street, allein, aber nicht für lange. Gus ging nach Frankreich und fragte, ob sie auch kommen würde, und da sie der Verlockung Frankreichs, egal wo in Frankreich, nicht widerstehen konnte, sagte sie ja. Es gab noch etwas, das sie verlockte. Ambrose sollte auch nach Le Puy-en-Velay in der Auvergne kommen, wo sie bei einem weiteren Freund, Michel Salaman, wohnen konnten. Sicher würde etwas zwischen ihnen passieren? Sie verzehrte sich jetzt schon so lange nach ihm, und nichts war daraus geworden.

Alles fing gut an. Sie und Ambrose reisten gemeinsam nach Le Puy, Ambrose hellauf begeistert davon, London verlassen zu können, und er erzählte ihr ohne jede Verlegenheit, daß Michel ihm einen Scheck für die Fahrtkosten geschickt hatte. Sie waren vereint in ihrer Armut und ihrer Unfähigkeit, Geld zu verdienen. Aber sobald sie in Le Puy waren, wo Gus und Michel sie erwarteten, verschwand die Leichtigkeit, die zwischen ihnen geherrscht hatte. Ambrose wollte lieber mit Gus als mit ihr zusammensein. Sie waren Absinth-Freunde, die in Cafés saßen und einem verlockenden Mädchen zuhörten, das Chansons sang. Gwen blieb allein zurück. Die Arme um den Oberkörper geschlungen, marschierte sie auf und ab, bis sie zurück waren. Wenn sie endlich kamen, waren sie meistens betrunken, aber nicht betrunken genug, um nicht weitertrinken zu wollen. Ambrose trank sogar noch mehr als Gus und schlief dann ein und schlief bis weit in den nächsten Tag hinein. Dann wirkte er ein wenig beschämt und begleitete sie beim Blumenpflücken, sagte aber kaum etwas. Sie war diejenige, die redete. Sie überwand ihre Schüchternheit und erzählte ihm von den Gefühlen, die in ihr tobten und für die sie kein Ventil fand. »Ich bin geboren, um zu lieben«, sagte sie und sah ihn dabei aufmerksam an. Er wandte sich ab.

Ihre Tränen machten sie müde. Sie erschöpften sie, aber sie konnte sie nicht eindämmen. »Gwen!« sagte Gus und seufzte. Er fragte sie nie, weswegen sie weinte. Er wußte es und konnte nichts dagegen tun. Da war er mit all seinen Freundinnen und seinen Huren und mußte seine Leidenschaft nicht einen Moment beherrschen. Und da war sie, genauso leidenschaftlich, und die Enttäuschung brachte sie fast um den Verstand. Sie beneidete ihn nicht nur um die sexuellen Abenteuer, sondern auch ganz allgemein um die Ungebundenheit seines Lebens. Sie dagegen kam sich vor wie in einem Gefängnis, und niemand, schon gar nicht Ambrose, drehte den Schlüssel, um sie herauszulassen.

JOACHIM B. SCHMIDT
Die Widmung
Eine Kurzgeschichte

Es fing wohl damit an, dass Otto Götzke an die Tür meines seit der Scheidung viel zu großen Einfamilienhauses klopfte und sein Gesicht ganz nah ans schummrige Fensterglas hielt. Hätte ich auf meine innere Stimme gehört, die mir klarzumachen versuchte, dass jemand, der eine völlig intakte Türklingel ignoriert, Unheil verkündet, hätte ich die Tür nicht aufgemacht. Aber ich machte sie auf, überwand mich also, schließlich war ich dem untersetzten, rundlichen Mann schon einmal begegnet, nämlich neulich bei der Abfallsammelstelle, war mit ihm ins Gespräch gekommen, und darum wusste ich, dass er erst vor wenigen Wochen in die Gemeinde zugezogen war und nun versuchte, seinen Platz in der Dorfgemeinschaft zu finden.

»Ich habe heute erfahren«, begrüßte er mich, bevor ich überhaupt etwas sagen konnte, »dass ich Ihren Geburtstag vergessen habe!« Dazu machte er ein Gesicht wie bei einem unverzeihlichen Fauxpas, als hätte er meinen Geburtstag noch *nie* vergessen. Eigentlich hätte ich gerne wissen wollen, wieso er überhaupt von meinem vorgestrigen Geburtstag Wind bekommen hatte, doch weil er so aus der Fassung war, sagte ich:

»Aber das macht doch nichts, nicht der Rede wert, was

sind schon Zahlen«, oder so etwas in der Art, worauf mir Otto Götzke plötzlich ein in Geschenkpapier verpacktes Buch unter die Nase hielt.

»Bitte schön!«

»Das wäre nun wirklich nicht nötig gewesen«, sagte ich, tat freudig überrascht und machte das Geschenk an Ort und Stelle auf, damit ich den ungebetenen Gast nicht würde ins Haus hereinbitten müssen.

Wie ich das Buch schließlich in meinen Händen drehte, gespielt neugierig, rezitierte Otto Götzke seine Lieblingsstelle daraus, obwohl ihn niemand darum gebeten hatte:

»Die Schneeflocken fielen leise aufs Wasser und lösten sich da sofort auf, wurden selber Wasser und dadurch Teil des Meeres.«

»Sehr schön«, sagte ich.

»Sie kennen den Schriftsteller?«, fragte er.

»Mhm«, machte ich und schaute mir das Autorenfoto an. Ich mochte den Schriftsteller nicht, mochte ihn noch nie, und ich war überzeugt, dass ich auch dieses Buch nicht mögen würde. Aber ich bedankte mich erneut, winkte Otto Götzke noch einmal zu, doch als ich ihm die Tür vor der Nase zugemacht hatte, sah ich seinen Schatten noch während Sekunden hinterm Glas.

»Noch mal alles Gute zum Geburtstag, und sagen Sie mir, wie es Ihnen gefallen hat!«, klang es dumpf.

»Ja, ja«, murmelte ich und warf das Buch achtlos auf die Kommode.

Am Nachmittag fuhr ich mit dem Auto ins Einkaufszentrum. Den Dorfladen, der nur ein paar Hundert Meter von meinem Haus entfernt war, mied ich. Auf Dorfklatsch und plumpe Gespräche übers Wetter konnte ich gerne verzichten. Im Einkaufszentrum gab es einen Bücherschrank, und da schob ich das geschenkte Buch zwischen zwei zerkaute Krimis.

Ein paar Tage später begegnete ich Otto Götzke beim Spazieren im nahegelegenen Wald. Umstandslos fragte er mich, ob ich das Buch schon gelesen habe, woraufhin ich mich gezwungen sah, ihm eine kleine Lüge aufzutischen: Ich hätte einen ganzen Stapel Bücher auf dem Stubentisch liegen, der schon lange darauf wartete, von mir gelesen zu werden.

»Ach so«, sagte Otto Götzke enttäuscht. »Aber wenigstens die Widmung müssen Sie lesen!«

»Die Widmung?«, entfuhr es mir.

»Ein persönlicher Gruß.«

»Ich weiß, was eine Widmung ist, aber ich habe sie wohl übersehen«, gab ich zurück, versprach indes, dies bei der ersten Gelegenheit nachzuholen.

Kaum zurück, setzte ich mich ins Auto und raste ins Einkaufszentrum. Das Buch war nicht mehr da.

Während der nächsten zwei Tage fiel es mir schwer, mich zu konzentrieren, ich zerbrach mir den Kopf, malte mir diverse Situationen aus. Hatte womöglich jemand das Buch aus dem Bücherschrank genommen, der Otto Götzke kannte? Ich befand, dass die Wahrscheinlichkeit eher klein war und ich die Angelegenheit einfach vergessen sollte.

Am dritten Tag rief er mich an.

»Und? Haben Sie das Buch gelesen? Oder wenigstens die Widmung?«

Ich wurde bleich. Zögerte. Spielte er mit mir? Wusste er sogar, dass ich nicht mehr im Besitz des Buches war?

»Aber ja, vielen Dank!«, sagte ich.

»Sie haben das Buch also gelesen?«

»Ja, das heißt, nein, also fast, angefangen habe ich.«

»Meine Widmung haben Sie also bemerkt, nicht wahr?«

»Aber ja!«, log ich erneut, etwas couragierter nun, denn jetzt gab es kein Zurück mehr. »Vielen Dank. Das war wirklich nett von Ihnen!«

»Aber haben Sie das Buch denn noch?« Otto Götzke klang überrascht.

Ich schwieg. Dachte angestrengt nach. Schwitzte ich? Schließlich kam ich zum Schluss, dass es eine Falle sein musste.

»Nein! Wissen Sie was, Herr Götzke? Ich Trottel habe es versehentlich liegengelassen, und darum konnte ich es nicht zu Ende lesen.«

»Liegengelassen?«

»Ja, ich vermute im Café, oder möglicherweise im Zug …«

»Sie fahren Zug?«

»Manchmal nehme ich den Zug, ja.«

»Aber ich habe Sie noch gar nie im Zug gesehen!«

»Abends, meistens. Eigentlich nur spätabends.«

»Tja, dann habe ich gute Neuigkeiten für Sie!«

»Neuigkeiten?«

»Stellen Sie sich vor, ich war kürzlich im Einkaufszentrum, obwohl ich da eigentlich nie einkaufe, aber was glauben Sie, lag da im Bücherschrank?«

»Was denn?«

»Das Buch! Das Buch, das ich Ihnen zum Geburtstag geschenkt habe. Ist das nicht ein Zufall?«

»So ein Zufall. Unglaublich!«

»Vielleicht auch ein Zeichen, wer weiß! Denn nun findet das Buch seinen Weg zurück zu Ihnen. Jetzt können Sie es zu Ende lesen.«

»Wie schön!«

Wir lachten.

»Wissen Sie denn noch, was ich ins Buch geschrieben habe?«, fragte mich Otto Götzke.

»Natürlich«, sagte ich. »Und danke nochmals, das war sehr aufmerksam von Ihnen.«

»Also, dann kennen Sie jetzt meinen Lieblingsort, und da können wir uns treffen, damit ich Ihnen das Buch übergeben kann. Nun schon zum zweiten Mal!«

»Wie lustig!«, lachte auch ich, der Verzweiflung nahe.

Wir verabredeten uns auf nächsten Mittwochmorgen, zehn Uhr, denn ich gab an, während der nächsten zwei Tage überaus beschäftigt zu sein.

Otto Götzke wohnte im einzigen Wohnblock meines Dorfes, direkt hinter dem Bahnhof. Und da lauerte ich ihm am nächsten Morgen auf, saß im Auto, mit Hut und Sonnenbrille, und wartete. Etwa eine Stunde später kam er aus dem Haus und spazierte Richtung Oberdorf davon. Ich ließ mein Auto stehen und folgte ihm in sicherem Abstand, versteckte mich hinter einem Nussbaum, als er an die Tür eines fast mittelalterlichen Steinhauses klopfte. Eine Person erschien in der Tür: Frau Blumenthal, aber ich kannte sie nicht persönlich. Die beiden unterhielten sich. Leider hörte ich nicht, was gesprochen wurde, aber ich sah, wie Frau Blumenthal sichtlich überrascht ein Geschenk entgegennahm: dasselbe Geschenkpapier, dieselbe Größe. Dasselbe

Buch! Die Frau freute sich, oder tat zumindest so, jedenfalls bat sie Otto Götzke ins Haus.

Fünfundvierzig Minuten später trat er wieder ins Freie und verabschiedete sich ausschweifend. Ich ließ ihn ziehen, dann überquerte ich im Eilschritt die Straße und betätigte die Klingel.

»Haben Sie etwas vergessen, Herr Götzke?«, fragte Frau Blumenthal, während sie die Tür aufmachte, erschrak, entschuldigte sich, sie habe geglaubt …

»Tag. Haben Sie von Herrn Götzke ein Buch bekommen?«, fragte ich rundheraus.

»Oh, ja!«, staunte Frau Blumenthal. Dabei liege ihr Geburtstag schon …

»Wunderbar!«, unterbrach ich sie und bat sie, einen Blick auf das Buch werfen zu dürfen. Herr Götzke habe mir nämlich von diesem Buch erzählt, und ich sei neugierig geworden, bräuchte nun die ISBN-Nummer, um es bestellen zu können, denn ich schämte mich ein wenig, den Titel vergessen zu haben.

Frau Blumenthal nannte mir den Titel und den Autor.

»Trotzdem«, beharrte ich. Ich bräuchte wirklich dringendst die ISBN-Nummer, Sie wisse schon, die *Nummer* des Buches. Und als ich mich ein wenig auf die Zehenspitzen stellte, sah ich es in der Stube auf dem Salontischchen liegen, umgeben von zwei Teetassen.

»Da liegt es doch!«, rief ich ganz erleichtert. »Darf ich?«

Die Frau runzelte die Stirn, murmelte, »wenn Sie denn unbedingt müssen«, und ging das Buch holen.

Zuerst tat ich so, als versuchte ich, mir die ISBN-Nummer zu merken, dann schaute ich mir den Titel und den Autor an, sagte, »ganz genau, das ist es!«, und dann blätterte ich ein wenig im Buch, bis sich mir die vorderste Seite offenbarte, die Widmung:

Für Domenica Blumenthal, in junger Freundschaft, dazu eine lapidare Weisheit aus dem Buch, *Jeder ist in gewisser Weise anders und darum ganz normal*. Kein Hinweis auf einen Lieblingsort. Ich war entmutigt.

Am Nachmittag spazierte ich kreuz und quer durch den Wald, saß in beiden Cafés des Dorfes und lungerte lange am Bahnhof rum. Kein Otto Götzke. Vermutlich war er mit dem Zug weggefahren. Erst am nächsten Morgen gelang es mir, ihn erneut zu beschatten. Er verließ wie gewohnt den Wohnblock und spazierte diesmal Richtung Unterdorf. Da klopfte er an die Haustür des Dorfarztes Doktor Groll, wurde auch sofort ins Haus gebeten. Nun war es leider so, dass ich Doktor Groll zu meiden versuchte, wegen einer dummen Thrombose-Geschichte.

Ich wurde immer verzweifelter. Schlief in dieser Nacht schlecht.

Dann wurde es Mittwoch. Ich hatte mich mit Otto Götzke um zehn Uhr verabredet, wusste aber nicht wo. Ich würde den Termin verstreichen lassen, um mich später dafür zu entschuldigen, also entschied ich mich, mit dem Auto einfach für eine Weile wegzufahren, um an etwas anderes zu denken. Als ich aus dem Haus trat, stand er mir jäh gegenüber, Otto Götzke, strahlte mich an, als hätte er im Lotto gewonnen. Er breitete sogar die Arme aus. In der einen Hand hielt er das Buch.

»Sie haben es sich zu Herzen genommen!«, rief er.

»Aber ja, Herr Götzke!«, rief ich.

»Mein Lieblingsplatz!«, rief er. »Sie haben sich sicher gewundert. Er ist nämlich genau hier, er ist neben Ihnen, ich habe nicht nur einen neuen Freund gewonnen, sondern auch einen neuen Nachbarn!«

Und mit diesen Worten tanzte er mit noch immer ausgebreiteten Armen eine halbe Drehung, bis er mir den Rücken zudrehte und über die Quartierstraße aufs Nachbarhaus schaute.

»Jetzt weiß ich, wo ich hingehöre!«, sang Otto Götzke. »Der Entschluss ist gefallen. Ich werde dieses Haus kaufen! Ich bin endlich daheim. Unter Freunden.«

Nun war es tatsächlich so, dass mein Nachbar, Hans Wisler, schon seit einiger Zeit sein Haus zu verkaufen versuchte. Die Welt begann vor meinen Augen zu tanzen, das Bild verzerrte sich und ich bekam Atemnot. Tief aus dem Innern meiner Kehle krächzte ein »Nein!«, ein »Das darf nicht wahr sein!«

Otto Götzke drehte sich erschrocken um.

»Was meinen Sie?«, fragte er bange.

»Ich meine ... so ein Pech!«

»Was ist es denn? Freuen Sie sich denn nicht?«

»Ja, natürlich, und doch, nein«, stotterte ich. »So ein Pech. Ich ... ziehe nämlich selber weg.«

»Wirklich?«

»Leider!«

»Wohin denn?«

»Wohin?«

»Ja, wohin ziehen Sie denn? Vielleicht gibt es da noch weitere freie Wohnungen oder Häuser.«

»Nach Island«, entfuhr es mir.

»Nach Island?«

»Reykjavik«, behauptete ich und wischte mir mit zitternder Hand eine Träne aus den Augen.

Das ist jetzt ein paar Jahre her. Es gefällt mir recht gut hier in Island, ich habe ein neues Leben angefangen, muss mich aber mit niemandem unterhalten, denn ich kann kein Isländisch. So weit alles in Ordnung – wenn da nicht die alljährlichen Paketsendungen wären. Otto Götzke schickt mir nämlich zu jedem Geburtstag das neuste Buch seines Lieblingsautors. Mit persönlicher Widmung, versteht sich.

CLEMENS MEYER

Warten auf Südamerika

Seine Mutter saß im Dunkeln. »Was ist los«, sagte er, »willst du nicht Licht machen, es wird Abend.«

»Ach«, sagte sie, »ich sitze ganz gerne hier und sehe zu, wie es langsam dunkel wird.« Sie saß in ihrem Sessel, direkt am Fenster, und das letzte Licht der Dämmerung fiel auf ihre Hände und den Tisch. Er sah die Kerzen dort, und jetzt wusste er, dass sie nicht freiwillig zusah, wie es langsam dunkel wurde. Sie hatten ihr den Strom abgestellt. Er blickte auf die Datumsanzeige seiner Uhr, der Zwanzigste, noch mehr als zehn Tage, bis sie neues Geld bekam. Und auch er musste noch mehr als zehn Tage warten, er war es gewohnt zu warten, nach all den Jahren, die er schon wartete. »Ich muss dann wieder los, Mutter«, sagte er.

»Ja«, sagte sie, »ich hab auch noch zu tun.«

»Soll ich dir was dalassen? Bin gerade flüssig.« Er wusste, dass sie Nein sagen würde. Als er auf der Treppe war, dachte er wieder an sein Auge, dachte, dass es vielleicht ganz gut gewesen war, dass seine Mutter im Dunkeln saß und so sein Auge nicht sehen konnte. Es war nicht weiter schlimm, nicht mal stark geschwollen, nur ein kleiner dunkelblauer, fast schon schwarzer Halbmond, der unter seinem Auge war und seit Tagen nicht verschwinden wollte, obwohl er Eiswürfel dagegendrückte und irgendein Gel aus der Apotheke benutzte. Er wusste nicht mal mehr genau, wie es passiert war, irgendein junger Kerl in irgendeiner Kneipe im Viertel. Er selbst hatte nicht angefangen, war sich da ganz sicher, denn wenn er in einer Kneipe saß und sein Geld vertrank, obwohl noch über vierzehn Tage vor ihm lagen, wollte er nur seine Ruhe haben und alles vergessen. Vielleicht hatte er nicht aufgepasst und jemanden angerempelt, und manche von den jungen Kerlen schlugen verdammt schnell zu und fingen Streit wegen Kleinigkeiten an. Die meisten von ihnen warteten genauso wie er, noch nicht so lange, aber sie warteten, Arbeit, Geld.

Er lief durch die Straßen, blickte nicht nach links und rechts, er kannte hier ja alles, jede Straße, jedes Haus, er wohnte seit über vierzig Jahren im Viertel, und er hörte die Stimmen aus den offenen Fenstern, das Klappern von Geschirr, Kinder, und er spürte, wie die Leute an ihm vorbeiliefen, und er sah das gelbe Licht der Straßenlaternen und das bunte Licht der Kneipen und Läden aus den Augenwinkeln. Nur ein paar Kneipen hatten sich noch gehalten, früher gab es an jeder zweiten Ecke eine, und auch die kleinen Läden verschwanden langsam.

Er lief an dem Spielplatz vorbei, auf dem sich an den Abenden und in den Nächten die Jugendlichen trafen, und auch jetzt konnte er sie hören, vielleicht war sogar der dabei, der ihm das Auge verpasst hatte.

Jemand sagte: »Entschuldigen Sie«, und er trat zur Seite und fragte: »Wie geht's Ihnen«, und die Frau mit dem großen Zwillingskinderwagen, die ein paar Häuser neben ihm wohnte, lächelte und sagte: »Ach, ganz gut.« Sie tippte an ihr Auge und fragte dann: »Doch nichts Ernstes passiert, hoffentlich«, dabei hatte sie selbst dunkle Augenringe, die an manchen Tagen, wenn er sie auf der Straße traf, so dunkel waren, als hätte sie auch paar draufgekriegt. »Nein, nein«, sagte er, »nur bisschen Sport gemacht.« Sie nickte und schob den Kinderwagen an ihm vorbei, und er blickte auf ihre ausgebeulte Jeans, die so aussah, als wäre sie ihr ein paar Nummern zu groß.

Er stand vor seinem Briefkasten. Er hatte seit einigen Tagen nicht nach seiner Post geschaut, und als er jetzt den kleinen Schlüssel ins Schloss schob und die Briefkastentür öffnete, fielen drei Briefe vor ihm auf den Boden. Er bückte sich und hob sie auf. Einer vom Arbeitsamt und einer von einer Firma, bei der er sich vor etlichen Wochen beworben hatte, und er wusste, dass es keinen Sinn hatte, ihn zu lesen, riss aber trotzdem den Umschlag auf. Er zog das gefaltete Blatt heraus, hielt es ins Licht der Treppenhauslampe, dann zerknüllte er es und steckte es mit dem leeren Umschlag und dem Brief vom Amt in seine Jackentasche. Den dritten Brief hielt er eine Weile in seinen Händen, bis das Licht ausging. Er stand im Dunkeln und strich über den Umschlag. Er konnte die Briefmarke fühlen. Ein großer Schmetterling war darauf, so bunt, dass er glaubte, ihn noch im Dunkeln zu erkennen, und über dem Schmetterling stand in großen Druckbuchstaben »CUBA«. Er kannte niemanden in Kuba. Er hatte den Brief umgedreht, aber dort stand kein Absender, kein Name, keine Adresse. Er machte das Licht an und ging mit dem Brief langsam die Treppe hoch. Er wohnte ganz oben im vierten Stock, und während er Stufe um Stufe nach oben stieg, dachte er immer wieder: »Cuba, Havanna, Cuba«, vielleicht war der Brief für jemand anderen, aber groß und deutlich standen seine Adresse und sein Name auf dem Umschlag. Er schloss seine Wohnungstür auf, steckte den Schlüssel innen ins Schloss und drehte ihn zweimal um und machte dann das Licht an. Er dachte an seine Mutter und daran, dass er bald wieder bezahlen musste, sonst kamen sie auch zu ihm. Cuba. Er hängte seine Jacke an den Haken, ging in die Küche und legte den Brief auf den Tisch, genau ins Licht der Lampe. Dann nahm er ein Bier aus dem Kühlschrank, stellte es aber wieder zurück und kochte Kaffee. Er hatte fast kein Geld mehr, und das Bier musste noch zehn Tage reichen. Er konnte Flaschen abgeben, er hatte über vierzig leere Bierflaschen auf seinem kleinen Balkon, dazu einige Mineralwasser- und Cola-Flaschen, für das Pfand würde er ein paar neue Bier bekommen, aber er schämte sich, mit großen, klimpernden Beuteln zur Kaufhalle zu gehen, vor der die Trinker des Viertels standen. Nur manchmal im Winter, wenn es besonders kalt war, waren sie nicht da. Warum, dachte er, gehe ich nicht mit einem kleinen Beutel zur Kaufhalle und schaffe die Flaschen nach und nach weg? Er goss sich eine Tasse Kaffee ein, Milch und Zucker, dann setzte er sich an den Tisch. Er trank einen Schluck, etwas Kaffee tropfte auf den Tisch, und er holte einen Lappen, wischte ein paar Mal über die Tischplatte, dann stellte er die Tasse auf den Lappen. Er setzte sich wieder hin. Er betrachtete den Brief, versuchte, die Handschrift zu erkennen, aber er hatte schon seit Ewigkeiten keine private Post bekommen, nur Ämter und Firmen, bei denen er sich beworben hatte. Er hielt den Brief gegen das Licht der Lampe, konnte aber nichts in dem Umschlag erkennen. Auch in dem Poststempel stand

»Cuba«, und dann waren da ein paar kleine Zahlen, wahrscheinlich das Datum, »08« konnte er lesen, der Rest war verwischt, vielleicht nass geworden auf der Reise. War der Brief mit dem Schiff gekommen oder in einem Flugzeug? Aber dann müsste doch »Air Mail« auf dem Stempel stehen, seine Mutter hatte einmal einen Brief bekommen, aus New York, von einer Cousine, und auf dem Umschlag hatte er irgendwas von »Air Mail« gelesen. »Paula macht Urlaub in New York, stell dir vor, New York, acht Stunden in der Luft, du erinnerst dich doch noch an deine Großcousine Paula?« Aber er konnte sich an keine Paula erinnern, und was interessierten ihn Flugzeuge und Schiffe und New York.

Er riss den Brief auf, er riss ihn so heftig auf, dass er den Schmetterling kaputt machte dabei, und dann hielt er ein dicht beschriebenes A4-Blatt in der Hand. Die Schrift war so klein, dass er noch einmal aufstand und seine Lesebrille aus der Stube holte. Er musste sie eine Weile suchen, sie lag auf dem Fensterbrett. Er setzte sie sich auf und blickte über die Gläser hinweg aus dem Fenster. Es war jetzt Nacht, und er sah die dunklen Häuser gegenüber, nur in wenigen Fenstern brannte Licht. Viele Wohnungen im Viertel standen leer. Er zog die Gardinen zu und ging zurück in die Küche. Er setzte sich und trank einen Schluck Kaffee. Der Kaffee war jetzt genau richtig, nicht mehr zu heiß, und er trank noch einen Schluck.

Er hustete laut, bevor er anfing zu lesen.

»Lieber Frank,
es ist schon eine Weile her, dass wir beide voneinander gehört haben, und es ist schon viel länger her, dass wir uns gesehen haben. Drei oder vier Jahre? Ich weiß es nicht mehr genau. Bevor Du Dir jetzt den Kopf zerbrichst oder ganz unten nachschaust, wo ich ›mit besten Grüßen, Dein Wolfgang‹ hingeschrieben habe, jetzt muss ich lachen, denn ich habe doch erst angefangen zu schreiben.«

Er legte einen Finger auf die Zeile und strich mit der anderen Hand übers Papier. Wolfgang. Er kannte nur einen Wolfgang, seinen alten Schulfreund Wolfgang, mit dem er hier im Viertel aufgewachsen war. Was verdammt noch mal machte Wolfgang in Kuba? Er war doch arbeitslos gewesen, genau wie er, hatte gewartet, genau wie er. Vor zwei Jahren vielleicht hatte ihn Wolfgang aus Berlin angerufen, dort hatte er wohl mehr Chancen, Arbeit zu finden.

»Du wirst Dich fragen, was ich in Kuba mache. In meinem Kopf ist alles durcheinander, denn ich bin auf dem Weg nach Südamerika. Brasilien. Weißt Du noch, wie wir früher von Brasilien geträumt haben. Pelé, der große Pelé. Der weiße Zuckerhut und die Mädchen am Strand, weißt Du das noch? Da waren wir zehn, die Fußballweltmeisterschaft 1970. Die war in Mexiko. Brasilien gegen Italien im Endspiel. Wir haben das bei meinem Onkel in der Kneipe geguckt. Und auch das Halbfinale, BRD gegen Italien. Das war ein Riesenspiel, 4:3 für Italien, ich weiß das noch ganz genau, weil mein Onkel nach der Verlängerung eine Schnapsflasche in den Bildschirm geworfen hat. Rudi hat doch gewettet, dass Deutschland Weltmeister wird. Du erinnerst Dich doch noch an meinen Onkel Rudi? Die kleine Kneipe unten am Park. Steht das Haus noch, was ist da jetzt drin? Onkel Rudi hat ja seine Kneipe im Sommer 89 verkauft und ist in den Westen gegangen. Aber bestimmt weißt Du das alles selbst noch.

Du wohnst ja noch im Viertel, und das ist gut so, einer muss die Fahne hochhalten, auch wenn die Zeiten hart sind.

Lieber Frank, ich bin reich geworden. Nein, keine Angst, ich hab keine Bank ausgeraubt, wie ich das vor Jahren mal im Spaß gesagt hab. Ich glaub, ich hätte das gar nicht gekonnt, einfach so in eine Bank reinspazieren und irgendeine Waffe ziehen. Und wenn ich bis an mein Lebensende arbeitslos gewesen wäre, ich hätte versucht, es mit Anstand durchzustehen.

Lieber Frank, fast schäme ich mich ein bisschen, Dir aus Kuba zu schreiben, dass ich reich geworden bin, denn ich habe gehört, dass es Dir nicht besonders gut geht, und Du bist immer noch mein ältester und bester Freund, auch wenn wir uns so lange nicht gesehen haben, und ich wünsche mir, dass Dir mein Brief Kraft und Mut gibt. Einer von der alten Garde hat es geschafft!

Aber Du weißt ja, dass ich immer ein bisschen großspurig war, und deshalb muss ich gleich etwas zurückrudern. Richtig reich bin ich natürlich nicht geworden, aber es ist so viel Geld, wie ich noch nie in meinem Leben gehabt habe. Wenn ich es gut anlege und ein bisschen sparsam bin, werde ich wohl einige Jahre davon leben können, aber Du kennst mich ja, richtig mit Geld umgehen konnte ich noch nie und werde es wohl auch nie lernen, auch wenn ich versuchen will, es nicht mit vollen Händen auszugeben. Aber ich will ein kleines Stück der Welt kennenlernen und Dir davon erzählen. Ich bin jetzt 46 wie Du, aber ich will jetzt nicht davon anfangen, wie die Zeit vergeht, denn das weißt Du genauso gut wie ich. Ich trinke gerade einen 30 Jahre alten Rum, weißt Du noch, vor 30 Jahren, vielleicht ist es auch schon bisschen länger her, da waren wir das erste Mal richtig betrunken gewesen. In Onkel Rudis Kneipe, da haben wir uns die Seele aus dem Leib gekotzt, und trotzdem denk ich immer wieder gern dran zurück, und jetzt gerade, wenn ich diesen wunderbaren Rum trinke, der ist ganz dunkel im Glas, fast schon schwarz. Ich sitze auf dem Balkon, ein kleines Hotel, direkt am Meer. Ein Strand, wie ich ihn noch nie gesehen hab, ganz weiß, und das Meer ist grün und wird dann weiter draußen blau. Türkis, das kannte ich nur von Fotos. Und ich will Dir von der Abendsonne schreiben, die so riesengroß ist, aber ich muss immer wieder daran denken, wie wir bei Onkel Rudi am Tresen saßen und diesen billigen Rumverschnitt tranken und uns vorstellten, wir wären in Rio de Janeiro und würden den allerfeinsten Rum trinken mit frischer Minze drin, und draußen wären das Meer und der Zuckerhut, und kaffeebraune Brasilianerinnen würden am Strand Tango tanzen. Tango in Brasilien. Und wenn wir so vor uns hin träumten, waren wir doch irgendwie glücklich, auch wenn wir dann meistens furchtbar kotzen mussten. Gestern war ich in einer Bar in Havanna, die hatten über 100 Sorten Rum. Manche Flaschen waren so alt, da waren wir noch nicht mal geboren. Und Zigarren, die allerfeinsten kubanischen Zigarren, handgedreht, ich will versuchen, Dir eine zu schicken, aber ich weiß nicht, ob die durch den Zoll geht. Aber bevor Du Dir weiter den Kopf zerbrichst, will ich Dir erzählen, wie ich zu dem Geld gekommen bin. Onkel Rudi ist gestorben. Für seine Kneipe hat er ja damals nur wenig Geld bekommen. Er wollte ja unbedingt in den Westen, und ein halbes Jahr später ist die Mauer gefallen, aber er ist nie zurückgekommen, und keiner hat gewusst, was er macht. Er hat auch nie geschrieben, ich wusste nicht mal, dass er überhaupt noch lebt. Und dann krieg ich einen Brief, und dann erfahr ich, dass mein Onkel Rudi, dieser verrückte Hund, eine gut gehende Bar in Hamburg gehabt hat. Kannst Du Dir Onkel Rudi hinter dem Tresen einer guten und noblen Bar vorstellen? Ich konnte es auch nicht, aber genau so ist es gewesen. Onkel Rudi hat all die Jahre eine kleine, schicke Bar auf dem Kiez gehabt, und er hat Geld zurückgelegt. Du weißt ja, dass meine Eltern schon seit über 10 Jahren tot sind, er war ja der Bruder meiner Mutter, und Onkel Rudi hat nie geheiratet, und Kinder hatte er auch keine. Er hat sich nie gemeldet in den Jahren, aber ich stand in seinem Testament, nur ich. Und bestimmt wäre noch viel mehr Geld übrig gewesen, wenn er nicht auf so großem Fuß gelebt hätte, aber Du kennst ja Onkel Rudi. Es ist jetzt fast dunkel, wenn ich Dir nur diese riesige rote Sonne auf dem Ozean genau beschreiben könnte. Ich muss mir einen Fotoapparat besorgen, nicht einmal daran hab ich gedacht, aber es ist ja meine erste große Reise.

Unten vorm Hotel führt eine kleine Straße entlang, dort fahren manchmal richtige Oldtimer. Es gibt fast keine neuen Autos in Kuba, wegen dem Embargo. Ich habe noch nie solche herrlichen Oldtimer gesehen, Chevrolets mit großen

Kühlerfiguren, uralte, schwarze Fords, manche Autos sind aus mehreren Teilen der unterschiedlichsten Marken zusammengebaut, aber sie fahren.

Lieber Frank, ich möchte Dir die Hand schütteln. Wenn Du durchs Viertel gehst, grüß alles von mir! Ich schreibe Dir bald wieder, egal, wohin ich reise.
Dein alter Freund Wolfgang.«

Er stand auf dem Balkon, zwischen den leeren Bierflaschen. Wenn er sich bewegte, klirrten sie leise. Er hatte den Brief zusammengefaltet und hielt ihn in der Hand. Er blickte auf die dunklen Häuser, in einigen Fenstern flimmerte jetzt blaues Licht. Er hielt ein Glas in der anderen Hand, billigen Jamaika-Rumverschnitt, er war extra zur Tankstelle gegangen und hatte sich eine kleine Flasche gekauft, obwohl die fast dreimal so viel kostete wie im Laden. Im Winter hatte er manchmal Rum im Haus, weil er sich gern einen Grog kochte, wenn ihm kalt war, aber jetzt war noch nicht einmal Herbst. Er trank einen Schluck. Das Zeug schmeckte scheußlich, und er trank es sonst nie pur, aber jetzt war ihm das egal. Er hob das Glas und bewegte es vor seinem Gesicht hin und her, und der Rum bewegte sich im Glas und sah fast schwarz aus in der Dunkelheit. Er hatte das Licht in der Küche ausgemacht, die Balkontür war angelehnt, und er hörte das leise Summen des Kühlschranks. Er hielt den Brief immer noch fest in seiner linken Hand, er hatte ihn mit zur Tankstelle genommen, hatte ihn den ganzen Weg über so fest in seiner Hand gehalten, dass seine Fingerabdrücke drauf zu sehen waren, als er vorm Schnapsregal stand und den Brief in seine Jackentasche steckte und mit seiner feuchten und zitternden Hand die Flasche aus dem Regal nahm.

Als er zurück in seine Straße ging, hielt er den Brief wieder in der Linken und die Rumflasche in der Rechten wie eine kleine Keule. Männer und Jugendliche liefen an ihm vorbei Richtung Tankstelle, einige hatten leere Beutel oder Tüten dabei, einige blickten zu Boden, andere blickten ihm direkt ins Gesicht und liefen so, dass sie ihn leicht anrempelten, aber er machte seine Schultern breit unter seiner Jacke, lief in der Mitte des Gehwegs und hielt den Brief auf Brusthöhe, dass ihn jeder sehen konnte, als würden sie dadurch verstehen, dass sein alter Freund Wolfgang in Kuba am Meer saß, die große rote Abendsonne beobachtete und Rum trank und viel Geld hatte. »… und ich wünsche mir, dass Dir mein Brief Kraft und Mut gibt. Einer von der alten Garde hat es geschafft!«

Er drehte sich um und sah die Neonlichter der Tankstelle, schon ein ganzes Stück weit weg, ein leuchtend blaues Schild auf dem Dach. Wenn er die Augen zusammenkniff, verschwamm es, und er versuchte, sich ein Rauschen vorzustellen, lauter und immer lauter, nur dieses Rauschen und das Blau. Ein paar Mopeds knatterten die Straße entlang, er drehte den Kopf ein wenig und sah ein Mädchen, das hinter dem Fahrer saß und beide Arme gehoben hatte und lachte.

Die Flasche war leer. Nur ein kleiner Schluck noch im Glas. Er stand an die Brüstung gelehnt. Die Nacht war kalt geworden, aber das spürte er nicht.

»Ich stehe auf der Spitze einer uralten Mayapyramide auf der Yucatán-Halbinsel in Südmexiko. Wenn Du auf der

Karte schaust, siehst Du, dass es nicht weit von Kuba nach Yucatán ist.«

Er holte seinen alten Schulatlas aus dem Beutel, den er extra mitgenommen hatte. Es war ein sehr großer Atlas, und er musste ihn auf beide Knie legen und den Brief unter den Atlas klemmen, und die Leute, die neben ihm und an der Wand gegenübersaßen, blickten ihn ein wenig komisch an. Er blätterte und suchte, er hatte den Briefkasten geöffnet, als er aus dem Haus gehen wollte. Er hatte sich auf eine Treppenstufe gesetzt und angefangen zu lesen. Dann war er wieder nach oben gerannt, er durfte seine Straßenbahn nicht verpassen, hatte den alten Schulatlas aus dem Regal gerissen, ihn in einen etwas fleckigen Stoffbeutel gesteckt, hatte die Wohnungstür zugeschmissen ohne abzuschließen und war die Treppen runter und bis zur Haltestelle gerannt. Er sah die Bahn schon von Weitem um die Kurve kommen, er rannte und winkte, der Beutel schlug gegen sein Bein, und als er durch die sich schließende Tür sprang, wurde der Beutel eingeklemmt, und er musste ihn rauszerren, und dann setzte er sich, schwer atmend. Er wollte den Atlas rausholen und den Brief weiterlesen, aber die Bahn wurde von Haltestelle zu Haltestelle immer voller.

Er blätterte und suchte, Kanada, USA nördlicher Teil, USA Nordwesten, Mexiko, dort ganz am Rand war Yucatán, aber wo war Kuba?, er blätterte weiter, Mittelamerika und Karibik. Dann sah er wieder die Halbinsel Yucatán, groß und breit, und ein Stück oberhalb der Spitze lag das schmale, lang gezogene Kuba. Er legte den Zeigefinger auf die Karte, dann den Daumen. Nur ein daumenbreit Meer war zwischen Yucatán und Kuba. Ob Wolfgang auf einem kleinen Boot dort rübergefahren ist? Wie lange ist er wohl auf dem Meer unterwegs gewesen? Ein Fischerboot, ein kleines Fischerboot, das ganz oben auf den Wellen trieb und dann verschwand und dann wieder auftauchte. Er zog den Brief unter dem Atlas vor und legte ihn auf Venezuela und die Antillen. »Chichén Itzá ist die größte Mayastadt Mittelamerikas. Ich kann von hier oben den dichten Dschungel sehen, ein Grün, das kein Ende nimmt. Ich habe mir eine kleine Hütte ganz in der Nähe gemietet, und in den Nächten macht der Dschungel Geräusche, ein Pfeifen, ein Singen, hohe Schreie wie von Kindern, ich glaube, die Vögel und die anderen Tiere schlafen fast nie.«

»Herr Mose, bitte!« Eine Frauenstimme, und er sah die Frau in der offenen Tür stehen, die jetzt noch einmal rief: »Herr Mose, bitte!«, und ihre Stimme schien ihm jetzt hoch und schrill, die Vögel und die anderen Tiere schlafen fast nie. Herr Mose lief an ihm vorbei, blickte böse auf ihn runter, weil er lachte und Herr Mose bestimmt dachte, er lachte über ihn, so wie die Kinder früher über seinen Namen gelacht hatten. Eine Tür wurde zugeworfen, und dann las er weiter, einen Finger auf dem kleinen schwarzen Punkt auf der Karte, neben dem »Chichén Itzá« stand.

»Ich bin schon 10 Tage hier und streife durch die alte Mayastadt und den Dschungel und die kleine Stadt mit den vielen Lehmhütten ganz in der Nähe. Dort gibt es eine Kneipe, die hier Cantina heißt. Hast Du schon mal Tequila getrunken? Manche Leute in der Cantina trinken das wie Wasser, obwohl es hier heiß und schwül ist. Die trinken das mit Salz und Zitrone, erst das Salz auf die Zunge, dann den Tequila kippen, dann in die Zitrone beißen. Ich hab so was mal in einer Bar in Berlin gesehen, muss aber erst nach Mexiko reisen, um es selbst auszuprobieren. Geh in irgendeine Bar, Frank, und trink einen Tequila auf mein Wohl, vielleicht sitz ich zur selben Zeit in der Cantina und trinke auf Dich. Vor ein paar Tagen habe ich hier etwas Wunderschönes gesehen. Eine Frau hat es mir gezeigt. Die ist auch wunderschön, und es ist auch nicht irgendeine Frau. Sie ist eine Indianerin, eine India, wie man hier sagt, und wenn der Dschungel in den Nächten so laut ist, sitzt und liegt sie bei mir. Frank, eine Indianerin, stell Dir das vor! Ich muss immer dran denken, wie wir als Kinder Indianer gespielt haben, und da war doch so eine Kleine aus unserer Straße, die war immer unsere Squaw. Und Maria Pilar, die jetzt so was wie meine Squaw ist, sieht genauso aus, wie ich mir früher immer eine Indianerin vorgestellt habe. Die Haut wie Bronze, und die Haare sind so schwarz, dass sie glänzen wie frische Schuhcreme. Und sie riecht ganz anders, hat so einen besonderen Geruch, süßlich herb, nicht wie die Frauen bei uns, die entweder nach Parfüm oder Schweiß stinken.« Wieder wurde ein Name aufgerufen, irgendwo an einer anderen Tür, und wieder blickte Frank kurz auf, sah, dass eine Frau neben ihm saß, die hatte dort vorher noch nicht gesessen, er beugte sich leicht zu ihr rüber und atmete tief durch die Nase ein. Dann dachte er an *seine* Frau, die eine Freundin der Kleinen gewesen war, mit der sie als Kinder immer Indianer gespielt hatten. Er dachte daran, wie lange er sie nicht mehr gesehen hatte, aber er wollte sie auch nicht mehr sehen, war froh, dass sie weit weg war, war nur traurig, dass sie Klara mitgenommen hatte und er sie nur noch ein-, zweimal im Jahr treffen konnte. Er strich sich ein paar Mal durch die Haare, sie waren immer noch recht dicht, nur die Geheimratsecken wurden ein kleines bisschen breiter. Hatte Wolfgang nicht schon fast Glatze gehabt? Der kahle Wolf mit seiner jungen Squaw.

»Ich habe sie sehr gern, aber Du weißt ja, dass ich weiter nach Brasilien will. Nicht jetzt und auch nicht morgen, aber irgendwann, vielleicht schon bald, ich spüre das. Ich wollte Dir doch schreiben, was sie mir Wunderschönes gezeigt hat. Sie kam abends zu meiner Hütte und hat mich bei der Hand genommen und auf einen kleinen Hügel geführt. Die Sonne stand schon sehr tief, und der Himmel war schon fast dunkel, und das Licht und der Schatten der untergehenden Sonne fielen so auf die Stufen der Kukulcán-Pyramide, dass dort ein riesiger Schlangenkörper erschien, der sich die Stufen nach unten wand.

Sonst ist da nichts zu sehen, nur die Steinstufen, aber jetzt war da diese gewaltige Schlange, die auf uns zuzukriechen schien. Dann sah ich auch die vielen Touristen, die um die Pyramide herumstanden, aber wir waren ganz allein auf unserem Hügel. Maria Pilar kann nur sehr wenig Englisch und ich nur ein paar Brocken Spanisch, aber später hat mir jemand erzählt, dass das jedes Jahr genau zweimal passiert, immer am 21. März und am 23. September. Und wie ich da mit Maria Pilar auf dem kleinen Hügel stand ...« Er klappte den Atlas zu. Er schaute auf die Datumsanzeige seiner Uhr, obwohl er genau wusste, dass heute der 28. September war. Wie kam der Brief aus dem Dschungel in so kurzer Zeit zu ihm? »Herr Eisner, bitte in Zimmer 32!« Er steckte den Atlas mit dem Brief drin in seinen Beutel. Vielleicht gab es ja irgendwo dort einen kleinen Flugplatz, Wolfgang hatte ja Geld ... Oder er hatte oben auf der Pyramide gestanden, die Nacht war sehr hell, und dort oben hatte er den Brief geschrieben. Waren die Nächte in tropischen Gegenden nicht immer sehr hell? Fünf Tage bis Deutschland, natürlich, warum nicht. Vielleicht war Wolfgang am nächsten Morgen auch noch mal alleine hochgegangen. Maria Pilar wartete in seiner Hütte auf ihn, sie hatte starken, mexikanischen Kaffee gekocht, und er blickte auf den unermesslichen Dschungel, das Grün bis zum Horizont, er dachte an die Heimat und seinen alten Freund und holte Stift und Papier heraus. »Herr Eisner, bitte ins Zimmer 32!« Er sagte: »Ja«, nahm den Beutel und sah den Brief zwischen den Seiten des Atlas und stand auf.

Drei Briefe hatte er nun bekommen und wartete seit Monaten auf den vierten. Im letzten Brief hatte Wolfgang von seinem Abschied aus Mexiko geschrieben, von seinem Abschied von Maria Pilar, der schönen Indianerin. »Weißt Du, wie ich sie genannt habe? Mi clara Estrella, das heißt ›mein heller Stern‹. Und die Sterne über uns in den Nächten waren wirklich so hell gewesen, wie ich es bei uns nie gesehen habe. Sie schienen auch unglaublich nah zu sein, direkt über den Bäumen. Sie ist jetzt ganz allein in Chichén Itzá, aber ich habe ihr versprochen zurückzukommen, vielleicht nehme ich sie dann mit nach Brasilien. Du weißt, dass ich immer ein Träumer war, aber ich schwöre Dir bei unserer Freundschaft, dass ich diese wunderbare Frau eines Tages heiraten werde, aber zuerst muss ich reisen. Südamerika, Du weißt.« Der Brief war aus Honduras, aus der Hauptstadt Tegucigalpa, dort war ein Flughafen, und von dort wollte Wolfgang nach Brasilien fliegen.

Er saß in der Bar, die früher Wolfgangs Onkel Rudi gehört hatte. Alles war komplett umgebaut, selbst das Haus hatte er nicht wiedererkannt. Damals war das eine richtige Eckkneipe gewesen, mit Holztischen und holzgetäfelten Wänden, jetzt war es eine von diesen modernen Bars, Neonlicht und bunte Cocktails, die von jungen Mädchen serviert wurden.

Er war bei seiner Mutter gewesen, er hatte etwas Geld gespart und es heimlich in ihr kleines Sparkästchen gelegt. Einen Zwanziger hatte er wieder rausgenommen, und jetzt saß er an dem schwarzen Tresen, der aus kühlem Metall war, und trank. Er trank Tequila, wie Wolfgang es ihm vorgeschlagen hatte. Er war schon ein paar Mal hier gewesen und hatte Tequila getrunken. Er befeuchtete die kleine Mulde zwischen Daumen und Zeigefinger mit der Zunge, streute dann etwas Salz auf die nasse Stelle, nahm das Glas in die eine Hand und die Zitronenscheibe in die andere, leckte das Salz von seiner Hand, kippte den Schnaps hinter und biss dann in die Zitronenscheibe, dass ihm die Tränen kamen. »Auf dich«, sagte er, »auf dich und Maria Pilar und Brasilien.«

Das Jahr war fast zu Ende, in den Nächten gab es schon Frost, aber es schneite nicht. In Brasilien war jetzt Sommer, und bald würde Wolfgang, wenn er jetzt schon in Brasilien war, im Sommer Silvester feiern. »Noch einen Tequila«, sagte er, »und ein Bier«, und die junge Frau hinter der Theke nickte. Es war gegen zehn, und er wollte bald nach Hause. Er musste zeitig aufstehen, denn er hatte jetzt eine ABM-

Stelle, er arbeitete an einem Touristeninformationsstand in der Innenstadt. Ein alter Mann setzte sich neben ihn auf einen der Barhocker, klopfte auf die Theke und nickte ihm zu. Frank klopfte auch auf die Theke und lächelte. Der alte Kneipengruß. Die Barfrau stellte das Bier und den Tequila vor ihn. »Für mich auch ein Großes«, sagte der Alte. Die junge Frau nahm ein Glas und ging zum Zapfhahn. Der Alte drehte sich zu ihm. »Jetzt trinken sie hier Cocktails«, sagte er, »aber früher …« Er stützte sich auf die Theke und blickte Frank direkt ins Gesicht. »Du wohnst hier im Viertel, nicht wahr?«

»Ja«, sagte er, »schon immer.«

»Bin auch von hier.« Der Alte zog eine Packung Zigaretten aus der Tasche und legte sie vor sich, er kramte noch mal in seinen Taschen und legte ein Feuerzeug auf seine Zigaretten. Frank blickte auf seine dünnen, faltigen Finger.

»Danke«, sagte der Alte und nahm der Barfrau das Bier aus der Hand und trank. Er legte den Kopf zurück, dann stellte er das Glas auf den Tresen und wischte sich den Schaum vom Kinn. »Ach«, sagte er, »entschuldige.« Er hob das Glas wieder, und auch Frank nahm sein Bier, und sie stießen an. »Auf die alten Biertrinker.« Frank trank und lachte und sagte: »Auf uns alte Biertrinker«, dann kippte er seinen Tequila hinter, ohne Salz und Zitrone. »Kennst den Laden auch noch von früher, was?«

»Sicher«, sagte der Alte, »war so was wie mein zweites Zuhause.« Er zog eine Zigarette aus der Schachtel und zündete sie an. »Auch eine?«

»Danke. Hab nie damit angefangen. Nur ab und an mal 'ne gute Zigarre.«

»Klar«, sagte der Alte, »'ne feine Zigarre is 'ne feine Zigarre. Geht fast nichts drüber.« Er legte den Kopf zurück und blies den Rauch zu den bunten Lampen an der Decke. »Du warst früher ziemlich oft hier, stimmt's?«

»Ja«, sagte Frank, »ziemlich oft. Ist aber schon so dreißig Jahre her.«

»Dreißig Jahre.« Der Alte atmete laut aus. Wieder stützte er sich auf die Theke, und wieder blickte er ihm direkt ins Gesicht. »Du warst doch 'n Freund von Rudis Neffen?«

Frank trank einen Schluck und nickte. Er versuchte sich zu erinnern, wer konnte der Alte sein? Er musste damals so alt gewesen sein wie er jetzt. Ungefähr. Aber es waren so viele Stammgäste bei Rudi gewesen, die ihre Abende und Tage am Tresen oder an einem der runden Holztische verbrachten.

»Hab's doch gleich gewusst.« Der Alte drückte seine Zigarette aus. »Hab sie gut gekannt, Rudi und seinen Neffen. Hab euch oft hier gesehen. Rudi hat seine Lizenz riskiert, wenn er euch was gegeben hat.«

»Ja«, sagte Frank, »aber wir haben's nie übertrieben.«

Der Alte zwinkerte ihm zu. »Das hab ich anders in Erinnerung.« Er trank sein Glas aus und schob es über die Theke. Die Barfrau hatte die Musik lauter gedreht, irgendwas Elektronisches mit viel Bass, und Frank hörte Stimmen hinter sich, drehte sich aber nicht um. Dann standen ein paar junge Kerle neben ihm und bestellten was, und er sah, wie die Barfrau mit Flaschen hantierte und ein paar Limetten zerschnitt. »Hab ihm immer die besten Marken besorgt, damals.«

»Marken?« Frank trank sein Glas aus und schob es neben

das leere des Alten. »Noch zwei«, sagte er, »und zwei Tequila«, und die Barfrau sagte: »Dauert 'n kleinen Moment.«

»War bei der Post«, sagte der Alte, »damals«, und plötzlich wusste Frank wieder, wer er war. Sie hatten bei Rudi an der Theke gesessen und das große Briefmarkenalbum durchgeblättert. »Zwei neue Pelé-Marken«, sagte Wolfgang, »ganz selten, ungestempelt.« Sie blickten auf die Marke und den kleinen Pelé, der den noch kleineren Ball auf seiner Fußspitze zu halten schien, und je länger sie Pelé beobachteten, die Köpfe auf die Hände gestützt, umso stiller wurde es um sie herum, der Lärm der Kneipe verstummte, und dann tanzte der Ball auf Pelés Fußspitze, und dann bewegte sich auch Pelé auf der kleinen Marke.

Frank holte tief Luft. »Hat Geld gemacht, der Rudi. Ist zu viel Geld gekommen, drüben in Hamburg.«

»Geld?« Der Alte roch an dem Tequila. »Klarer?«

»Nein«, sagte Frank, »mach's genau wie ich.« Er befeuchtete die kleine Mulde zwischen Daumen und Zeigefinger mit der Zunge, streute etwas Salz auf die nasse Stelle, reichte den Salzstreuer dem Alten rüber und wartete, bis der es ihm nachgemacht hatte. »Und jetzt die Zitrone.« Der Alte lächelte, und sie nahmen die Zitronenscheibe in die eine Hand, das Glas in die andere, dann leckten sie sich das Salz von der Hand, kippten den Schnaps hinter und bissen in die Zitronenscheibe, »Ahhh, Himmelarsch, was ist das!«, und dann lachte der Alte und fragte: »Rudi hat Geld gemacht?«

Er rannte durch die Nacht. Es war richtig kalt, und sein Atem dampfte aus seinem Mund. Er hörte immer noch den

Alten lachen: »Rudi hat Geld gemacht, du willst mir erzählen, dass Schnaps-Rudi in Hamburg mit 'ner Bar Geld gemacht hat!« Er konnte nicht verstehen, warum der Alte so wild lachte. Er wurde jetzt langsamer, steckte die Hände in die Jackentaschen und ging an dem Spielplatz vorbei, der dunkel und leer war. Wo waren die Jugendlichen, wenn es so kalt war? Vielleicht in irgendwelchen Kneipen, wenn sie Geld hatten.

»Und die Sterne über uns in den Nächten waren wirklich so hell gewesen, wie ich es bei uns nie gesehen habe. Sie schienen auch unglaublich nah zu sein …«

Hell waren sie, die Sterne über ihm, der Himmel war wolkenlos, aber dort mussten sie noch viel heller geleuchtet haben, und nah … nein, sie schienen ihm winzig klein und weit weg. Er ging weiter. Er holte seinen Schlüsselbund raus, obwohl er noch ein ganzes Stück von seinem Haus entfernt war. Er klapperte mit dem Schlüsselbund, die Straße war leer und still, und er konnte seine Schritte hören. »Du weißt, dass ich immer ein Träumer war, aber ich schwöre Dir … Aber zuerst muss ich reisen.« Er schloss die Haustür auf. Er stand im dunklen Treppenhaus und suchte das Schlüsselloch, dann schloss er die Tür wieder ab, einmal, zweimal. Er machte das Licht an und blieb vorm Briefkasten stehen. »In meinem Kopf ist alles durcheinander, denn ich bin auf dem Weg nach Südamerika.«

Vielleicht hatte Wolfgang so lange nicht geschrieben, weil er Maria Pilar nach Brasilien geholt hatte. Er war sich sicher, dass sie den Zuckerhut schon längst gesehen hatten. Das Licht ging aus, und er machte es wieder an und klapperte mit dem Schlüsselbund, während er nach oben in seine

Wohnung ging. Er versuchte, so mit seinem Schlüsselbund zu klappern, dass es irgendwie südamerikanisch klang. Was tanzten sie in Brasilien? Salsa, Cha-Cha-Cha? Er hatte sich ein Buch über Brasilien gekauft, da hatte er doch was von Sambaschulen gelesen, neben Fotos von wunderschönen Frauen, die fast nichts anhatten und mit Perlen und Federn geschmückt waren. Er hatte nächtelang in der Küche am Tisch gesessen und sich die Fotos angeschaut, nicht nur die mit den schönen Frauen. Die Kirche von Saõ Francisco mit all ihrem Gold, die weiß schäumenden Wasserfälle von Iguaçu, die Guanabara-Bucht vor Rio de Janeiro. Er klapperte mit dem Schlüsselbund, stampfte mit den Füßen auf beim Gehen, und dann fing er an zu pfeifen, versuchte, eine Melodie zu pfeifen, die zu dem Klappern und Stampfen passte. Als er oben im vierten Stock vor seiner Wohnungstür stand, war er still und holte tief Luft.

»Ich stehe auf der Spitze des Zuckerhuts und blicke auf die Guanabara-Bucht. Es ist Nacht, und auf den kleinen Inseln sind überall Lichter zu sehen, und zwischen den Inseln und weiter draußen die Lichter der Schiffe. Hinter mir ist der Himmel hell, keine Sterne, Rio de Janeiro.«

SYLVAIN TESSON
Die Wälder der Rückkehr

Meine Nächte sind oft schöner als meine Tage. Vor allem die Biwaknächte. Als ich eines Nachts in der Nähe von Garmisch-Partenkirchen auf einer Parkbank schlief, befahl mir ein Polizist, sein Strafgesetzbuch im Hirn, das Feld zu räumen, und erklärte: »Das ist einfach nicht schön.« Mein Deutsch reichte damals nicht, um ihm vermitteln zu können, was ich vom Biwakieren hielt. Ich hätte ihm gesagt, dass ich mir kein trefflicheres Geschenk für die Seele denken könne, als in einer Sommernacht seinen Körper ins Freie zu betten, und dass der *Wanderer*, wenn es keine Kathedralen mehr zu erkunden oder keine Brücken mehr zu besteigen gibt, in den Städten, in denen er sich aufhält, gerne heimliche Biwaks aufschlägt.

Das Biwak bietet eine Gelegenheit, Frieden mit der Nacht zu schließen. Seine Habseligkeiten unter eine Steinbrücke oder unter den Rock eines Baumes fallen zu lassen, versöhnt mit der Dunkelheit. Lange schon hat das Abendland den Krieg gegen die Finsternis gewonnen (die Zivilisation *vertreibt die Dunkelheit*), kommt die Nacht für die Kosten der Moderne auf. Trotzdem bleibt sie dem Reisenden, der in der Mühle seiner Träume die Eindrücke des Tages mahlt, eine Freundin. Besser noch: Sie ist das Laken, unter das er, von seinem Tag erschöpft, schlüpft.

Es bedarf keiner Heckenlandschaft, um zu biwakieren. Die Stadt bietet dem, der sie ausfindig zu machen versteht, raffinierte Schlupfwinkel. Ich habe in Dachstühlen von Kirchen genistet (gut aufpassen, dass die Glocken nicht in Betrieb sind), habe auf den Stadtmauern von Saint-Malo geschnarcht (aber ist die Nacht eines Betrunkenen ein richtiges Biwak?), mein Zelt in den Wehrtürmen von Carcassonne aufgebaut (hier sollte man daran denken, sich vor den Besichtigungen aus dem Staub zu machen). Ich habe meine Hängematte an den Trägern der Brücken von Paris befestigt (die Bateaux-mouches stoppten ihre Motoren, damit die Touristen besser sehen konnten), und ich spannte dieselbe Hängematte zwischen Platanen auf einem Platz in Chartres. Ich habe auf Haussmann'schen Dächern geschlafen (hier verbietet sich der unbewusst wachsame Körper das Herabrollen); unter einem Lastwagen, der mitten in der Nacht losfuhr, ohne dass ich aufwachte; auf dem Grab eines Friedhofs, den betreten zu haben ich keinerlei Erinnerung hatte. Ich fror mit angezogenen Beinen, auf dem Pflaster von Innenhöfen in Paris, in Athen. Manchmal, mit meinen Kräften oder Ideen am Ende, suchte ich einfach auf einer Parkbank Lager. So wurde mir bewusst, dass die öffentlichen Behörden seit etwa fünfzehn Jahren entschlossen darauf hingearbeitet hatten, die Bankbretter für die Rücken der Bedauernswerten möglichst unbequem zu gestalten. Man muss sich vorstellen, dass es Ingenieure gibt, die sich Tag für Tag damit beschäftigen! Kaum aus den

Federn, widmen sie sich ihrem Ziel: die Ruhe der Penner vereiteln. Das Biwak ist dem Staat ein Dorn im Auge, denn es verkörpert die Möglichkeit, nie da zu sein, wo er mit uns rechnet.

Zivilfrieden, so ist hinreichend bekannt, bedeutet, dass jeder zuhause schläft. Die engste Verbündete der phrygischen Mütze ist die Schlafmütze.

In einer Moskauer Augustnacht habe ich unfreiwillig auf der Straße gebiwakt, vom Wodka niedergestreckt, das Gesicht auf den Boden gedrückt. Am Morgen erwachte ich schlotternd und stellte fest, dass man mir meine Hose, meine Schuhe, meine Strümpfe, meinen Gürtel und meine Jacke geklaut hatte. So saß ich auf dem Pflaster einer unbekannten Stadt, alleine, halb nackt, außerstande, mich an meine Adresse zu erinnern. In diesem Moment verliebte ich mich in Russland. Die Russen sind ausgesprochen solidarisch mit Betrunkenen, fast liebevoll: Jeder weiß, dass er eines Tages auch auf Hilfe angewiesen sein wird. Ein Straßenkehrer in einem kleinen Hof war meine Rettung und hüllte mich in seinen Mantel. Er erklärte mir, dass jeden Winter Betrunkene in Schneenächten auf der Straße einschlafen und man sie fünf Monate später findet, wenn der Frühling ihr Leichentuch schmelzen lässt. In Russland gibt es Hunderte von ihnen. Sie werden ›Schneeglöckchen‹ genannt.

Dem Unbekannten aus La Rochelle, der letztes Jahr wohl fast ein Herzversagen erlitten hätte, möchte ich gerne sagen, dass mir leidtut, was ich getan habe. Nachdem ich die ganze Nacht lang auf der Suche nach einem Schlafplatz durch die Stadt geirrt war, kam ich schließlich in einer Wohnung unter, die gerade renoviert wurde. Die Hotels waren geschlossen, die Hauseingänge zugig, der Sand am Strand war zu feucht und die Kathedrale (wo ich zwangsläufig einen gastlichen Dachstuhl gefunden hätte) zu steil, als dass ich mich ohne Kletterschuhe darauf wagen konnte. Im Gang eines Wohnhauses stand eine Tür offen. Ich hatte mich auf die Fliesen eines einigermaßen sauberen Bodens gelegt und war, mit einem dicken Buch unter dem Kopf (Armel Guerne, *Les Romantiques allemands,* Phébus) und meiner Jacke als Decke (Arthur & Fox, Tweed), tief eingeschlafen, in der Überzeugung, genug Zeit zu haben, um vor sieben Uhr am nächsten Tag den Platz zu räumen. Doch noch bevor ich aufwachen konnte, ging die Tür auf. Ein Arbeiter kam herein. Ich blieb liegen. Er durchquerte den Raum, ging in etwa einem halben Meter Abstand an mir vorbei, ohne mich zu sehen, und begann, in noch nicht einmal zwei Metern Entfernung, mit dem Rücken zu mir mit einem Schraubenschlüssel ein Spülbecken zu reparieren. Völlig versteinert, rührte ich mich nicht. Dann richtete ich mich, jede Bewegung kalkulierend, langsam auf. Ich stand hinter ihm, mit angehaltenem Atem. Ich hätte mit dem ausgestreckten Arm seinen Rücken berühren können. Ich glaubte, mein Herzklopfen müsste ihm meine Gegenwart verraten. Immer hat man diesen dämlichen Eindruck, dass die Leute unser Herz hören … Ich schlich auf die Tür zu, sehr langsam, geräuschlos. Ich legte die Hand auf die Klinke. Der Mann hantierte weiter an den Rohren. Ich traute mich nicht, die Tür zu öffnen: Sicher würde er mich hören, und ich hatte Angst vor seiner Reaktion. Er hielt einen Schraubenschlüssel in der Hand, während ich nur Armel Guerne (immerhin 992 Seiten) hatte. Ich beschloss, ihn mit einem Schrei zu neutralisieren. Ich gab ein schreckliches Gebrüll von mir, riss gleichzeitig die Tür auf und lief davon. Ich hörte das Klirren des Schraubenschlüssels auf der Spüle. Vor Entsetzen hatte der Mann wohl sein Werkzeug fallen lassen. Er wird es mir verzeihen. Zwei Dinge vorausgesetzt. Dass er diese Zeilen liest. Und dass er nicht vor Angst umgekommen ist.

Das Biwakieren ist eine Wissenschaft. Die Art und Weise, in der man sein Nachtlager vorbereitet, entblößt die Persönlichkeit. Der Sesshafte, plötzlich mit einer provisorischen Situation des Nomadenlebens konfrontiert, gibt sein wahres Gesicht zu erkennen. Bei manchen ist das Biwak ordentlich, bei anderen schlampig, es ist verbarrikadiert oder aber nach allen Seiten hin offen, barock oder nüchtern. Bisweilen strahlt es Harmonie aus, denn, sobald der Unterstand errichtet ist, freuen sich viele Reisende, wenn Ordnung herrscht: das Feuer zwischen den Steinen, das Wasser auf dem Feuer, das Feuer neben der Schlafstelle, die Schlafstelle unter dem Baum, die Nacht über dem Baum, der Mond in der Nacht … Das Nomadentum ist die beste Form, das Gleichgewicht zwischen den Menschen und der Welt zu erfahren. Ein fragiles Gleichgewicht: Das Nomadentum ist ein Drahtseilakt. Und das Biwak ist die Balancierstange.

Das Biwak, Spiegel der Seele des Schläfers, entspricht auch seiner Epoche. Heute biwakieren Reisende genau so, wie sie reisen: effizient, ohne sich um Eleganz zu bemühen. Es kümmert sie wenig, dass ihr Lager die Landschaft verunstaltet. In den Jahrhunderten, als man sich Zeit ließ, als die Einheimischen zum Koffertragen herhalten mussten, nahm man mit, was das Biwak schöner gestalten mochte: ein Grammofon, ein Mahagonitisch, eine kupferne Badewanne, ein Teeservice ... Es galt, in rauen Landstrichen Bruchstücke der Zivilisation zu rekonstruieren. Dem Prinzip der viktorianischen Eleganz gemäß kultiviere ich gepflegte Biwaks an Orten, die den Konventionen am wenigsten entsprechen. So verbringe ich jeden Silvesterabend mit Freunden in einer Sandsteingrotte, die versteckt in einem Felsmassiv des Walds von Fontainebleau liegt und mit einem Rauchabzug ausgestattet ist. Festlich gekleidet liegen wir auf Decken, sagen bei Kerzenlicht Gedichte auf und trinken vor einem Holzfeuer erlesene Weine aus Kristallgläsern. Der *Wanderer* weiß, dass der wahre Luxus nicht allein der Stadt gehört. Eleganz bedeutet, sich alleine genauso wie in Gesellschaft zu verhalten. Robinson zwang sich jeden Abend, im zugeknöpften Anzug mit sich selbst zu speisen.

Für ein gelungenes Biwak ist vor allem der Ort ausschlaggebend. Nur auf dem gleichförmigen Wüstenpflaster kann man sich schlafen legen, ohne nach einem geeigneten Gelände suchen zu müssen, weil jeder Zoll Boden dem anderen gleicht. In der Wüste Gobi oder im Qaidam-Becken schlief ich da, wo ich mich, ausgelaugt, fallen ließ. Anderswo muss man suchen. Gesetzt den Fall, man betrachtet den Schlaf als eine Religion und das Biwak als ihr Ritual, versteht man, dass der Ort des Lagers heilig ist. Nach der nomadischen Tradition opfert man übrigens der lokalen Gottheit ein Tier, bevor man sein Zelt aufbaut. Um eine günstige Stelle zu bestimmen, müssen die beiden Prinzipien der *Bequemlichkeit* und der *Schönheit* vereint sein. Wird die Schönheit bevorzugt, entscheidet man sich für einen hochgelegenen Punkt, an dem man den Blick schweifen lassen kann. Gibt die Bequemlichkeit den Ausschlag, sucht man in einer Bodenvertiefung Schutz. Wenn man beides verbinden will, eignet sich wohl am besten eine windgeschützte Erhebung. Geht es um Schönheit, sind die natürlichen Balkone die besten Plätze: Felsenrücken oder Böschungsvorsprünge, alles, was sich über einen Abgrund erhebt. Wie viele Nächte habe ich nicht in weißen Kalkgrotten in der Provence verbracht, auf dem Gipfel burgundischer Schichtstufen, während ich die vom Mond in milchiges Licht getauchten Nebelflüsse betrachtete, oder aber auf den Felsterrassen der Calanques, wo ich ein fast urzeitliches Gewitter beobachtete! Das Biwak ist eine Loge mit Blick auf das Welttheater.

Um die Wahl des Platzes abzurunden, ist auch die Stelle des Sonnenaufgangs zu bedenken. Man sollte sorgfältig darauf achten, seinen Kopf Richtung Osten zu betten, damit der erste Gedanke nach dem Aufwachen der Sonne gilt, wie in früheren Zeiten, als man ihre tägliche Rückkehr zelebrierte. So bleibt der gesamte, unter den Vorzeichen des Morgengrauens stehende Tag lichtdurchflutet. Manchmal hält das Morgengrauen leider mehr Enttäuschungen als Versprechen bereit. So habe ich in einer mondlosen Nacht in Spanien einmal ein Lager vor einem grandios erscheinenden Relief aufgeschlagen, das sich mit dem ersten Tageslicht allerdings als Müllhalde herausstellte. (Cendrars hatte recht, wenn er sagte, dass man beim Reisen »die Augen schließen sollte«.) Wenn der Platz gefunden ist, bleibt zu entscheiden, ob man das Zelt aufbauen soll oder nicht. Schnell wird man merken, dass *die Nacht unter freiem Himmel* nicht von Vorteil ist. Das Himmelsgewölbe verursacht Schlaflosigkeit: zu viel Schönheit, zu viel Größe, um an Schlaf zu denken. Und die Aufregung erst, wenn das Auge plötzlich einen Satelliten wahrnimmt, der sich seinen Weg durch die Sterne bahnt! Ich habe zu schlimme Erinnerungen an siderische Schlaflosigkeit, um nicht eine Schutzschicht aus Stoff oder eine Zwischendecke aus Kiefernnadeln zwischen meine Augen und die Sternenwiesen zu legen.

Das Biwak hat denselben Vorteil wie früher die Abendrunden: Es ist gesprächsfördernd. Das Feuer, die tintenblaue Nacht, die mit den Sternen verschmelzende Flugasche: eine geeignete Kulisse für Vertraulichkeiten. Ist es nicht so, dass vor den Flammen Geheimnisse preisgegeben werden und Erinnerungen hervorsprudeln? Das Biwak strahlt (wenn es kein Extrem-Biwak ist) etwas Melancholisches aus, das zum Sprechen, zum Lieben animiert. Viele Menschen wissen nicht, dass sie vor dem glimmenden Feuer, unter dem Gewölbe einer Eiche gezeugt worden sind. Sie sind *Biwakkinder.* Gibt es bessere Umstände für die Liebe als das in einer prachtvollen Natur errichtete Lager? Eine Liebesnacht unter den Sternen ist die schönste Hommage, die man den unsichtbaren Wesen am Eingang zu den Quellen erweisen kann.

Nichts eignet sich besser zum Schlafen als der Ast eines Baumes. Diesen Schluss ziehe ich aus meinen Nächten als Nomade. Da wird die Nacht in den Baumkronen, in eine Hängematte gebettet, der Schwerkraft und der Plumpheit der Welt gestohlen. Wenn meine Hängematte, sanft vom Wind geschaukelt, am Wipfel einer Buche baumelt, frage ich mich sogar, weshalb der Mensch heruntergestiegen ist. Ich verstehe, dass es die Erhängten wieder auf die Äste zieht: soll doch wenigstens der letzte Balkon so schön wie möglich sein. Die Nächte als Baumbewohner sind nichts im Vergleich zu den Morgendämmerungen, die dort zu erleben sind. Mit den ersten Sonnenstrahlen tröpfelt gedämpftes Licht durch die Blätter. Sie filtern die Lichtpfeile bis an den Stamm hinunter. Die Schriftstellerin Marie Mauron, die sich mit Bäumen auskannte, nannte diese Spritzer »Sonnenfäden«. Man öffnet die Augen, ohne sich zu rühren; entdeckt Fragmente des Himmels hinter den Laubfetzen. Der Gesang der Vögel kommt *von unten*. Man ertrinkt in der Belaubung, schwimmt in der Baumkrone wie im Ei. Der Ast trägt uns vom Stamm weg. Man liegt im Baum, nicht unter ihm. Die weißen Hängematten schimmern wie helle Kokons, die glöckchenartig die Kiefernwipfel verzieren.

Für eine gelungene Nacht muss man seinen Baum aussuchen wie seinen Rastplatz, wenn man auf dem Boden schläft. Da wäre die Eiche mit ihren stammdicken Ästen:

schwer zu erklettern. Da wäre die Esskastanie: herrliche, aber oft zu dichte Gabeln. Die Birke ist empfindlich. Auf einem Nadelbaum zu schlafen, kommt wegen des Harzes nicht infrage. Ideal ist die Buche. Ihre Zweige sind so angeordnet, dass sie Hängematten tragen können. Ihre Rinde ist besonders glatt. Eine robuste und regelmäßige Struktur. Eine dichte Baumkrone. Wie dafür geschaffen. Sobald man hängt, muss man mit tausend Vorsichtsmaßnahmen und mithilfe kleiner Kordeln seine Kleider, Taschen, Brillen, Lebensmittel, Schuhe, Lampen und Kanister anbinden. Die gesamte Ausrüstung quillt wie ein riesenhafter Epiphyt vom Baum. Aber Achtung: kein falscher Handgriff beim Einrichten! Keine falsche Bewegung! Sonst droht der Sturz. In dreißig Meter Tiefe. Wie ein Affe zu leben bedeutet, neu zu entdecken, dass die Schwerkraft tötet. Wir anderen, wir Menschen, haben kapituliert. Wir haben zugegeben, dass die Anziehung stärker war. Wir haben ihre Überlegenheit anerkannt, sind herabgestiegen, um uns ihr zu ergeben, und seither laufen, das heißt kriechen wir. Die Affen ihrerseits haben die Schwere (der Situation) nie anerkennen wollen. Sie leben weiterhin zwischen den Wolken und der Erde, auf den Bäumen, den Säulen des Himmels. Im Gegenzug fällt manchmal einer von ihnen auf den Boden und stirbt; so zahlt er seinen Tribut an die Schwerkraft, der einzigen Gefahr der Waldnächte.

In eine Hängematte zu schlüpfen, setzt die Beherrschung einer komplizierten Gestik voraus: Man muss den Ast verlassen, um in eine frei schwebende Hülle zu kriechen. Das ist der umgekehrte Weg des Schmetterlings, der die Puppe durchbricht, um seine Flügel auszubreiten. Hier verrenkt man sich, um sein Federbett zu erreichen, wie ein kluges Insekt, das nach der Entdeckung der Außenwelt voller Entsetzen nur noch in seine Hülle zurückkehren will. Liegen heißt indes nicht schlafen. Es gibt Geheimnisse, die man nach mehreren unbequemen Nächten entdeckt. Die Hängematte muss gut gespannt sein. Die Beine anziehen: Mit den Armen um die Ränder der Hängematte greifen wie die Seeleute in ihren Körben, die diese Stellung einnehmen, um gegen das Schlingern anzukämpfen. Den Kopf gegen ein Kissen drücken (eine zusammengerollte Jacke), die unverzichtbare Voraussetzung, um den Rücken zu schonen.

In der Hängematte zur Ruhe gekommen, lauscht man mit geschlossenen Augen dem Flüstern des Waldes. Der Städter glaubt, dieser falle bei Anbruch der Nacht in Schlaf. Irrtum: In der Nacht töten, rufen, paaren sich die Tiere (und gelegentlich manche Menschen). Die Klänge entfalten sich wie ein Atem. In allzu stadtnahen Wäldern übertönt das Raunen der Zivilisation die Partitur. Fontainebleau, Rambouillet, Marly, Montmorency: Aus den Wäldern der Ile-de-France schallt das Brummen der Autobahnen. Wenn man in der Umgebung von Paris dieser Geräuschkulisse entkommen will, muss man bis zum Wald von Orléans vorstoßen. In der gemäßigten Waldzone prägen die Vögel den Rhythmus der Biwaknächte wie eine Uhr. Sie geben einen klingenden Zeitmesser ab. Bis zur Abenddämmerung, der Stunde zwischen Hund und Wolf, verhalten sie sich still. Dann aber, wenn die Nacht anbricht, eröffnen die Waldkäuzchen das Konzert, gefolgt von den Steinkäuzen, deren

Schreie kilometerweit durch die Stille dringen. Später die großen Greifvögel: Die Rufe der Uhus und der Schleiereulen schrillen durch die Luft. Im Morgengrauen lassen die Sperlingsvögel – Meisen, Braunellen und Kleiber – in Erwartung des Tageslichts oben aus den Baumkronen den Tau ihres Gezwitschers rieseln.

Etwas später am Vormittag sieht man, liegt man noch faul in den Laubdächern, wie Spaziergänger und Reiter in den Wald streben. Sie ahnen nicht, dass ihnen Blicke folgen. Dabei müsste man beim Eindringen in einen Wald eigentlich wissen, dass man dort beobachtet wird. Wenn es nicht die Hängemattenschläfer sind, hält das Volk der Lüfte Ausschau. Elfen, Trolle, Kobolde und Baumfeen wachen. Tausende von Augenpaaren in jeder Baumkrone! Die anderen Baumbewohner sind Geister der Erhängten und Gespenster der *Waldgänger*, jene Ausgestoßenen, die sich in die Wälder flüchteten, als man sie nicht mehr wollte. Im Wald sollte man immer nach oben schauen.

Manchmal musste ich meine Hängematten nicht zum Vergnügen, sondern aus Pflichtbewusstsein aufhängen. Man wollte nämlich meine Tragpfosten fällen! In allen Regionen Frankreichs gibt es Präfekten, die über das Schicksal der Landschaften bestimmen. Weder betrachten noch durchwandern, weder malen noch bestellen sie sie: Sie strukturieren sie. Sie sind *Raumplaner*. Einer von ihnen, im Gers, einem Departement des Südwestens, hatte beschlossen, den Platanen an den Straßenrändern den Kampf anzusagen, da sie angeblich eine Gefahr für die Autofahrer darstellten.

Jahr für Jahr kommen Fahrer von der Straße ab und zertrümmern ihren Wagen an einem Stamm. Der Präfekt hatte befunden, dass die Bäume reichlich unverfroren seien, indem sie einfach so im Weg standen! Er hatte den Entschluss gefasst, die Straße (den vor der Blechkiste entrollten roten Teppich) zu räumen. Da er vor dem Auto in die Knie gegangen war, konnte er Bäumen, die sich ihrerseits aufrecht halten, nichts abgewinnen.

Die geopferten Platanen werden von den Dienstleistern des Départements im Allgemeinen frühmorgens (der Zeit für schmutzige Geschäfte) gefällt. Von einer unmittelbar bevorstehenden Fällung in Kenntnis gesetzt, errichteten wir eines Tages unser Lager in fünfzehn Metern Höhe auf einer mit einem Kreuz – dem Judaskuss – bezeichneten Platane. Da die Holzfäller nicht fällen konnten, holten sie die Polizei, die sich noch nie auf das Erklettern von Bäumen verstanden hatte. Der Baum hatte vierundzwanzig Stunden Galgenfrist gewonnen. Fiel dann aber trotzdem. In der Menschheitsgeschichte hat die Axt schon immer das letzte Wort gehabt. Chateaubriand hatte recht: »Die Wälder gehen den Völkern voran, die Wüsten folgen ihnen.« Unrecht hingegen hatte die Engländerin, die Darwin vor der Londoner Akademie der Wissenschaften anflehte, »das möge nicht bekannt werden«, nachdem er erklärt hatte, dass der Mensch vom Affen abstammte. Es ist im Gegenteil ein Glück, dass wir es erfahren haben. So wissen wir nämlich heute, warum wir beim Laufen kraftlos sind, ungeschickt beim Schwimmen, zu langem Gehen unfähig, außerstande, zu springen, zu kriechen und zu fliegen. All unser Unglück verdankt sich der Tatsache, dass wir unsere Bäume verlassen haben. Es ist heilsam, wenigstens von Zeit und Zeit auf sie zurückzukehren. Um zu unseren Wurzeln zu finden, müssen wir wieder auf die Äste steigen.

KURT TUCHOLSKY

Die Kunst, falsch zu reisen
Die Kunst, richtig zu reisen

Wenn du reisen willst, verlange von der Gegend, in die du reist, *alles*: schöne Natur, den Komfort der Großstadt, kunstgeschichtliche Altertümer, billige Preise, Meer, Gebirge – also: vorn die Ostsee und hinten die Leipziger Straße. Ist das nicht vorhanden, dann schimpfe.

Wenn du reist, nimm um Gottes willen keine Rücksicht auf deine Mitreisenden – sie legen es dir als Schwäche aus. Du hast bezahlt – die andern fahren alle umsonst. Bedenke, daß es von ungeheurer Wichtigkeit ist, ob du einen Fensterplatz hast oder nicht; daß im Nichtraucher-Abteil einer raucht, muß sofort und in den schärfsten Ausdrücken gerügt werden – ist der Schaffner nicht da, dann vertritt ihn einstweilen und sei Polizei, Staat und rächende Nemesis in einem. Das verschönt die Reise. Sei überhaupt unliebenswürdig – daran erkennt man den *Mann*.

Im Hotel bestellst du am besten ein Zimmer und fährst dann anderswohin. Bestell das Zimmer nicht ab; das hast du nicht nötig – nur nicht weich werden.

Bist du im Hotel angekommen, so schreib deinen Namen mit allen Titeln ein ... Hast du keinen Titel ... Verzeihung ... ich meine: wenn einer keinen Titel hat, dann erfinde er sich einen. Schreib nicht: ›Kaufmann‹, schreib:

›Generaldirektor‹. Das hebt sehr. Geh sodann unter heftigem Türenschlagen in dein Zimmer, gib um Gottes willen dem Stubenmädchen, von dem du ein paar Kleinigkeiten extra verlangst, kein Trinkgeld, das verdirbt das Volk; reinige deine staubigen Stiefel mit dem Handtuch, wirf ein Glas entzwei (sag es aber keinem, der Hotelier hat so viele Gläser!), und begib dich sodann auf die Wanderung durch die fremde Stadt.

In der fremden Stadt mußt du zuerst einmal alles genauso haben wollen, wie es bei dir zu Hause ist – hat die Stadt das nicht, dann taugt sie nichts. Die Leute müssen also rechts fahren, dasselbe Telefon haben wie du, dieselbe Anordnung der Speisekarte und dieselben Retiraden. Im übrigen sieh dir *nur* die Sehenswürdigkeiten an, die im Baedeker stehen. Treibe die Deinen erbarmungslos an alles heran, was im Reisehandbuch einen Stern hat – lauf blind an allem andern vorüber, und vor allem: rüste dich richtig aus. Bei Spaziergängen durch fremde Städte trägt man am besten kurze Gebirgshosen, einen kleinen grünen Hut (mit Rasierpinsel), schwere Nagelschuhe (für Museen sehr geeignet) und einen derben Knotenstock. Anseilen nur in Städten von 500 000 Einwohnern aufwärts.

Wenn deine Frau vor Müdigkeit umfällt, ist der richtige Augenblick gekommen, auf einen Aussichtsturm oder auf das Rathaus zu steigen; wenn man schon mal in der Fremde ist, muß man alles mitnehmen, was sie einem bietet. Verschwimmen dir zum Schluß die Einzelheiten vor Augen, so kannst du voller Stolz sagen: ich habs geschafft.

Mach dir einen Kostenvoranschlag, bevor du reist, und zwar auf den Pfennig genau, möglichst um hundert Mark zu gering – man kann das immer einsparen. Dadurch nämlich, daß man überall handelt; dergleichen macht beliebt und heitert überhaupt die Reise auf. Fahr lieber noch ein Endchen weiter, als es dein Geldbeutel gestattet, und bring den Rest dadurch ein, daß du zu Fuß gehst, wo die Wagenfahrt angenehmer ist; daß du zu wenig Trinkgelder gibst; und daß du überhaupt in jedem Fremden einen Aasgeier siehst. Vergiß dabei nie die Hauptregel jeder gesunden Reise:

Ärgere dich!

Sprich mit deiner Frau nur von den kleinen Sorgen des Alltags. Koch noch einmal allen Kummer auf, den du zu Hause im Büro gehabt hast; vergiß überhaupt nie, daß du einen Beruf hast.

Wenn du reisest, so sei das erste, was du nach jeder Ankunft in einem fremden Ort zu tun hast: Ansichtskarten zu schreiben. Die Ansichtskarten brauchst du nicht zu bestellen: der Kellner sieht schon, daß du welche haben willst. Schreib unleserlich – das läßt auf gute Laune schließen. Schreib überall Ansichtskarten: auf der Bahn, in der Tropfsteingrotte, auf den Bergesgipfeln und im schwanken Kahn. Brich dabei den Füllbleistift ab und gieß Tinte aus dem Federhalter. Dann schimpfe.

Das Grundgesetz jeder richtigen Reise ist: *es muß was los sein* – und du mußt etwas ›vorhaben‹. Sonst ist die Reise keine Reise. Jede Ausspannung von Beruf und Arbeit beruht darin, daß man sich ein genaues Programm macht, es aber nicht innehält – hast du es nicht innegehalten, gib deiner Frau die Schuld.

Verlang überall ländliche Stille; ist sie da, schimpfe, daß nichts los ist. Eine anständige Sommerfrische besteht in einer Anhäufung derselben Menschen, die du bei dir zu Hause siehst, sowie in einer Gebirgsbar, einem Oceandancing und einer Weinabteilung. Besuche dergleichen – halte dich dabei aber an deine gute, bewährte Tracht; kurze Hose, kleiner Hut (siehe oben). Sieh dich sodann im Raume um und sprich: »Na, elegant ist es hier gerade nicht!« Haben die andern einen Smoking an, so sagst du am besten: »Fatzkerei, auf die Reise einen Smoking mitzunehmen!« – hast *du* einen an, die andern aber nicht, mach mit deiner Frau Krach. Mach überhaupt mit deiner Frau Krach.

Durcheile die fremden Städte und Dörfer – wenn dir die Zunge nicht heraushängt, hast du falsch disponiert; außerdem ist der Zug, den du noch erreichen mußt, wichtiger als eine stille Abendstunde. Stille Abendstunden sind Mumpitz; dazu reist man nicht.

Auf der Reise muß alles etwas besser sein, als du es zu Hause hast. Schieb dem Kellner die nicht gut eingekühlte Flasche Wein mit einer Miene zurück, in der geschrieben steht: »Wenn mir mein Haushofmeister den Wein so aus dem Keller bringt, ist er entlassen!« Tu immer so, als seist du aufgewachsen bei ... Mit den lächerlichen Einheimischen sprich auf alle Fälle gleich von Politik, Religion und dem Krieg. Halte mit deiner Meinung nicht hinterm Berg, sag alles frei heraus! Immer gib ihm! Sprich laut, damit man dich hört – viele fremde Völker sind ohnehin schwerhörig. Wenn du dich amüsierst, dann lach, aber so laut, daß sich die andern ärgern, die in ihrer Dummheit nicht wissen, worüber du lachst. Sprichst du fremde Sprachen nicht sehr gut, dann schrei: man versteht dich dann besser.

Laß dir nicht imponieren.

Seid ihr mehrere Männer, so ist es gut, wenn ihr an hohen Aussichtspunkten etwas im Vierfarbendruck singt. Die Natur hat das gerne.

Handele. Schimpfe. Ärgere dich. Und mach Betrieb.

Die Kunst, richtig zu reisen

Entwirf deinen Reiseplan im großen – und laß dich im einzelnen von der bunten Stunde treiben.

Die größte Sehenswürdigkeit, die es gibt, ist die Welt – sieh sie dir an.

Niemand hat heute ein so vollkommenes Weltbild, daß er alles verstehen und würdigen kann: hab den Mut, zu sagen, daß du von einer Sache nichts verstehst.

Nimm die kleinen Schwierigkeiten der Reise nicht so wichtig; bleibst du einmal auf einer Zwischenstation sitzen, dann freu dich, daß du am Leben bist, sieh dir die Hühner an und die ernsthaften Ziegen, und mach einen kleinen Schwatz mit dem Mann im Zigarrenladen.

Entspanne dich. Laß das Steuer los. Trudele durch die Welt. Sie ist so schön: gib dich ihr hin, und sie wird sich dir geben.

JOEY GOEBEL
Das Schneckenhaus

Es gab mehrere Varianten, die die Bewohner Moberlys verwendeten, wenn sie davon sprachen, was aus Winston Herman geworden war. Winston selbst zog eine bestimmte Formulierung vor, eine, die man wahrscheinlich nie von ihm hören würde, da niemand je irgendetwas von ihm hörte. Er nannte es »der Welt den Rücken kehren«. Das klang gut, wie er fand. »Ich habe mein Haus seit drei Jahren nicht verlassen, weil ich beschlossen habe, der Welt den Rücken zu kehren.« Er hätte jedem empfohlen, seinem Beispiel zu folgen.

So wollte er es haben. Er war zu deprimiert, um das ganze Affentheater aufzuführen, das für den Umgang mit Menschen erforderlich war. Für Abenteuer war er zu ängstlich. Um Liebesbeziehungen einzugehen, fehlte ihm die Energie. Nichts davon betrachtete er als Schwäche. Falls überhaupt, so hielt er seinen Rückzug aus der Welt für nobel. Er war stolz darauf, dass er keine Angst vor dem Alleinsein hatte. Ihm war aufgefallen, dass die meisten Menschen dazu nicht in der Lage waren, und ihn amüsierte, wie bereitwillig sie ihr Leben kaputtmachten, nur damit der Platz auf der anderen Bettseite nicht leer blieb.

Doch allein zu sein lag Winston Herman im Blut. Was auch immer es im Inneren von Menschen gab, das es ihnen ermöglichte, mit anderen Menschen eine Bindung einzugehen – Winston war überzeugt, dass er es einfach nicht besaß. Seit er ein kleiner Junge war, fühlte er sich von anderen isoliert. Doch dieses Gefühl von Isoliertsein ging mit einem anderen Gefühl einher. Es war ein diffuses Gefühl der Sehnsucht nach etwas, ohne dass er wusste, wonach er sich sehnte. Obwohl er nicht genau wusste, was dieses Etwas war, hatte er einen starken Verdacht, wo es sich befinden könnte. Manchmal dachte er spätabends darüber nach, wenn die Baseballübertragung beendet war und es draußen vor seinem Fenster nichts mehr zu beobachten gab. In kurzen Geistesblitzen, die rasch wieder in den Äther entschwanden, verortete er dieses Etwas, wonach er sich sehnte, im Inneren anderer Menschen. Doch andere Menschen hatten dafür gesorgt, dass er sich überhaupt erst isoliert fühlte. Sein Leben lang hatte er versucht, einen Ausweg aus diesem Dilemma zu finden.

In Moberly gab es noch andere wie ihn – eine ganze Menge sogar –, doch weder war er ihnen je begegnet, noch würde das Schicksal wahrscheinlich gestatten, dass sich ihre Wege kreuzten.

Und so saß er allein auf der schwarzen Kunstledercouch im Wohnzimmer, im hinteren Teil des Hauses neben der Garage. Dort konnte man ihn finden, Tag und Nacht, an einer der wenigen Stellen des Hauses, wo überhaupt noch Platz für eine Person war, da er mit seiner maßlosen Sammelwut jede freie Ecke zugemüllt hatte. Von außen sah das Haus gut aus (ein Flachbau ohne Keller, brauner Backstein, Farmhausstil), doch im Inneren sah man kaum noch ein Fleckchen Fußboden, und es standen so gut wie keine ebenen Flächen zur Verfügung, auf denen man sein Getränk abstellen könnte. Winston stellte sein Bierglas auf einen Fleck von fünf Zentimeter Durchmesser auf einer braunen Kiste neben seinem Sofa. In der Kiste lag ein Stapel Manuskripte mit einem Zettel obendrauf, auf dem stand: »Nach meinem Tod nicht wegwerfen. Falls ich als Autor wiederentdeckt werde, könnten sie wertvoll werden.«

Der schlaksige, dunkelhaarige Winston mit den müden Augen, der immer glattrasiert war, auch wenn es keinen Anlass dafür gab, verbrachte seine Tage damit, aus dem Fenster zu schauen oder fernzusehen, gewöhnlich Baseball, besonders die Cubs oder die Braves, da Chicago und Atlanta ihre eigenen Kabelsender hatten. Selbst wenn er fernsah, ließ er die Jalousien am Fenster offen, um zu beobachten, was draußen vor sich ging, was meist nicht viel war, da er am Stadtrand wohnte. Er schaute gern zu, wie alle in ihren Autos verspätet zur Arbeit aufbrachen, und war dankbar, dass er nicht mehr dazugehörte. Bis er einundfünfzig war, hatte er dazugehört. Jetzt war er vierundfünfzig. Er stellte zufrieden fest, dass die Welt sich auch ohne ihn problemlos weiterdrehte.

In letzter Zeit hatte er noch einen weiteren Grund gefunden, um aus dem Fenster zu schauen. Er kam nicht umhin, von einer Frau fasziniert zu sein, die in der Abenddämmerung regelmäßig an seinem Haus vorbeiging. Sie war hübsch, hatte helle Haut und mittellanges, kastanienbraunes Haar, und Winston schätzte sie auf Mitte vierzig. Sie ging immer allein, kerzengerade, mit mittlerer Geschwindigkeit und schien mit besorgter Miene in Gedanken versunken zu sein. Doch Winston fand am faszinierendsten, dass die Frau nie Sportbekleidung trug. Sie trug Kleider oder Hosenanzüge und manchmal auch Röcke mit Samttops. Das Lässigste, was sie je anhatte, waren einmal Jeans gewesen. Zu diesen schicken Outfits trug sie ein verwittertes Paar weißer Keds-Sportschuhe aus Segeltuch. Wenn er die vielen anderen Leute in in ihren klobigen Sneakers und schlabbrigen Shorts vorbeigehen sah, dachte er an diese Frau und fragte sich, ob sie wohl aus Trotz so gekleidet war.

Als er sie das erste Mal sah, fühlte er in seinem Inneren etwas rumoren, das er seit Jahren nicht mehr gespürt hatte. Er wollte sich zwingen, es zu vergessen und nicht mehr aus diesem Fenster zu schauen, weil er in diesem Haus allein prima zurechtkam, und wenn andere Menschen ins Spiel kamen, war das immer riskant.

Von all den Tausenden von Dingen, die überall in Winstons Haus stapelweise herumlagen, weckte ganz besonders ein Gegenstand bei ihm Gefühle. Deshalb vergrub er ihn außer Sichtweite in seinem Schlafzimmer unter fleckiger Bettwäsche und Wettscheinen von Pferderennen. Der Gegenstand war eine rote Polojacke aus Baumwolle, die seinem Vater gehört hatte.

Als Kind war Winston immer im Garten hinter dem Haus in der Main Street geblieben und hatte durch die Latten des Holzzauns die Nachbarskinder beobachtet. Er wusste nicht, wie er sich Gleichaltrigen nähern sollte. Wie sie alle zueinanderfanden und miteinander spielten, war für Winston ein großes Rätsel. Zum Glück hatte er dennoch einen Spielkameraden: seinen Dad. Sein Dad war ein sensibler Mann, der sehr gern las und immer Zeit fand, mit

Winston zu spielen, ganz gleich, wie müde er war. Winstons Dad war Kanadier. Er war Schriftsteller gewesen und hatte in jungen Jahren bei einem New Yorker Verlag einen Roman veröffentlicht, der sich aber nicht gut verkaufte. Doch er schrieb weiter, weil das sein Traum war und er immer glaubte, sein Schreiben würde noch mal zu etwas Gutem führen. Er hatte Schwierigkeiten, Arbeit zu finden. Winstons Mom entstammte einer wohlhabenden Familie aus Kentucky, doch ihr Erbe reichte nicht ewig, was dazu führte, dass seine Familie häufig finanzielle Schwierigkeiten hatte. Winstons Mom war eine gutmütige, geduldige Frau, doch wegen der Geldprobleme war ihre Beziehung zu seinem Dad oft angespannt.

Als Winston neun war, stellte man bei seinem Dad Bauchspeicheldrüsenkrebs fest. Winston und seine kleine Schwester mussten sich auf die Treppe vor der Veranda ihres viktorianischen Hauses setzen, und da erzählte ihnen ihr Dad von der Diagnose, aber keine Sorge, er werde einfach alles in seiner Macht Stehende tun, um die Krankheit zu bekämpfen, man könne ihn nicht aufhalten und es gebe keinen lebenden Menschen, der wilder entschlossen sei als er. Er erzählte ihnen, von nun an werde er ein in jeder Hinsicht gesünderer Mensch werden. Er werde sich gesund ernähren und sich an einen strikten Trainingsplan halten. Er sagte, er werde sein Training mit etwas Einfachem beginnen: Er werde um den weitläufigen Garten hinter dem Haus Runden gehen.

Am nächsten Tag verkündete Winstons Dad voller Optimismus und wild entschlossen, er werde jetzt zu seiner ersten Runde ins Freie gehen. Er zog seine rote Polojacke an und verschwand durch die Hintertür. Keine fünf Minuten später kam Winstons Dad lächelnd und kopfschüttelnd wieder. Ein Vogel hatte ihm auf Kopf und Jacke geschissen. Er tat den Zwischenfall mit einem Lachen ab, wusch sich unter dem Wasserhahn in der Küche den Kopf und ging wieder hinaus. So viele Jahre später erinnerte sich Winston nicht mehr daran, wie lange sein Dad diese Spaziergänge beibehalten hatte, doch er wusste, es konnte höchstens eine Woche gewesen sein. Er überlegte, ob der Vogel mit daran schuld gewesen war, dass sein Dad aufgab, weil er ihm den Anfang versaut hatte, doch er hatte nie gefragt.

Nein, dass sich Winston später in seinem Zuhause einschloss, geschah nicht aus Angst davor, dass ein Vogel auf ihm seine Notdurft verrichten könnte. Jahre vergingen, ohne dass er an dieses Ereignis dachte, und erst als Erwachsener maß er ihm überhaupt eine Bedeutung bei. Winston setzte sich in den Kopf, der Vogel müsse der Grund gewesen sein, weshalb sein Dad die Spaziergänge so schnell wieder beendete, und allmählich symbolisierte der Vogel für Winston die Vorstellung, dass die Welt sich nicht für Menschen einsetzte und lebendig zu sein – es zumindest zu *versuchen* – bedeute, sich gegen die Welt behaupten zu müssen. In seiner Weltsicht hatte Optimismus keinen Platz. Sein Dad war optimistisch gewesen und hatte in null Komma nichts in einem Sterbehospiz gelegen. In Winstons Leben gab es keinen Platz für Hoffnung. Zwar wusste er, dass man mit einer solchen Einstellung nicht weiterkam, doch wenn er sich bemühte, Optimist zu sein, gab es jedes Mal unweigerlich eine Krise. Er sah die Welt als einen ewigen Shitstorm und war dankbar, einen Weg gefunden zu haben, sich nicht mehr an ihr beteiligen zu müssen, sie von seiner Seite der Fensterscheibe aus zu beobachten, in Sicherheit.

Tag für Tag trug Winston einen grünkarierten Morgenmantel über Jeans und einem weißen Unterhemd. Er wohnte in einer Gegend namens Lantry Forge. Sein Haus war ein Eckhaus und das Fenster, hinter dem er seine Tage und Nächte verbrachte, keine fünfzehn Meter von einem Stoppschild entfernt. Er hatte die Autos vor seinem Fenster schon so lange beobachtet, dass er einen sechsten Sinn dafür entwickelte, ob ein Fahrer das Schild beachtete oder nicht. Zuerst war er von der Anzahl der Menschen verblüfft, die nicht anhielten, doch bald erwartete er es geradezu, was ihn in der Auffassung bestärkte, die richtige Entscheidung getroffen zu haben, als er das Autofahren aufgab.

Andere Verhaltensweisen von Menschen in ihren Autos überraschten ihn zunächst, als er begann, aus dem Fenster zu schauen. Doch mittlerweile war ihm klargeworden, dass sich Leute nun mal so benahmen, wenn sie sich unbeobachtet fühlten. Eine Sache war das Geschrei. Die Leute schrien sich in ihren Autos sehr viel an, und während sich Winston zuerst fragte, warum Leute, die so wütend aufeinander waren, sich auf so engem Raum zusammenpferchten, fielen ihm dann seine eigenen gescheiterten Ehen ein.

Er rechnete inzwischen auch damit, dass die Fahrer sich nicht wirklich darauf konzentrierten, dass sie am Steuer eines Autos saßen. So viele von ihnen wirkten abgelenkt, fummelten am Radio herum, griffen nach irgendetwas, sahen überallhin außer auf die Straße vor ihnen. Sie fuhren wie Leute, die glaubten, ihnen könnte nie etwas Schlimmes zustoßen. Gott, wie glücklich konnte er sich schätzen, nicht mit ihnen im Auto zu sitzen.

Einige der jüngeren Leute ließen in ihren Autos Rap-Musik mit wummerndem Bass laufen, manchmal bis zwei oder drei Uhr morgens. Am meisten störte Winston daran, dass der Bass so laut war, dass er Schwingungen durch seinen Körper schickte, was sich übergriffig anfühlte. Es war Jahre her, dass jemand ihn berührt oder dass er jemanden berührt hatte. Der einzige Mensch, den er je sah, war seine siebenundzwanzigjährige Tochter Rachel, die für ihn einkaufte und Botengänge erledigte. Doch sie nahmen sich nie in die Arme (dafür war auch kaum genug Platz, ohne dass man Gefahr lief, sich zu verletzen).

Dann gab es die Leute, die zu Fuß gingen. Die meisten von ihnen schienen es zur körperlichen Ertüchtigung zu tun. Einige führten ihre Hunde aus, und im Allgemeinen waren die Leute in dieser Gegend ziemlich gewissenhaft darin, die Häufchen ihrer Haustiere einzusammeln. Manche schauten in Richtung seines Fensters, dann lehnte sich Winston nach hinten, bis sie weg waren.

Außer den Passanten beobachtete Winston auch die Vorgänge im Haus auf der anderen Straßenseite, gegenüber seiner Garage. Etwa anderthalb Jahre nachdem er der Welt den Rücken gekehrt hatte, zog ein junges Paar dort ein, und anders als die Paare, die sich in ihren Autos gegenseitig anschrien, zeigten diese beiden keine offene Verachtung füreinander. »Die Crispens« stand auf ihrem Briefkasten, den der Ehemann persönlich aufgestellt hatte. Winston fand an dem attraktiven Paar nichts auszusetzen, ihn amüsierte aber, wie durch und durch amerikanisch sie sich gaben.

Normalerweise trafen ihre SUVs im Minutenabstand voneinander gegen Viertel nach fünf ein. Sie gingen gemeinsam joggen, und bevor es losging, machten sie in der Auffahrt immer brav Dehnübungen. Einmal fiel Winston auf, dass der Mann übers Wochenende offenbar ausgeflogen war, was er verdächtig fand. Doch als der Gatte zurückkam, holte er einen großen goldenen Pokal vom Rücksitz. Seine Frau kam aus dem Haus gelaufen und umarmte ihn. Er schlang einen Arm um sie, mit dem anderen hob er den Pokal in die Höhe. Dann küssten sie sich leidenschaftlich. Winston musste lachen. Er hatte in seinem ganzen Leben noch nie etwas gewonnen.

Gelegentlich gab das Paar im Garten hinter ihrem Haus eine Grillparty. Bei der ersten beobachtete Winston, wie sich die Autos auf der gegenüberliegenden Straßenseite aufreihten. Dann parkte ein Wagen direkt vor Winstons Haus, was ihn nicht störte. Doch Mrs. Crispen kam aus ihrem Garten und näherte sich dem Paar, das dort geparkt hatte. Sie sagte etwas zu den beiden und zeigte dabei auf Winstons Haus, woraufhin die Gäste nickten, wieder einstiegen und weiter unten in der Straße eine andere Parklücke fanden.

Winstons Tochter hatte ihm erzählt, dass die Leute über ihn redeten und sich fragten, was in dem stillen Eckhaus vor sich gehen mochte.

»Ich bin froh, dass sie ein Gesprächsthema haben.«

»Aber was soll ich den Leuten sagen, wenn sie mich nach dir fragen?«

»Sag ihnen, ich habe der Welt den Rücken gekehrt.« Er scherzte gern, lächelte dabei aber nie.

»Das sage ich nicht.«

»Sag ihnen, in Japan machen sie das andauernd.«

Nur wenn seine Nachbarn mal wieder eine Grillparty gaben, öffnete Winston sein Fenster, und selbst dann nur einen Spaltbreit. Das erste Mal tat er das, um zu lauschen. Er hörte zwar nicht viel, roch aber die Grillkohle und die Hamburger. Der Geruch traf sofort eine Stelle in seinem Hirn und erinnerte ihn daran, wie er früher für seine Familie in seinem Garten hinterm Haus gegrillt hatte, als noch Kinder auf den Schaukeln saßen. Sein Grill stand nun irgendwo in der Garage. Auch wenn ihn der Geruch beinahe zum Weinen brachte, öffnete er das Fenster jedes Mal einen Spaltbreit, wenn seine Nachbarn grillten.

Am letzten Memorial Day öffnete Winston das Fenster wieder einmal einen Spaltbreit, als er die Autos am Haus des Pärchens vorfahren sah. Bei leicht geöffnetem Fenster hörte er eine Frauenstimme. Die kam nicht aus dem Garten des Paares; sie war näher und lauter. Es war das erste Mal, dass Winston die gutgekleidete Dame sah. Sie trug ein Strickkleid mit Blumen- und Kolibrimuster. Er hörte nicht, was sie sagte, außer dass sie das Wort »bitte« zu wiederholen schien.

Von nun an ging sie fast täglich an Winstons Haus vorbei. Nur an diesem ersten Tag hörte er sie reden, doch dabei hatte sie einen so nachdenklichen Gesichtsausdruck, dass Winston sich vorstellte, wie in ihrem Kopf ein dramatischer Monolog ablief. Er wusste nicht, warum, doch es machte ihn glücklich, sie vorbeigehen zu sehen, und es dauerte nicht lange, da war ihr Auftauchen für ihn der Höhepunkt des Tages.

Winston wollte jemandem von dieser Frau erzählen, doch am selben Abend, als er seiner Tochter von ihr berichten wollte, eröffnete sie ihm, sie werde nicht mehr vorbeikommen, um ihm zu helfen. Im Laufe der Jahre hatte sie ihm zahlreiche Ultimaten gestellt und ihm gesagt, wenn er wegen der Vermüllung nichts unternehme oder professionelle Hilfe suche, werde sie ihn nicht mehr unterstützen. Anfang Juni ließ sie ihrem Ultimatum endlich Taten folgen. Den Ausschlag – was für Winston nicht überraschend kam – gab schließlich ein Mann.

»Ich liebe ihn, Daddy. Verstehst du das? Erinnerst du dich, wie es ist, jemanden zu lieben?«

»Sehr gut sogar.« Er kreuzte die Beine auf eine nicht sehr maskuline Art und wippte mit dem in einem Pantoffel steckenden Fuß. Wie immer hatte er Rachel den einzigen verbliebenen Platz auf dem Sofa angeboten, doch sie lehnte ab und zog es vor, auf einem kleinen Fleck zwischen Fernseher und einem Stapel nie benutzter Koffer stehen zu bleiben. Sie trug High Waist Jeans und einen Choker-Halsreif.

»Und weißt du eigentlich, wie sehr es mich schmerzt, dass ich zwei Männer liebe, die beiden sich aber nie kennenlernen werden, weil einer von beiden so was wie ein großes *Geschlossen*-Schild umhängen hat?«

»Das ist gut. Geschlossen. Wegen Geschäftsaufgabe.«

»Ich muss das also machen, weil es dich zwingen könnte, endlich –«

»He – du solltest mir ein *Geschlossen*-Schild besorgen und an meine Haustür hängen.«

»Hör mir zu! Wie willst du mich je zum Altar führen, wenn du nicht mal dieses Zimmer verlassen willst?«

»Der Weg zum Altar führt direkt zu einem Loch, das steil in die Hölle abfällt. Wusstest du das nicht? Heißt das, du willst, dass ich dich in ein Höllenloch bringe?«

»Hör auf. Ich meine es ernst. Ich sag's dir, jetzt ist Schluss. Ich kann das nicht mehr. Ich hab dir den Katalog von Schwan's mitgebracht.«

Vorsichtig begab sie sich zum Sofa, stieg dabei über diverse Abfälle. Sie stellte ihre Handtasche auf das Sofa und kramte darin herum.

»Du solltest die wirklich aufräumen. Das reinste Chaos.«

»Du –« Sie schaute auf und sah, wie er ihr zuzwinkerte. »Hör auf. Es ist mir ernst.« Sie zog den Prospekt aus der Handtasche. Darin waren alle möglichen Lebensmittel aufgelistet, die man bestellen konnte und die ein Bote anschließend ins Haus brachte. »Hier, Daddy. Und jetzt verschwinde ich.« Als er aus dem Fenster schaute und den Katalog nicht nehmen wollte, warf sie ihn ihm in den Schoß. Dann lavierte sie sich vorsichtig durch den Müll Richtung Straßenseite des Hauses. Es war unmöglich, das Haus durch die Hintertür zu verlassen; die Garage war der am weitaus meisten mit seinen Habseligkeiten vollgestopfte Teil des Hauses. In der Garage gab es keine Autos, nur von Boden bis zur Decke gestapeltes, aufgegebenes Hab und Gut: künstliche Weihnachtsbäume, ein Laufband, Autobatterien, Elektrowerkzeug, Hohlblocksteine, Enzyklopädien, zahllose Zeitungsstapel – sogar samt Werbebeilagen.

Als Rachel schließlich die Wohnzimmertür erreichte, sagte Winston: »Du ziehst diesen Mann also mir vor?«

»Nein. Ich will euch beide. Deshalb habe ich –«

»Halt an deiner Familie fest. Freunde, Boyfriends, die bescheißen dich bei der erstbesten Gelegenheit. Entweder das, oder sie haben einfach genug von dir. Aber Verwandte bleiben dir treu. Und sei es auch nur, weil sie es müssen.«

»Sie *müssen* es nicht. Schau dir Chris an.«

»Tja, das stimmt.«

»Und wenn dir deine Familie so wichtig ist, benimm dich entsprechend.«

»Aber die Familie *ist* mir wichtig. Siehst du die Singer-Nähmaschine da drüben? Das ist meine Familie. Das ist meine Mom. Siehst du diese Schachtel mit Munition? Das ist meine Schwester. Und diese Baseballkarten sind Chris.«

»Nun, Chris hat sich so früh wie möglich abgesetzt, und Tante Haleigh will offensichtlich auch nichts mit uns zu tun haben. Du hast also keinen mehr außer mir, und falls du mich je wiedersehen willst, musst du zulassen, dass ich dir Hilfe besorge.«

»Ich brauch keine«, sagte er, und als er den Fernseher anmachte und seine Tochter nicht mehr ansah, ging sie. Es liefen gerade die Nachrichten, und wieder war irgendeine neue Sprecherin zu sehen statt Olivia Abbott. Anscheinend kam Olivia nicht zurück, was Winston störte, da er sich an sie gewöhnt hatte. Man kann sich auf keinen mehr verlassen, dachte er, und dies war der erste Abend, seit er die gutgekleidete Dame gesehen hatte, an dem er die Jalousien herunterließ. Er schwor sich, den restlichen Abend nicht mehr aus dem Fenster zu sehen.

Als Kind hatte sich Winston übertrieben große Sorgen darüber gemacht, dass er in der Schule in Schwierigkeiten geraten könnte. Über vierzig Jahre später konnte er sich immer noch an jede einzelne Gelegenheit erinnern, wenn eine Lehrkraft mit ihm geschimpft hatte. Beispielsweise hatte in der Vorschule die Lehrerin die Schüler Weihnachtsbilder malen lassen, und um Schnee zu malen, durchbohrten die Schüler ihr Papier mit ihren Bleistiften. »Das macht Spaß«, hatte Winston, der gewöhnlich nie etwas sagte, gerufen, denn dieses eine Mal hatte er seinen Spaß, und es rutschte ihm einfach heraus.

»Es macht auch Krach«, hatte die Lehrerin missbilligend erwidert.

Dieselbe Lehrerin hatte Winston auch hundertmal gelobt, doch er erinnerte sich nur an dieses eine Mal, als sie ihm sagte, er mache Krach. Winston erinnerte sich an jedes einzelne Mal in seinem Leben, wenn ihn jemand aus der Fassung gebracht hatte. Er konnte nicht die leiseste Kränkung seiner Person vergessen, auch nicht, wenn er es versuchte. Er fragte sich, ob es anderen Menschen auch so ging.

All die Jahrzehnte später befand sich das Weihnachtsbild mit dem lauten Schnee noch immer im Haus, genau wie jedes andere seiner Bilder, genau wie auch die, die er in der ersten Klasse gemalt hatte, auf denen ein Schüler, der ihn auf der katholischen Schule drangsaliert hatte, gepfählt wurde. Die Zeichnungen lagen in einer Schachtel im Schrank, unter einer anderen Schachtel voller Schulzeugnisse.

Winston war elf gewesen, als sein Dad starb. Danach war

er in der Schule allmählich aufgetaut. In der Rückschau erkannte er, dass es für diese Veränderung einen recht einfachen Grund gab: Sein Leben zu Hause war traurig, und er konnte sehr wenig dagegen tun, daher unternahm er eine bewusste Anstrengung, wenigstens in der Schule glücklicher zu werden. Das erforderte von ihm, mehr zu reden, witzig zu sein, teilzunehmen, statt nur zu beobachten. Was umgehend dazu führte, dass Winstons Lehrerin in der sechsten Klasse seine Mom anrief und um ein Treffen bat. Die Lehrerin sagte, Winston sei auf einmal so »überdreht« und ihr sei aufgefallen, dass er sich inzwischen mit einigen wilderen Jungs anfreunde und sich nicht mehr so auf seine Hausaufgaben konzentriere. Winstons Mom hatte ihn mit den Worten verteidigt, der Junge sei durch die Hölle gegangen und wenn er überdreht sein wolle, dann solle man ihm in Gottes Namen erlauben, überdreht zu sein. Daraufhin hatte die Lehrerin vorgeschlagen, man solle Winston ermuntern, sich einen Sport auszusuchen, da er offensichtlich ein Ventil brauche. Außerdem müsse er eine vielseitigere Persönlichkeit werden.

Winston entschied sich für Baseball, weil das die einzige Sportart war, die seinen Dad interessiert hatte. Als er bei seinem zweiten Spiel die erste Base umrundete, zog er sich am rechten Knie einen schweren Knorpelriss zu. Die Krücken hatte er heute noch; sie lehnten in der Garage an der Wand, neben den Rollstühlen verstorbener Angehöriger (dem seiner Tante, dem seiner Mom). Um sich die Zeit zu vertreiben, als er nicht gut zu Fuß war, hatte sich Winston intensiv mit Zeichnen beschäftigt. Als er auf der Highschool Kunstkurse belegte, nahm ihn der Lehrer, ein großväterlicher Typ, eines Tages nach dem Unterricht beiseite und sagte ihm, wenn er wolle, könne er eine Laufbahn im Kunstbetrieb einschlagen, was Winston überraschte, weil er seiner Meinung nach nicht mit Clark Birkhall mithalten konnte, der von allen im Kurs am besten zeichnete. Eine kurze Phase lang träumte Winston davon, mittels seiner Kreativität seinen Lebensunterhalt bestreiten zu können. Während seines letzten Schuljahres hatte Winstons Lehrer ihn dann überredet, sich am Ringling College of Art and Design in Sarasota, Florida, zu bewerben. Er wurde angenommen und sah sich in Begleitung seiner Mom und seiner Schwester den Campus an. Doch als sie wieder zu Hause waren, stellte sich Winston immerzu seinen Dad vor, wie er nachts kettenrauchend an einer Schreibmaschine saß, und fand, dass das, was sein Dad am meisten geliebt hatte, auch am meisten Elend über ihn gebracht hatte. In dem festen Glauben, dass Träume nicht wahr werden, entschied sich Winston stattdessen für die Buchhaltung, damit er und seine zukünftigen Kinder zumindest finanzielle Sicherheit haben würden. Er besaß immer noch Sand von der Reise nach Florida, eine ganze Cola-Flasche voll, die auf dem Boden der Speisekammer stand.

Da seine Mom bald wieder heiraten würde und er mit Moberly immer unzufriedener wurde, wollte Winston woanders studieren. Er landete an der Indiana University. Er dachte, sobald er Moberly verließe, würde er schon Gleichgesinnte finden, was auch immer das sein mochte. Doch er fand sie nicht. Er begegnete nur den immer gleichen Leuten. Er dachte, er fände jemanden, in den er sich verlieben könnte, doch das geschah nicht. In zwei Mädchen verknallte er sich bis über beide Ohren, doch sie würdigten ihn keines zweiten Blickes. Über dreißig Jahre später hatte er immer noch alle seine Lehrbücher vom College, viele davon mit kunstvollen Skizzen schöner Frauen in den Randspalten verziert. Nach der Hälfte seines Studiums merkte er, dass etwas mit ihm nicht so ganz stimmte. Auch wenn er nicht in der Lage war, das Gefühl genau in Worte zu fassen, kam er dem doch ziemlich nahe, als er zu seiner Mom sagte: »Wenn ich in der Öffentlichkeit unterwegs bin, zum Beispiel in einem Supermarkt, kommt es mir so vor, als befände sich alles vor mir auf einem Gemälde. Alles, was ich sehe, wirkt so flach, womit ich nicht das Aussehen meine. Ich meine, es fühlt sich so an. So als wäre ich dreidimensional, aber alles vor mir nur zweidimensional, wie ein Gemälde, das ich nicht betreten kann.« Als ihn das Zirpen der Zikaden absolut kaltließ, hatte er mit einundzwanzig das Gefühl, dass in ihm noch etwas anderes falschlief. Bisher hatten Zikaden immer den Sommer verkörpert, und der hatte das Leben an sich verkörpert, doch jetzt machten sie Krach und sonst gar nichts.

Dann kamen die unerwünschten Gedanken. Zunächst war da das Zeitproblem. So ging Winston beispielsweise ins Kino und fixierte sich darauf, dass der Film nach der angegebenen Länge endete. Wenn er den Gedanken nicht mehr loswurde, hinderte ihn das manchmal daran, den Film zu genießen. (»Also. Filmbeginn um 15 Uhr 30. Vorführdauer ist zwei Stunden und fünfunddreißig Minuten. Folglich wird der Film um 18 Uhr 05 enden. 18 Uhr 05. Fünf nach sechs.«) Mit seiner Distanziertheit, seiner Schwermut und solchen unsinnigen Grübeleien wurde er allmählich ein sich chronisch unbehaglich fühlender Erwachsener. Er verlor nicht nur jedes Selbstvertrauen, er vertraute auch keinem mehr in seinem Umfeld. Er gelangte zu der Ansicht, wenn man sich bei Menschen auf etwas verlassen konnte, dann darauf, dass sie das Falsche taten.

Zwei Jahre nach seinem College-Abschluss entschied sich ein bereits erschöpfter und ausgelaugter Winston für eine Laufbahn bei der Finanzbehörde von Kentucky. Die Arbeit interessierte ihn zwar nicht besonders, hatte aber einen Vorteil, der sie äußerst attraktiv machte. Der Bundesstaat Kentucky bot seinen Mitarbeitern nach dreißig Jahren eine Frühverrentung an. Sogar damals schon plante er seinen großen Abgang.

Nur an diesem einen Abend zog Winston die Jalousien zu. Bald merkte er, dass er gerne irgendwie Kontakt zu der Frau aufnehmen wollte, aber nicht wusste, wie. Nach draußen zu gehen, um ihr zu begegnen, kam nicht in Frage; mittlerweile hatte Winston eine ausgewachsene Phobie davor, sein Haus zu verlassen. Und selbst wenn es ihm gelänge, ins Freie zu gehen, was dann? Wie konnte er verhindern, dass sie vom Zustand seines Hauses erfuhr? Offensichtlich gab es keine Zukunft mit dieser Person – mit *irgendeiner* Person, dennoch war die altvertraute Sehnsucht wieder da.

Als die Sehnsucht nicht verschwand, kam ihm die Idee mit den Nachrichten.

Die Idee mit den Nachrichten entstand eigentlich aus Trotz. Wenn Winston im Laufe der letzten drei Jahre Autos an dem Stoppschild vorbeirasen sah, die nicht im Geringsten langsamer wurden, stellte er sich häufig vor, wie er einen Zettel unten an das Stoppschild klebte und auf dem Zettel stünde so etwas wie: He, Abschaum von Moberly, wie kommt ihr auf die Idee, das Stoppschild gelte nicht für euch? Ihr seid in keiner Hinsicht etwas Besonderes.

Jetzt merkte er, wie ihn der Drang überkam, eine andere Art von Nachricht an das Stoppschild zu pappen. Er wusste, er würde die gutgekleidete Dame nie persönlich kennenlernen, doch ihm gefiel die Vorstellung, durch die Jalousien seines Fensters zu schauen und zu sehen, wie auf ihrem Gesicht ein Lächeln erschien, und zu wissen, dass er dieses Lächeln verursacht hatte. Sie sollte lächeln, weil sie sich so offensichtlich von all den anderen Menschen in diesem Pisskaff unterschied, was ihn auf die Idee brachte, dass deshalb das Leben schwer für sie war.

Da er aber nicht einmal die knapp fünfzehn Meter zu dem Stoppschild gehen konnte, würde er ausgerechnet die Hilfe seines ehemaligen Stiefsohnes brauchen.

Denn letzten Endes musste Winston seine Lebensmittel nicht aus einem Katalog bestellen. Am Tag nachdem Rachel ihm gesagt hatte, sie werde nicht mehr vorbeikommen, lief sie im Wal-Mart Winstons zweiter Exfrau über den Weg. Als Rachel ihr sagte, sie versorge ihren Vater nicht mehr, erzählte die Exfrau das ihrem Sohn Tyler, bei den meisten unter seinem Spitznamen bekannt, Tug.

Zuerst hatte Tug versucht anzurufen, doch Winstons Telefon war schon längst abgeschaltet worden. Winston hatte sogar seine Türklingel entfernt (kein Geräusch war ihm verhasster als das Bimmeln einer Türklingel), doch als er Tugs Wagen mit den wummernden Bässen vor dem

Haus hörte, ließ Winston den jungen Mann herein. Als Tug mit seiner verkehrt herum aufgesetzten Basecap und der Sonnenbrille auf der Türschwelle erschien und sagte, er sei gekommen, um zu helfen, war Winston perplex. Er hatte seinem Stiefsohn nie sehr nahegestanden und ihn seit sechs Jahren nicht ein Mal gesehen. Er wusste, dass Tug Radio-DJ und -moderator geworden war, doch als er das eine Mal dessen Sendung eingeschaltet hatte, waren ihm das testosteronpralle Geplapper und die fade Musik so auf den Geist gegangen, dass er bald wieder ausschaltete.

Als die Wochen vergingen und Winston bei seinem Stiefsohn keinen Hintergedanken für dessen altruistisches Verhalten entdecken konnte, gestattete er sich eine seltene Offenheit gegenüber anderen, die von seiner Entscheidung herrührte, der vorbeiwandernden Frau eine Nachricht zu hinterlassen. Winston brauchte vier Tage, um die Worte zu finden, die er ihr überbringen wollte, und am Ende stand eine Nachricht, die er selbst gern bekommen hätte. Es war ein Satz, den seine Mutter früher immer zu ihm gesagt hatte, wenn er Kummer hatte.

Er schrieb die Nachricht auf ein unliniertes Blatt weißen Schreibmaschinenpapiers. Er faltete es sorgfältig und steckte es in einen weißen Umschlag, auf den er schrieb: »Für die gutgekleidete Dame«. Nachdem Tug spätnachmittags ein paar Grundnahrungsmittel vorbeigebracht hatte, bat Winston ihn, noch ein Weilchen zu bleiben.

»Klar. Stimmt was nicht?«

»Nein. Du musst etwas für mich machen, es muss aber gegen acht Uhr geschehen.«

»In Ordnung.«

Winston hielt den Umschlag hoch. »Ich möchte, dass du den an das Stoppschild da draußen klebst.«

»Was ist das?«

»Es ist zwar albern, aber ich sehe immer gegen acht eine Frau hier vorbeispazieren, und ich möchte ihr diese Nachricht zukommen lassen. Machst du das?«

»Klar. Wie lautet die Nachricht?«

»Das möchte ich lieber nicht sagen.«

»Das musst du auch gar nicht.« Tug zog seine hängenden Jeans hoch. »Mein Boy ist zurück im Spiel! O ja, ja. Holst du etwa dein Herz aus dem vorzeitigen Ruhestand zurück?«

»Also, nein. Bestimmt werde ich sie nie kennenlernen.«

»Aber bittest du sie in der Nachricht um ein Date?«

»Nein.«

»Steht da drin, du willst es ihr besorgen?«

»Nein! Es ist nur eine kleine Notiz, die sie vielleicht froh stimmen könnte. Ich weiß nicht, warum ich das mache. Ich weiß, dass es doof ist. Vergiss es einfach.«

»Chill, Winston. Ich hab schon gesagt, ich mach's. Es ist nicht doofer als der meiste Mist, den Leute jeden Tag durchziehen.«

Als der Abend dämmerte, lief Tug in seinen schicken Nikes über den Rasen und klebte den Umschlag an das Stoppschild. Er sagte, er wäre gern noch geblieben und hätte sich angesehen, was passierte, sei aber mit seiner Freundin verabredet. Winston wollte das ohnehin allein erleben. Er schloss die Jalousien, drehte aber eine Lamelle so, dass er nach draußen spähen konnte. Dann stellte er einen der Seidenbäume seiner ersten Frau vor das Fenster und positionierte sich so, dass er das Stoppschild sehen konnte, ohne selbst gesehen zu werden.

Während er nach draußen sah, rieb Winston ständig die verschwitzten Handflächen an seinem Morgenmantel. Sie war zwar ein wenig später dran als üblich, tauchte aber auf, diesmal in einer grauen langen Hose und einer schwarzen Bluse. Wie immer sahen ihre kastanienbraunen Haare perfekt aus, als wäre jedes einzelne Haar genau an der richtigen Stelle. Winston biss sich auf die Lippe, als sie sich dem Stoppschild näherte.

Sie sah den Umschlag. Sie blieb stehen. Sie schaute sich um, zögerte ein paar Sekunden, nahm dann den Umschlag. Sie öffnete ihn. Und dann folgte einer der seltenen Momente, wo Winston genau das bekam, was er wollte.

Sie lächelte.

Winston lächelte auch. Und während die Frau das Blatt faltete und in ihre Tasche steckte, sah sie genau zu dem Fenster, hinter dem sich Winston versteckte. Auch wenn er glaubte, dass sie ihn unmöglich sehen konnte, wich er zurück und hielt den Atem an. Er wartete eine Minute, und als er seine Stellung hinter dem Seidenbaum wieder einnahm, war sie weitergegangen. Er hoffte inständig, dass sie sich umdrehen und auf sein Haus schauen würde, und als sie genau das tat, fand Winston das befremdlich. Er hatte so lange gelebt, ohne zu wissen, wie sich ein Sieg anfühlte, dass er nichts damit anfangen konnte.

Winston hatte seine erste Frau, die Mutter seiner Kinder, im Finanzamt kennengelernt. Seit er zwanzig geworden war, hatte er Beziehungen mit mehreren Frauen gehabt, doch letztlich fühlte sich das Zusammensein mit ihnen nervig an. Angie war anders. Er verliebte sich in sie, als sie ihm einen Brief schrieb, in dem stand: »Ich bin so gern mit dir zusammen, dass ich, zwei Sekunden nachdem wir uns voneinander verabschiedet haben, schon Sehnsucht nach den Augenblicken empfinde, die wir an demselben Abend gemeinsam verbracht haben.« Winston besaß diesen Brief heute noch, genau wie jeden anderen Brief und jede Karte, die sie ihm je geschrieben hatte. Sie lagen in einem Karton unter seinem Bett neben einem Beutel mit BHs seiner Exfrauen.

Als er siebenundzwanzig war, kam Rachel zur Welt, und Chris wurde drei Jahre später geboren. Winston bewahrte jedes Spielzeug auf, das sie je besessen hatten, jede Barbie-Puppe, jede *Star-Wars*-Figur und jedes Buch, das er ihnen vor dem Schlafengehen je vorgelesen hatte. Angie fand es rührend, dass er so viele Andenken aufbewahrte, und half ihm, sie zu ordnen. Damals war das Leben gar nicht übel gewesen. Die Leute sagten lediglich, er leide an Sammelwut. Öffentliche Orte waren noch nicht so anstrengend, und er mochte es sogar, wenn man ihn abends in den Supermarkt schickte, um für die Kinder Pfefferminzeis mit Schokostückchen zu holen. Damals konnte man die vier durch die Innenstadt schlendern sehen – als J. C. Penney's und andere Kaufhäuser noch im Stadtzentrum waren – und dachte sich: »Was für eine sympathische Familie.«

Doch in den nächsten zehn Jahren begannen Winston und seine Frau, im anderen vermehrt das Negative zu sehen. Das Zusammenleben mit Winston war generell schwierig; Angie wiederum schien nie mit etwas zufrieden zu sein. Es ging so weit, dass sie nie gleichzeitig gut drauf waren. Sobald sich beide in andere Leute verliebt hatten, ließen sie sich scheiden. Angie heiratete bald wieder. Was Winston betraf, so ließ das Interesse der Frau, in die er sich verknallt hatte, rapide nach, sobald er verfügbar war. Sie fand einen anderen, und Winston blieb es überlassen, sich tiefer in seinen eigenen Kopf zu vergraben.

Geschieden zu sein fand Winston merkwürdig, da eine Person, die über zehn Jahre lang untrennbar mit seinem Alltag verbunden gewesen war, ganz plötzlich daraus verschwand. Die Kinder sah er jetzt nur noch an jedem zweiten Wochenende und mittwochs, was er schrecklich fand. (Laut seinem Anwalt war mehr nicht drin gewesen.) Das Leben als geschiedener Mann bescherte ihm keineswegs das Gefühl von Freiheit, mit dem er gerechnet hatte. Er empfand nur den Verlust. Und in seinem Haus wurde es so chaotisch, dass sich Rachel und Chris, wenn sie da waren, schämten, auch nur ihre engsten Freunde einzuladen.

Seine zweite Frau lernte er vier Jahre später im Krankenhaus kennen, als er ins Schlaflabor ging. Sie war eine der Technikerinnen, und er merkte rasch, dass er in ihrer Gegenwart irgendwie ruhiger wurde. Nach der Heirat zogen sie und ihr elfjähriger Sohn bei Winston ein. Tug hatte seinen eigenen Dad nie kennengelernt. Die zweite Ehe hielt sechs Jahre und zerbrach wegen Winstons immer seltsameren Marotten (stündlich überprüfen, ob die Türen verschlossen waren, sich kategorisch weigern, einen Wal-Mart zu betreten) und wegen der immer häufigeren Besuche seiner Frau auf der Rennbahn. Winston verlangte die

Scheidung, als er herausfand, dass sie einige der Erbstücke seiner Mom einem Antiquitätensammler verkauft hatte, um mehr Wetteinsätze machen zu können. Er spürte den Mann auf und kaufte alles zurück.

Was das Schlaflabor betraf, so erfuhr er, dass er einen grenzwertigen Fall von Schlafapnoe hatte, doch er ertrug es nicht, eine Schlafmaske zu tragen, und war eines Nachts so frustriert von dem Ding, dass er das dazugehörige Gerät gegen die Wand warf. Obwohl das Gerät kaputt und nutzlos war, behielt er es. Das war einer der ganz wenigen Gegenstände, den er je versucht hatte wegzuwerfen, doch als er ihn über die Mülltonne hielt, überkam ihn pure Panik, und er brachte es nicht über sich.

Noch etwas anderes versetzte ihn mittlerweile in Panik. Zwei Jahre nach seiner zweiten Scheidung, er war neunundvierzig, hörte Winston auf, Auto zu fahren. Wohin er auch fuhr, er hatte das Gefühl, dass die anderen Autos in seine Fahrbahn ausscherten oder plötzlich vor ihm anfuhren. Diese Paranoia entsprang seinem fehlenden Vertrauen in die Fähigkeiten anderer Fahrer. Er hatte eine Theorie über Menschen. Seiner Ansicht nach zeigte sich der wahre Charakter einer Person darin, wie sie Auto fuhr. Wenn jemand in einen Wagen stieg, dachte Winston, so werde dieses Auto mit seinem Stahl und Glas quasi zum Exoskelett dieses Menschen oder zu einer Ganzkörperpanzerung, womit sogar das schwächste Wesen zwei Tonnen schwerer wurde. Kein Gedanke daran, dass die anderen Fahrer genauso aufgerüstet waren; alle Fahrer ignorierten das. Und mit diesem Gefühl von Unverwundbarkeit spielten sie sich auf der Straße auf, weil ihr wahrer Charakter hinter dem

Lenkrad saß, und ihr wahrer Charakter war hauptsächlich eines: leichtsinnig.

Rachel musste ihren Dad zur Arbeit fahren und wieder zurück. Sein Unvermögen zu fahren war ein wichtiger Schritt auf dem Weg, ihn ans Haus zu fesseln, doch eine überraschende Entwicklung an seinem Arbeitsplatz brachte schließlich das Fass zum Überlaufen. Wie schon in der Kindheit schloss Winston auch als Erwachsener nicht leicht Freundschaften. Dennoch kam er mit seinen Kollegen gut zurecht und war wegen seines trockenen Humors und seiner Zuverlässigkeit sehr beliebt, und er wiederum mochte im Allgemeinen seine Kollegen, abgesehen von Brett Rummans. In seinen Augen war Brett Rummans ein Stück Scheiße in Menschengestalt. Ja, Winston konnte den Mann nicht ansehen, ohne dass ihm diese Formulierung, »ein Stück Scheiße in Menschengestalt« in den Sinn kam. Brett war relativ neu im Büro; er hatte dort zu arbeiten begonnen, als Winston schon einundzwanzig Jahre bei der Behörde war. Er hatte so viele negative Eigenschaften – seine eklatante Gemeinheit, seine ständigen Lügen, sein Größenwahn –, dass ihn Winston als Cartoon-Bösewicht betrachtete. Und doch gab es ihn wirklich. Und doch mochte ihn die halbe Belegschaft aus unerfindlichen Gründen.

Der Tropfen, der das Fass zum Überlaufen brachte, war, dass Brett nach sechs Jahren zum Leiter des gesamten Büros befördert wurde. Winston hatte keineswegs Leiter werden wollen, doch viele seiner erfahreneren Kollegen hatten sich beworben. Trotz mehrerer schlimmer Charaktermängel, die in der Behörde wohlbekannt waren, bekam Brett die Stelle. Es war allgemein bekannt, dass Brett regelmäßig seine Kolleginnen belästigte. Beispielsweise fragte er oft, ob er seine Erektion gegen ihre Schreibtischkante drücken könne. (»Bleib locker, war nur 'n Scherz.«) Es war allgemein bekannt, dass Brett Rassist war, mit Latinos konnte er besonders wenig anfangen. Wie jemand in diesem Mann etwas anderes als ein fieses altes Ekel sehen konnte, begriff Winston nicht einmal ansatzweise.

An dem Tag, als Brett eine Angestellte rauswarf, die er schon immer schikaniert hatte, weil sie mit einem Schwarzen verheiratet war, beschloss Winston, in Rente zu gehen. Der Staat Kentucky erlaubte seinen Angestellten, nach siebenundzwanzig Jahren in Ruhestand zu treten, wenn sie bei ihrer Rente einen Abzug von fünfzehn Prozent in Kauf nahmen. Sobald Brett das Sagen hatte, ergriff Winston diese Gelegenheit beim Schopf. An seinem letzten Arbeitstag fälschte er Informationen auf einem Formular, damit eine Frau und ihre heranwachsende Tochter Lebensmittelmarken bekamen. Er wurde nie erwischt und besaß immer noch den Dankesbrief, den die Frau ihm geschickt hatte.

Bretts Aufstieg zur Macht in der Behörde verstärkte Winstons Sehnsucht, sich von der Welt zu verabschieden. Das Schlimmste war, dass die halbe Belegschaft im Büro diesen Mann unterstützte, was bedeutete, dass die halbe Stadt ihn wahrscheinlich mochte. Mit diesen Leuten wollte Winston nichts zu tun haben. Gern wollte er den Rest seines Lebens dieselbe abgestandene Luft in seinem Haus atmen. Und er würde sich gern in ein Alter-Mann-den-man-nie-sieht-Klischeebild verwandeln, an dessen Tür sich die Nachbarskinder an Halloween nicht zu klingeln trauten. Und er wollte nie wieder mit den Leuten im selben

Raum sein müssen, die einverstanden waren, dass ein Mann wie Rummans das Sagen hatte. Sofort nachdem er in Rente gegangen war, legte er Lebensmittelvorräte an, und in den folgenden Wochen sahen die ihm nahestehenden Menschen, dass er nicht gescherzt hatte, als er ihnen jahrelang erzählte, was er tun würde, sobald er nicht mehr arbeiten müsse.

»Wenn man sich in der Welt umsieht«, hatte er oft gesagt, »ist das einzig Vernünftige, sie zu meiden.«

Den ganzen Juli ließ Winston Tug zwei- bis dreimal in der Woche einen Umschlag mit Klebeband am Stoppschild befestigen. Seine Nachrichten waren auch weiterhin kurz und aufbauend, und Winston war von sich selbst überrascht, weil positive Empfindungen ihren Weg aus ihm herausfanden. Seine einzige Erklärung lautete, dass er solche Briefchen nur schreiben konnte, weil er die Empfängerin zwar sah, es aber eigentlich so war, als werfe er eine Flaschenpost ins Meer. Er bestand auch weiterhin darauf, dass es mit dieser Person keine Zukunft gab, seine Briefchen keine Konsequenzen haben würden, daher schrieb er die Zeilen, die er selbst gern von jemand anderem erhalten hätte. Die Frau schaute sich zwar nicht mehr um, ob jemand sie beobachtete, doch sie lächelte immer noch.

Als Winston ihm eines Abends einen Umschlag reichte, sagte Tug etwas, das in ihm den Wunsch weckte, keine Zettel mehr zu schreiben. Tug sagte: »Nur dass du's weißt, wenn du sie hier drinhaben möchtest oder so was, helfe ich dir, im Haus aufzuräumen. Klar, das schafft man zwar nicht über Nacht, aber –«

»Ich will im Haus nicht aufräumen.«

»Das ist cool.«

»Ich will sie nicht im Haus haben.«

»Das ist cool.«

»Ich mach das nur zum Zeitvertreib, diese Zettel schreiben. Und weißt du was? Das hier ist meine letzte Nachricht an sie.«

»Nein, Mann. Versteh mich nicht falsch. Ich hab nichts dagegen, die Zettel anzubringen. Ich sag nur … Das Angebot steht.«

»Vergiss es. Ich bin fertig mit ihr. Kleb die eine noch an, und das war's.«

»Auch gut. Wenn du es so haben willst. Im Sender muss ich Doppelschichten arbeiten, aber in zwei Tagen komm ich wieder vorbei.«

Winston stieß eine Art Knurren aus. »Hör zu. Das ist *wirklich* nett von dir, deine Hilfe anzubieten. Ich weiß alles, was du für mich getan hast, *sehr* zu schätzen.«

»Kein Problem.«

»Wenn wir schon drüber reden, ich wollte dich etwas fragen.«

»Raus damit.«

»Warum bist du so nett zu mir?«

»Na ja …« Tug rückte seine verkehrt herum sitzende Basecap zurecht und zog die Jeans hoch. »Es hat wohl damals im Winter angefangen, als mein Dad starb.«

»Du meinst, du hast ihn endlich doch noch kennengelernt?«

»Nein. Nein. Ich bin ihm nie begegnet. Aber meine Mom hat mir erzählt, dass er gestorben ist. Und ich habe es keinem verraten, wie mich das belastet hat, und dadurch musste ich an dich denken.« Tug drehte den Schirm seiner Baseballmütze nach vorn und zog ihn so tief ins Gesicht, dass Winston seine Augen nicht sehen konnte. »Ich dachte mir, damals für mich als Jugendlichen kamst du einem Dad am nächsten, und als ich hörte, dass Rachel dich nicht mehr besuchen wollte, hab ich gedacht, tja, das ist meine Gelegenheit einzuspringen. Und ich geb's zu, ich wollte was Nettes tun, weil ich weiß, dass es Leuten da draußen dreckig geht, und normalerweise mach ich 'n Scheiß für sie. Aber außerdem mach ich das, weil du, na ja, ein guter Stiefvater warst. Und auch ein guter Dad, für deine eigenen Kids.«

»Anscheinend nicht. Meine Kinder haben mich aufgegeben.«

Tug drehte seine Mütze wieder herum. »Das ist aber deren Schuld. Sie sollten dich nicht aufgeben. Klar, was hier bei dir abgeht, ist ein Problem, das steht fest.« Tug wies auf die überall verteilten Gegenstände, wodurch es in den Räumen aussah, als wäre das Haus im Griff einer schrecklichen Krankheit. »Aber wenn ich zurückdenke an die Zeit, als *ich* hier wohnte, weißt du, woran ich mich erinnere?«

»Woran?«

»Du warst *da*.«

»Ja. Und?«

»Na ja, Mom war nicht da. Die meisten Dads, die ich kenne, bleiben *nie* zu Hause, um bei ihrer Familie zu sein. In neunzig Prozent der Fälle gehen sie lieber mit ihren Kumpels trinken. Doch du warst immer da.«

»Danke, Tug, aber ich muss dich darauf hinweisen, dass

ich schon damals nur ungern das Haus verlassen habe. Ich habe also kein großes Opfer gebracht. Lass dich von mir nicht täuschen. Ich habe nichts getaugt.«

»Und doch warst du da. Der Grund ist mir egal. Es hat was für sich, wenn ein Mann zu Hause bleiben will. Wir konnten uns auf dich verlassen. Und hör auf, dich selber schlechtzumachen, Mann. Ich weiß noch, dass du *immer* zu ihren Schulveranstaltungen gegangen bist. Rachels Chorgeschichten und Chris' Baseballspiele. *Nichts* davon hast du versäumt. Und ich wette, wenn ich außerschulische Sachen gemacht hätte, wärst du da auch hingegangen.«

»Ich hab das alles nicht verdient.« Winston schüttelte den Kopf und drehte sich zum Fenster.

»Hast du doch.«

»Nein, hab ich nicht! Ich bin ein Freak!« Er sprang von seinem Fleck auf dem Sofa hoch. »Sieh dir das an. Sieh dir das doch mal *an*.« Er schaute sich in dem Chaos um, ein Chaos, für dessen Erschaffung er ein Leben lang gebraucht hatte. Er spürte eine Träne im Augenwinkel. Er schniefte.

»Ich möchte dir helfen, Winston. Lass mich eine Ladung davon zur Heilsarmee bringen. Wenigstens einen Durchgang zur Tür freiräumen?«

»Ich will keinen Durchgang zur Tür. Ich *benutze* die Tür nicht, schon vergessen?«

»Vielleicht doch. Eines Tages.«

»Ich kann nicht. Ich kann dir nicht mal sagen, warum. Ich meine, ich *will* es dir sagen, aber ich kann es nicht in Worte fassen, wie ich mich wegen alledem fühle.« Erneut wies er auf die Müllberge. Er setzte sich wieder und spielte nervös mit dem Gürtel seines Morgenmantels herum. Er sah Tug nicht an, drehte sich auch nicht zum Fenster. »Wenn ich auf mein Leben zurückschaue, sehe ich so viel Schmerz und so viel Freude, und meine Mom und meinen Dad und meine Schwester und meine wunderbaren Kinder, und mir fällt jeder Mensch ein, den ich in dieser Stadt je kennengelernt habe – sogar die schlimmen Leute, und ich denke zurück an all die Tage, die ich schon lebe, und es gibt so vieles, woran ich mich nicht erinnern kann, und all die Sachen, die ich aufgehoben habe, helfen mir dabei, mich an alles zu erinnern, und ...« Er hielt inne, weil seine Stimme zitterte. »Und alles ist mir so wertvoll. Darum geht's bei dem hier.«

Er wies auf den Inhalt des Zimmers. »Alles ist mir so wertvoll. Sogar die bösen Teile. Und wenn ich etwas verändere, könnte ich es stören. Dann fängt der Ärger an. Darum bleibe ich hier drin, mit allem, was ich habe. Ich weiß, es wirkt verrückt, aber ich finde alle anderen verrückt, wenn sie ihre Sachen wegwerfen.«

»Wenn du's so sagst, ist dein Problem vielleicht, dass du rausgehen und *mehr* Zeug holen solltest.«

Winston lachte. Tug sagte, er meine es ernst, fing aber auch an zu lachen, und damit gab es genug Lockerheit für ihren Standardabschied.

Tug brauchte ein wenig länger als üblich, um zur Haustür hinaus und bis zum Rand des Rasens zu gehen, wo das Stoppschild stand. Wie immer befestigte er den Umschlag mit Klebestreifen. Nachdem er den Umschlag befestigt hatte, drehte er sich wie immer zum Fenster und hielt den Daumen hoch. Auch wie immer tauchte die gutgekleidete Dame bei Sonnenuntergang auf. An diesem Abend trug sie ein hellblaues, kurzärmeliges, knielanges Kleid und jede Menge Armreifen. Sie griff lässig nach dem Umschlag, öffnete ihn und las den Zettel. Doch diesmal passierte etwas anderes.

Sie lächelte nicht.

Stattdessen drehte sie sich zu dem Fenster um. Sie beugte sich vor und kniff die Augen zusammen. Dann betrat sie Winstons Rasen. Er entfernte sich rasch von dem Seidenbaum und drückte den Rücken fest gegen das Sofa. Er hörte seinen eigenen Atem und überlegte, ob er sich aufs Sofa legen sollte, um sich besser zu verstecken. Gerade als er die Zeitschriften, Zeitungen, Gläser und Schüsseln vom Sofa auf den Boden schieben wollte, hörte er ein leises Klopfen am Fenster.

Er erstarrte. Nach ein paar Sekunden sprach sie. »Hallo? Ist da jemand drin?«

Er antwortete nicht. Er bewegte sich nicht. Er wartete einige Sekunden, dann legte er den Kopf schief, damit er durch den einzigen Spalt, den er zwischen den Stäben der Jalousien gelassen hatte, hinausschauen konnte. Als er sah, dass sie selbst versuchte, durch diese Öffnung zu schauen, schoss sein Arm durch die Seidenblätter und zog die Lamelle nach unten.

Sie sprach erneut. »Ich weiß nicht, was hier vor sich geht, aber auf dem Zettel steht: ›Schauen Sie nach rechts. Ich bin am Fenster. Ich will Sie kennenlernen.‹ Wo sind Sie denn? Ich will Sie nämlich auch kennenlernen.«

»Das habe ich nicht geschrieben«, sagte Winston laut genug, dass man es durch das Fenster hörte.

»Sie wollen mich also nicht kennenlernen?«

Winston überlegte. Er sah nach unten auf die zerschlissenen Hausschuhe und war mächtig wütend auf Tug. »Nein. Nein, tut mir leid. Ich will nicht. Gehen Sie bitte weg.«

»Das werde ich. Haben Sie denn all die anderen Zettel geschrieben?«

»Gehen Sie bitte weg, sonst rufe ich die Polizei.«

»In Ordnung. Ich gehe. Meine Güte.«

Sofort wurde ihm klar, dass er die falsche Entscheidung getroffen hatte, und sofort sprang er vom Sofa auf, hechtete über die Kiste, die Tüten, die Möbel, die zusammengerollten Teppiche. Er stolperte über einen Stapel *Here-&-Now*-Zeitschriften und verletzte sich ein Handgelenk, als er die Hände ausstreckte, um zu verhindern, dass sein Kopf auf den Boden schlug. Er stand auf, sprang mit seinen langen Beinen zur Hintertür, streckte seine Hand in die dunkle Garage und schlug auf den Knopf des Garagentoröffners.

Licht fiel herein, und das Geräusch war herrlich, und das Tor ging weiter auf. Alles fiel, alles ergoss sich in die Auffahrt, und alles bewegte sich zum ersten Mal seit Jahren. Während das geschah, bewegte sich Winston mit all den Sachen, kletterte und hangelte sich über ein Bügelbrett, ein Bücherregal, eine Hammondorgel, ein aufblasbares Plastik-Planschbecken, den Grill, die Baseballschläger, verletzte sich rechts und links, ein Kratzer an seiner Wade, eine Schnittwunde am Knie, war aber entschlossen – so wild entschlossen! –, ins Freie zu gelangen, weil er sie jetzt sehen konnte, ihre Augen aufgerissen, mit offenem Mund, und sie ging nicht weiter, stand mitten in seiner Auffahrt. Er wuchtete einen Sack Dünger auf eine Seite der Garage und trat eine Igloo-Kühlbox auf die andere, trat dann auf einen alten kaputten Diaprojektor und landete schließlich direkt vor ihr auf dem Beton. Er war im Freien, wo es heiß und schwül war, wie immer im Juli in Kentucky.

»Hey«, sagte er atemlos.

»Hey.«

Das junge Ehepaar von gegenüber sah zu, die beiden wirkten besorgt, aber Winston würdigte sie keines zweiten Blickes und ließ sie in den Hintergrund treten. Er streckte seine Hand der Frau entgegen, die schüchtern lächelte und ihre Hand in die seine legte. Er beugte sich leicht vor, führte ihre Hand an den Mund und gab ihr einen Handkuss, denn so machte man das früher einmal. Als er in die Augen der Frau sah, kam ihm der Gedanke, dass er sich zu lange abgeschottet hatte, denn während er das getan hatte, während seiner Abwesenheit, war das hier irgendwie das zauberhafteste Städtchen der Welt geworden.

SY MONTGOMERY

Einfach Mensch sein
Christopher Hogwood

In New Hampshire ließen Howard und ich es uns gut gehen. Wir liebten die Wälder, die Sümpfe, die kurzen heißen Sommer, die strahlenden Farben des Herbstes und die funkelnde Schneedecke, in die der Winter alles hüllte. Beide arbeiteten wir als Freiberufler. Für Artikel über Rieseninsekten und Possums reiste ich nach Neuseeland; in Hawaii und Kalifornien untersuchte ich Tiersprachen, und dann war da noch meine Kolumne im *Boston Globe* über Naturthemen. Howard schrieb regelmäßig Beiträge für die Zeitschriften *Yankee, Historic Preservation* und *American Heritage* sowie für etliche Zeitungen. Mit dem älteren Ehepaar, das uns eine ehemalige Remise unweit der Hauptstraße vermietete, freundeten wir uns schnell an. Und als für unsere Bücher und Akten kein Platz mehr war, zogen wir einfach von New Ipswich in den nächstkleineren Ort, nach Hancock um, in eine Doppelhaushälfte auf einem acht Hektar großen Farmgrundstück. Auch ein Stall, ein Bach und ein eingezäuntes Stück Weide gehörten dazu. Nach all den Umzügen in meiner Kindheit hatte ich endlich ein Zuhause gefunden.

Wir feierten das Erscheinen von Howards erstem Buch *Cosmopolis* über die Stadt der Zukunft, und bald zog auch ich einen Buchvertrag an Land. Ich wollte über die Heldinnen meiner Kindheit schreiben: die Primatologinnen Jane Goodall, Dian Fossey und Biruté Galdikas, was mit Forschungsreisen nach Ostafrika und Borneo verbunden sein würde. Und last but not least heirateten Howard und ich auf der Farm eines Freundes, was wir mit dreißig Menschen, vier Pferden, darunter eine hochschwangere Stute, drei Katzen und einem Hund feierten.

Doch dann ging alles schief.

Das Haus, in dem wir wohnten, stand zum Verkauf. Der Verleger meines Buches annullierte den Vertrag. Ich reiste trotzdem nach Afrika, wo ich mit Jane Goodall verabredet war. Sie hatte versprochen, mich am Ende ihrer zweimonatigen Expedition durch drei Länder zu treffen, doch das klappte nicht. Ich saß im Busch fest, und mir fehlte die Anfangsszene für mein Buch. Das Schlimmste aber war, dass mein Vater mit Lungenkrebs im Sterben lag. Es kam mir vor, als verlöre ich alles auf einmal: mein Zuhause, mein Buch, meinen Vater.

Sicherlich kein guter Moment, ein Jungtier aus einer Spezies bei uns aufzunehmen, mit der wir noch kaum etwas zu tun gehabt hatten. Doch an einem trostlosen Tag im März, an dem überfrorener Matsch die Autos bespritzte und der restliche Schnee auf den Feldwegen so unappetitlich aussah wie rotzige Kleenextücher, hatte ich doch tatsächlich auf dem Heimweg ein schwaches, schwarzweiß geflecktes Ferkelchen in einem Schuhkarton auf dem Schoß.

Es war Howards Idee gewesen. Ich war bei meinem Vater in Virginia, als er den Anruf erhielt. Die Muttersäue von

Bekannten hatten besonders viel geworfen, darunter auch viele sogenannte Kümmerlinge. Das Kleinste von allen war nur halb so groß wie die anderen und hatte alle erdenklichen Probleme: tränende Augen, Würmer und Durchfall. Sie nannten es »das gefleckte Etwas«. Dieser Zwerg brauchte mehr Zuwendung, als die Leute auf der Farm ihm geben konnten. Außerdem würde niemand so ein mickriges Ferkel in der Tiefkühltruhe haben wollen – das Schicksal aller seiner Geschwister. Ob wir es zu uns nehmen könnten, wurden wir gefragt.

Normalerweise hätte Howard über diesen Anruf kein Wort verloren. Er ließ mich auch nie allein ins Tierheim gehen – aus Angst, ich könnte die Hälfte der Bewohner mit nach Hause bringen. Unsere Frettchen hatten wir schon länger nicht mehr, doch seitdem wir in Hancock wohnten, hatte sich ein herrenloser Nymphensittich zu unseren Rosenköpfchen gesellt sowie ein obdachloser purpurroter Rosellasittich. Auch die unternehmungslustige grau getigerte Katze unseres Vermieters ging bei uns ein und aus. Doch Howard wollte mich von meinen Sorgen ablenken. Warum also nicht ein kleines Ferkel adoptieren?

Wir nannten es Christopher Hogwood, frei nach dem Dirigenten und Gründer der *Academy of Ancient Music,* deren Aufnahmen wir oft und gern im Rundfunk hörten, und hofften, dass der kleine Kerl einfach nur Wärme, Liebe und einen eigenen Futternapf brauchte, ohne die Konkurrenz seiner Geschwister fürchten zu müssen.

Wir hatten noch nie ein Schwein aufgepäppelt. Ja wir hatten überhaupt noch nie jemand großgezogen, abgesehen von den Jungen unserer Frettchen, doch die hatten ihre

Frettchenmutter. Wir wussten nicht, ob Chris, das Ferkel, überleben würde. Und wenn, wie groß es werden würde. Wir wussten nicht einmal, wie alt ein Schwein werden konnte, da die meisten mit sechs Monaten geschlachtet werden.

Wir würden uns überraschen lassen. Die größte Überraschung aber war, dass mein Kummer, kaum zog Christopher Hogwood bei uns ein, verflogen war.

»Oink, oink, OINK!« So rief Christopher Hogwood immer nach mir, wenn er mich mit seinen übergroßen pelzigen Ohren näher kommen hörte. Es klang, als könne er es nicht erwarten, mich wiederzusehen. Und auch ich begrüßte ihn mit einem freudigen Quieken. In dem Verschlag, den wir aus zusammengebundenen Paletten für ihn gebaut hatten, kniete ich mich in Heu und Hobelspäne und fütterte ihm sein Frühstück.

Dann ging es auf das Stück Weideland hinaus, das Chris nach Herzenslust unter stetem Grunzen mit seiner wundersamen Nasenscheibe erkundete. Zurück im Stall, stupste er mit seiner kräftigen nassen Schnauze in meine Armbeuge, und wir schmusten.

Mit seinen großen Ohren – eines muschelrosa, eines schwarz –, seiner Schnüffelnase und dem schwarzen Fleck über einem Auge (der an Spuds MacKenzie, die Hundefigur in einer beliebten Bierwerbung, erinnerte) war er das niedlichste Baby, das ich je gesehen hatte. Gerade weil er so winzig war. Jeder seiner kleinen Hufe hätte auf einer Vierteldollarmünze Platz gefunden. Kaum vorstellbar: ein ganzes Schwein in einem Schuhkarton! Doch in diesem kleinen Körper steckte eine stattliche Persönlichkeit. Er war fröhlich, wissbegierig und äußerst gesprächig. Rasch lernte ich ihn verstehen: »Oink. Oink! OINK!« bedeutete: »Komm her – SOFORT!« Ein eher fragendes »Oink? Oink? Oink?«: »Was gibt's zum Frühstück?« Ein langsames, tiefes »Oink. Oink. Oink« sollte mich dazu bringen, ihn am Bauch zu kraulen, und ein langgezogenes, besonders tiefes »Oooooink!« zeigte dabei die Stelle an, wo genau. Ein hohes »Reee!« verriet Aufregung, noch höher war es ein Hilferuf. Ein tiefes Begrüßungsgrunzen galt Howard und ein etwas höheres mir. Im Nu hatte er mich um seinen gespaltenen Huf gewickelt, und ich liebte ihn so sehr, dass es mir Angst machte.

Ich hatte an meinem kleinen Ferkel unendlich mehr Freude als meine Eltern früher an mir. Schon während des College wollten sie mich auf die Army vorbereiten und meldeten mich beim Navy Town Club an und im Navy Country Club in Washington, D.C., in der Hoffnung, ich würde einen passenden, dem Militär angehörenden Mann finden. Doch daraus wurde nichts. Der Mann, mit dem ich stattdessen mein Leben verbringen wollte, muss ihnen wie blanker Hohn vorgekommen sein. Mit seiner Lockenpracht und seinen fortschrittlichen Ansichten verkörperte Howard das Gegenteil eines Armeeoffiziers. Hinzu kam, dass er Jude war und ich Methodistin. Er stammte aus einer liberalen Mittelschichtfamilie, ich aus einer wohlhabenden, konservativen. Kaum verheiratet, wurde ich daher von meinem Vater in einem gehässigen Brief enterbt und mit der Schlange in Shakespeares *Hamlet* verglichen: »Die Schlang', die deines Vaters Leben stach ...« Für meine Eltern war ich aus der Art geschlagen.

Und doch stieg ich, als ich fast zwei Jahre später über meine Tante in Kalifornien von der Lungenoperation meines Vaters erfuhr, sofort ins nächste Flugzeug nach Washington, wo er im Militärkrankenhaus lag. Meine Eltern waren sehr froh über mein Kommen und alle weiteren Besuche. Howard aber war nie willkommen, nicht einmal, als mein Vater beerdigt wurde. Ich war bei ihm, als er starb, doch mein Vater hat mir nie wirklich verziehen, und auch meine Mutter kam nie darüber hinweg, dass ich nicht das gewünschte Leben führte.

Wie anders verhielt es sich zwischen mir Zweibeinerin und unserem Vierbeiner. Er war ein Schwein, und genau dafür liebte ich ihn, so wie ich Molly geliebt hatte, nicht obwohl, sondern weil sie ein Hund war. Christopher wiederum sah großzügig darüber hinweg, dass ich nur ein Mensch war.

Außer unseren körperlichen Unterschieden gab es noch einen anderen entscheidenden Gegensatz zwischen Christopher und mir. Ich war scheu. Er kein bisschen. Regelmäßig brach er aus seinem Gehege aus und suchte Gesellschaft. Wir hatten die Tür zu seinem Verschlag mit kunstvoll verknoteten Gummiseilen gesichert, doch Chris schaffte es mit der hohen Intelligenz eines Schweins und seiner geschickten Schnauze, die Seile zu lösen. Er wollte die Nachbarschaft erkunden.

»Vor unsrer Tür steht ein Schwein! Gehört das euch?« Kaum kam der Anruf, raste ich los. Manchmal tauchte ich ungekämmt und im Nachthemd bei den Nachbarn auf. Doch ich wurde immer herzlich begrüßt. Bis ich dort war, hatte Christopher seine Gastgeber bereits bezirzt. Sie streichelten ihn hinter den großen Ohren, kraulten seinen Bauch oder gaben ihm Leckerchen. »Ist der süß! Und so lieb!«, riefen sie und wollten mehr über ihn erfahren.

Früher hatte ich nie gewusst, worüber ich mich mit anderen unterhalten sollte. Ich konnte nichts beisteuern zu Themen wie Kinder, Autos, Sport, Mode, Filme ... Nun hatte ich jede Menge Stoff, selbst auf Partys, die mir immer ein Schrecken gewesen waren: Wie Christopher seine Ausbrüche einfädelte; dass Schweine einzelne Menschen nicht nur wiedererkennen, sondern sich noch nach Jahren an sie erinnern; dass Chris die Rinde von Wassermelonen liebte, aber keine Zwiebeln; dass er sein Futter nicht hinunterschlang, sondern jeden Bissen bedächtig auswählte und sorgsam mit den Lippen aus dem Futternapf nahm. Die Leute fragten immer, was wir denn eines Tages mit ihm »machen« würden. »Ich bin Vegetarierin, und mein Mann ist Jude«, entgegnete ich dann. »Essen werden wir ihn ganz bestimmt nicht, aber wir überlegen, ihn zum Studieren ins Ausland zu schicken ...«

Gelegentlich luden wir zum »Dinner mit Show«. Wer von daheim Reste mitbrachte, zum Beispiel altbackene Bagels, Makkaroni mit Käse oder Eiskrem, durfte sie an Chris verfüttern. Yankees hassen Verschwendung, und Christophers Freude beim Fressen war ansteckend. Bald wurden aus Nachbarn Freunde.

Letztlich war Christopher genau im richtigen Moment in unser Leben getreten, denn Howard und ich waren

Hauseigentümer geworden: Das Grundstück hatte sich als zu klein für ein echtes Doppelgrundstück entpuppt, und der Preis ging runter. So konnten wir unser Heim günstig erwerben. Ohnedies angebunden durch unser Schwein, beschlossen wir, dass es an der Zeit war für Familienzuwachs.

Als Erstes kamen die »Ladys«. Eine gute Freundin schenkte uns zur Hauseinweihung acht Hühner, die sie selbst großgezogen hatte. Abgesehen von den roten Kämmen, orangefarbenen Augen und schuppigen gelben Füßen sahen die schwarzen Legehennen aus wie ein Nonnenkonvent. Sie liefen draußen frei herum, scharrten nach Würmern und Käfern, gackerten vor sich hin und kamen uns zur Begrüßung immer entgegengerannt in der Hoffnung auf etwas zu fressen. Erwartungsvoll stellten sie sich uns in den Weg, wollten gestreichelt oder auf den Arm genommen werden.

Dann folgte Tess, eine reinrassige langhaarige Border-Collie-Hündin mit einer turbulenten Vergangenheit. Die als Hütehund gezüchtete Rasse ist berühmt für ihre Unabhängigkeit, gefühlsbetont, eigensinnig und schlau. Howard hatte sich immer schon solch ein Tier gewünscht. Aber diese Hunde haben auch einen Nachteil: Wenn es keine Schafe oder Kühe zu hüten gibt, verlegen sie sich auf Insekten – oder Schulbusse. Sie brauchen immer etwas zu tun. Tess war noch klein, als sie während eines offiziellen Dinners bei ihren ursprünglichen Besitzern auf den Esstisch sprang. Sie kam in ein Heim in unserer Nähe, das von der bekannten Tierschützerin Evelyn Naglie geleitet wurde. Dort spielte Tess an einem Wintertag mit einem

Kind, das seinen Ball auf die Straße warf, direkt vor den nahenden Schneepflug. Tess brauchte fast ein Jahr, um sich von ihren Verletzungen zu erholen. Dann fand sie wieder ein Zuhause, musste aber wenig später wieder ins Heim zurück, weil die neuen Besitzer in der Rezession ihr Dach über dem Kopf verloren. Als wir Tess übernahmen, hatte die zweijährige Hündin schon für ein ganzes Leben genug Schmerz, Verlust und Ablehnung erfahren.

Tess war sehr sportlich. Trotz ihres verletzten Beins sprang sie hoch in die Luft, um Bälle und Frisbees zu fangen. Sie verstand viele englische Befehle und gehorchte aufs Wort. Doch sie war, außer wenn wir ihre Lieblingsspiele spielten (was etwa jede Stunde zu geschehen hatte), so in sich zurückgezogen, wie Chris kontaktfreudig war. Wir mussten sie regelrecht drängen, ihr Bächlein oder ein Häufchen zu machen und zu fressen. Sie ließ mit sich schmusen, schien aber nicht zu wissen, wozu das gut sein sollte. Wochenlang hat sie nicht gebellt, als habe sie Angst, ihre Stimme zu erheben. Als wir sie zum ersten Mal ins Schlafzimmer ließen, blickte sie uns erschrocken und ungläubig an. Wir klopften einladend auf die Bettdecke, und gehorsam sprang sie auch hinauf, machte aber sofort wieder kehrt, als könne das, was wir von ihr wollten, nicht wahr sein.

Tess schien ihre Emotionen zu unterdrücken, doch wir wussten, das musste nicht so bleiben. Ein Blick auf Christopher genügte. Er war prächtig gediehen, brachte im Alter von einem Jahr stolze 120 Kilo auf die Waage und war noch nicht einmal ausgewachsen. Bestimmt könnte unsere Fürsorge Tess das erlittene Leid vergessen machen.

Nach der Hündin kamen, wie im Bilderbuch, die Kinder. Wenn auch anders als vermutet.

Selbst schwanger werden hatte ich nie wollen. Wozu auch, wenn ich schon keine kleinen Hunde bekommen konnte. Die Erde war ohnehin mit Menschen überbevölkert.

Die meisten unserer Freunde waren kinderlos oder so viel älter als wir, dass ihre Kinder schon erwachsen waren. Ich selbst war mit dreißig ohnehin reich gesegnet mit einem wunderbaren Beruf, einem Ehemann, einem schönen Zuhause, Katze, Hund, Hühnern, Papageien und einem Prachtexemplar von einem Schwein. Von der Biomasse her fiel unsere Familie auch so schon mehr ins Gewicht als die unserer Altersgenossen.

Als Christopher seinen zweiten Herbst bei uns verbrachte, mussten wir neue Regeln einführen. Er war inzwischen zu groß und stark geworden, als dass man ihn noch an der Leine hätte ausführen können. Doch mit einem Eimer Futter, zu dem die ganze Nachbarschaft etwas beisteuerte, konnte ich ihn zu seinem Fressplatz hinter dem Haus locken. Tess immer dabei: Sie trottete mit dem Frisbee im Maul hinterher, dann folgte eine schwarze Hühnerdame hinter der anderen. Bei der Schweinesuhle angelangt, kippte ich die Küchenabfälle aus und befestigte eine lange Leine an Christophers Zaumzeug, Marke Eigenbau. Ich redete ihm gut zu und warf für Tess den Frisbee, während Christopher fraß. Dies war unsere liebgewonnene Routine – bis zu dem Tag im Oktober, als Chris plötzlich innehielt. Mit bebender Nasenscheibe hob er den Kopf und stieß ein Begrüßungsgrunzen aus: Zwei kleine blonde Mädchen kamen auf uns zugerannt.

»Das ist ja noch cooler als ein Pferd. Guck mal, ein Schwein!«, rief die Ältere ihrer jüngeren Schwester zu und fragte mich dann: »Dürfen wir es streicheln?«

Ich zeigte ihnen, wie man Chris durch Kraulen seines Bauches dazu bewegen konnte, sich auf die Seite plumpsen zu lassen. Christopher grunzte vor Glückseligkeit, als die kleinen Hände hinter seine Ohren griffen, wo das Fell am weichsten ist. Ich zeigte den Mädchen die vier Zehen an jedem seiner Hufe, die Hauer, die ihm zu wachsen begannen, und die vielen Brustwarzen. Sie waren begeistert.

Christopher liebte ihre Gesellschaft. Und Tess gefiel es natürlich sehr, dass es nun ein paar mehr Hände gab, die den Frisbee werfen konnten. Während die Hühner um uns herum nach Resten von Schweinefutter pickten, erfuhr ich, dass die Mädchen und ihre Mutter bald als Mieter in die leerstehende Doppelhaushälfte neben uns einziehen würden. Durch die Scheidung ihrer Eltern hatten sie ihr Zuhause verloren und waren gar nicht glücklich über den bevorstehenden Umzug gewesen – bis jetzt.

Die zehnjährige Kate und die siebenjährige Jane wurden zu täglichen Besucherinnen. Oft brachten sie Sandwiches und Äpfel für Christopher mit, die sie sich, wie ich herausfand, von ihrem Schulproviant absparten. »Ich weiß gar nicht, warum ich den beiden überhaupt ein Schulbrot mitgebe«, meinte Lila, ihre Mutter, später. »Ich könnte alles auch gleich Christopher zum Fressen vorwerfen.« Ab und zu verkündeten die Mädchen, dass ihre Eiskrem Gefrierbrand habe, und verfütterten sie löffelweise an Christopher. Dazu stellte er sich auf die Hinterbeine, legte seine Vorderpfoten auf das Gatter, sperrte sein riesiges Maul weit auf und wartete geduldig auf jeden Bissen. Bald schon begrüßte Christopher die Mädchen mit einem so weichen Grunzen wie sonst niemanden.

Kate und Jane führten auch das »Pig Spa« ein, das Wellnessprogramm für Schweine. An einem schönen Frühlingsmorgen fand Kate, dass Christophers Ringelschwänzchen gekämmt werden müsste. Danach sollten die Haare daran geflochten werden.

Und wie es nicht weiter verwundern konnte bei zwei heranwachsenden Mädchen, deren Haus voll von Haargummis war und nach Badeschaum duftete, endete das Ganze in einer umfassenden Schönheitskur für unser Schwein.

In Eimern holten wir warmes Seifenwasser aus der Küche und noch mehr warmes Wasser für die anschließende Spülung. Wir benutzten Produkte, die man zur Hufpflege bei Pferden nimmt, um Christophers Hufe schön blank zu polieren. Er grunzte vor Wonne in seinem Pool. Nur wenn das Wasser zu kalt war, schrie er wie am Spieß, verstummte jedoch, kaum dass wir mit warmem Nachschub herbeigerannt kamen.

Schon bald vergrößerte sich die Kinderschar. Unsere Lieblingsnachbarn brachten immer ihre Enkel vorbei, wenn die Familie aus Iowa zu Besuch kam. Dort gibt es auch viele Schweine, aber keine, die eine Spa-Behandlung bekamen. Kelly, ein krebskrankes Teenagermädchen, kam immer nach der Chemo herüber. Chris, der inzwischen riesengroß und so stark war, dass er einen Holzstoß mit einem einzigen Nasenstupser umwerfen konnte, war zu ihr besonders sanft. Zwei Jungs, die mit ihren Eltern in Massachusetts lebten, hatten immer ihre tiefgekühlten Reste dabei, wenn sie nach Hancock kamen, und verfütterten sie an Chris. Einmal brachten sie sogar frische Schokoladen-Donuts mit, die sie brüderlich mit dem Schwein teilten. Zum ersten Mal im Leben erfuhr ich, wie viel Spaß es macht, mit Kindern zu spielen, und freute mich jeden Tag darauf.

Als die Mutter von Kate und Jane wieder die Schulbank drückte, um sich zur Therapeutin auszubilden, kamen die Mädchen nachmittags immer zu uns und blieben, bis ihre Mutter nach Hause kam. Howard brachte Jane zu ihren Fußballspielen, und ich half Kate bei den Hausaufgaben. Im Winter heizte Howard im Nachbarhaus ein, damit Lila es warm hatte bei ihrer Rückkehr. Immer wieder wurden wir nach drüben zum Dinner eingeladen, und wir machten mit den Mädchen Ausflüge. Wir besuchten die Farm, auf der Christopher geboren wurde, ein andermal fuhren wir zusammen ins nächste Naturreservat, um das Stinktier freizulassen, das wir bei uns im Hühnerstall mit einer Lebendfalle gefangen hatten. Bei einem Astronomie-Kongress in Vermont schliefen wir gemeinsam im Zelt. Wir backten Kekse, lasen Bücher, verbrachten die Feiertage zusammen.

Die »Ladys« merkten als Erste, was da vor sich ging. Anfänglich waren sie brav auf unserem Grundstück geblieben – nun begannen sie über die Steinmauer zu hüpfen, welche die beiden Gärten voneinander trennte, und fühlten sich überall zu Hause: Christopher Hogwood hatte unsere beiden Haushalte zusammengebracht, wir waren eine artenreiche Gemeinschaft geworden.

Christophers Ruhm wuchs mit seinem Leibesumfang. Mit fünf Jahren wog er mehr als siebenhundert Pfund. Kein

Wunder bei all dem Futter, das er an allen Ecken und Enden zugesteckt bekam. Wenn unsere Briefträgerin genug Gemüseabfälle beisammen hatte, legte sie eine gelbe Karte in unser Postfach, damit wir die Reste abholten. Opernarien schmetternd belieferte der Inhaber eines Käseladens Christopher eimerweise: Brotkanten, verklumpte Suppen, Anschnitte von Tomaten. Nachbarn brachten Äpfel, zu groß gewachsene Zucchini und Molke vom Käsemachen.

Ja, die Schar von Christophers Bewunderern umspannte schon bald den Globus. Ich hatte immer Fotos unseres prächtigen Schweins bei mir, um bei meinen Forschungsreisen zu den Geparden, Schneeleoparden und den großen Weißen Haien Eindruck zu schinden. Zu Hause war er ohnedies der Star.

Was hatte Christopher Hogwood an sich, dass er alle Menschen so für sich einnahm? Lila brachte es einmal auf den Punkt: Er war ein großer dicker Buddha, der uns lehrte zu lieben, was das Leben uns gibt. Selbst wenn es Schweinepampe ist.

Sein Futter liebte Chris fürwahr. Er liebte sein Wellnessprogramm und seine Streicheleinheiten. Er liebte Gesellschaft, ganz gleich, wer ihn besuchte – ob Kind oder erwachsen, ob krank oder gesund, mutig oder schüchtern, ob man ihm die Rinde einer Wassermelone reichte oder einen Donut oder nur eine leere Hand, die ihn hinter den Ohren kraulen wollte –, er begrüßte alles und jeden mit fröhlichem Grunzen. Kein Wunder, dass alle ihn vergötterten.

Tag für Tag beobachtete ich den paarhufigen Schweine-Buddha und lernte von ihm, die irdischen Gaben zu genießen: das goldene Licht der Sonne auf der Haut, die

Freude beim Spielen mit den Kindern. Neben Christopher Hogwoods großem Herzen und seinem massigen Körper wirkten meine Sorgen klein. Nach einem bewegten Leben voller Umzüge erdete er mich. Und nachdem meine Eltern mich verstoßen hatten, war es Christopher, der aus einem bunten Gemisch von Wahlverwandten eine *richtige* Familie entstehen ließ, die nicht den Genen zu verdanken ist, sondern allein auf Zuneigung beruht.

LAURA DE WECK
Zeitenwende

Ältere Frau

VERENA Das Erschreckende, wenn man älter wird, ist nicht, dass die Jahre, sondern auch die Jahrzehnte so schnell vorbeifliegen. Es kommt mir vor, als wär's gar nicht lange her, dass wir ins neue Jahrtausend hinein feierten. Wir sorgten uns, die Computer könnten abstürzen, überhaupt könne bei der Jahrtausendwende die Erde abstürzen. Aber nichts stürzte ab. Die Erde lebt, bloss ist sie zwanzig Jahre älter. Zwanzig. Zwei Jahrzehnte, für mich ist das viel, aber wenig für die Erde, könnte man denken. Doch falls wir so weitermachen, da sind sich die Wissenschaftler einig, wird die Erde mindestens ebenso schnell alt und mürbe wie wir Menschen. Innerhalb von hundert Jahren – und das ist großzügig gerechnet – kämen Falten, Müdigkeit, Krankheiten, Zerbrechlichkeit. Da würde ein kleiner Sturz gleich einen Bruch herbeiführen, eine kleine Entzündung gleich den Tod. Da können Sie sich vorstellen, dass es nicht lustig wird auf einer Erde, die schneller altert als man selbst.
Sie müssen sich schonen! Gesund essen! Sie müssen sich ausruhen, sagt mein Arzt. Jaja, tue ich, tue ich. Aber was

nützt es, wenn ich mich ausruhe und gesund esse, die Erde aber nicht? Wir schonen sie nicht, wir geben ihr immerzu schwer Verdauliches, wir gehen auf üble Weise mit ihr um. Aber was erzähle ich Ihnen, das wissen Sie ja. Vermutlich haben Sie es so oft gehört, dass Sie es nicht mehr hören können. Jaja, Herr Doktor, mach ich, mach ich. Ich schone mich, Schnaps trinke ich keinen mehr, Zigaretten lass ich auch weg! Und dann werde ich tags drauf den Kaffischnaps eben doch trinken, und zwar mit Schlagrahm obendrauf, gleich extra, haha! Warum? Wo ich weiss, dass der Schlagrahmschnaps mich ins Grab bringt?

Als ich noch ganz weit weg vom Grab war, als ich geboren wurde, nach dem Zweiten Weltkrieg, da blühte die Wirtschaft, da herrschte ein Frieden! Wir haben gefeiert, eingekauft, gegessen, geraucht und gelebt wie im Alkoholrausch. Dann kam der Kater. Dicker, schwerer Kater. Und nach diesem Kater die Ausnüchterung, und jetzt der Verzicht. Nie wieder! Nie wieder Atomkraftwerke! Ab jetzt nur noch Elektroauto, versprochen! Aber tags drauf greifen wir bestimmt wieder zu Atom und Erdöl, mit einem SUV obendrauf, haha, gleich extra! Obwohl wir wissen, dass uns das nicht guttut. Das muss uns kein Arzt sagen. Das wissen wir. Wir leben ja im Informationszeitalter. Nie war der Mensch so gut informiert. Wir haben die Videos mit den ertrinkenden Flüchtlingen gesehen, wir haben die Berichte über die Zwangslager in China gelesen, wir haben uns den Weltklimabericht kurz angeschaut. Wir wissen, was wir nicht tun.

Vielleicht wird das 2020er-Jahrzehnt dem Menschen so in Erinnerung bleiben: Das war die Periode, in der alle alles wussten, aber alle nichts taten. Das war eine seltsame Zeit. Wir wussten mehr, als wir taten. Wir waren irgendwie gelähmt, überfordert, wir wollten Wahres nicht wahrhaben. So werden wir vermutlich in zwanzig Jahren sprechen. Oder aber die 2020er-Jahre werden als das Jahrzehnt in Erinnerung bleiben, in dem endlich Widerstand geleistet wurde. #MeToo! Seawatch! Friday for Future! Black life matters! Das waren die 2020er-Jahre. Eine wilde Zeit. Wir sind aufgestanden. Haben rebelliert. Wir haben die Verhältnisse verändert, die Lügen aufgedeckt. Werden wir so in zwanzig Jahren sprechen?

Ach … Wie wir über die 2020er sprechen werden, hängt so oder so davon ab, was nach den 2020ern passiert. Ob es der Anfang von etwas Neuem war oder eben der Anfang vom Ende.

MARLEN HAUSHOFER
Die Verwandlung

Elisabeth war nun schon vierzehn Tage in Riesenbach. Sie war damals froh gewesen, daß man sie hierher geschickt hatte.

Entkräftet von der schweren Krankheit, hatte sie nichts gewünscht, als aus der Stadt, in der die Hölle ausgebrochen schien, zu entkommen. Sie hatte gehofft, hier in Riesenbach Frieden und Erholung zu finden, aber in Wahrheit fühlte sie sich ruheloser als je zuvor.

Das Dorf war voll evakuierter Frauen und Kinder, die alle nur mit ihrem eigenen Schicksal beschäftigt waren, auch war Elisabeth viel zu scheu, um sich an sie anzuschließen, und letzten Endes hatte sie auch gar kein Bedürfnis danach.

Meist half sie der Bäuerin in der Küche oder im Garten, aber ein wenig geistesabwesend und ohne Freude an der Arbeit. Die Leute waren gut zu ihr, sie wurde auch nicht schlecht dafür bezahlt. Sie hatte sogar eine eigene Dachkammer bekommen, im Gegensatz zu den beiden Flüchtlingsfamilien, die auf dem Dachboden auf Strohsäcken schliefen.

Manchmal saß sie halbe Tage in ihrer Kammer und sah vor sich hin, betäubt und schwindlig wie jemand, der einen heftigen Schlag gegen den Kopf bekommen hat. In den

Nächten schlief sie schlecht und weinte viel – erst jetzt begann ihr klarzuwerden, daß ihr Vater wirklich tot war und sie ihn nie wieder sehen würde.

Das kräftige Essen konnte sie nur schlecht vertragen, und wenn die Bäuerin schalt und ihr sagte, sie solle mehr essen und lieber an die Luft gehen, statt in der Küche zu stehen, ging sie gehorsam vor das Haus, setzte sich auf die Bank und streichelte die graue Katze, bis ihre Hand müde in den Schoß fiel.

Auch heute hatte sie den ganzen Tag in der Küche gearbeitet. Sie ging zum Fenster ihrer Kammer und beugte sich hinaus. Der Fluß war aus seinen Ufern getreten und hatte die Auen überschwemmt. Riesige Weidenbüsche ragten aus dem graugrünen Gewässer und schimmerten silbrig im letzten Abendlicht.

Die Landschaft schien ihr mit einemmal ganz vertraut, so als hätte sie schon vor langer Zeit hier gelebt. Und dann erinnerte sie sich an das Haus ihrer Großeltern mit der Flucht großer, ein wenig düsterer Zimmer und an die ungeheuren Apfelbäume mit den dunklen Laubkronen.

Sie mußte fünf Jahre gewesen sein, und ihr Vetter, damals ein junger Student, der seine Ferien zu Hause verbrachte, hatte ihr eine Schaukel an einem dieser Bäume befestigt. Sie dachte plötzlich daran, daß sie ihm damals wie ein Hündchen den ganzen Tag nachgelaufen war und er sie mit großer Geduld ertragen hatte. Sonderbar, daß ihr diese alten Geschichten gerade heute einfallen mußten.

Als sie im Bett lag, fächelte ein kühler Wind, der von den überschwemmten Wiesen aufstieg, über ihr Gesicht.

Sie hatte sich schlecht abgetrocknet und fühlte einen

großen Tropfen über ihre Schläfe rollen, aber als sie die Hand zum Gesicht heben wollte, kam ihr der Schlaf zuvor und ließ sie schwer zurücksinken.

Es war ganz dunkel, als sie die Augen aufschlug. Sie wußte gar nichts von sich und lauschte erstaunt dem Pochen ihres Herzens. Sie hatte geträumt – irgend etwas Warmes und Freundliches, worauf sie sich nicht mehr besinnen konnte. Das Lächeln des Traumes spürte sie noch um die Lippen. Es schien noch nicht sehr spät zu sein. Von irgendwoher kam ein schnarrendes Geräusch – eine Uhr wurde aufgezogen, der Bauer ging wohl erst zu Bett.

Dann erinnerte sie sich. Ihr Vater hatte in seinem Zimmer die Uhr aufgezogen, das war es gewesen. Wie war es möglich, daß sie ihn noch vor wenigen Augenblicken gesehen hatte, seine hohe, ein wenig vorgeneigte Gestalt in der braunen Hausjacke und den engen Hosen mit den grünen Streifen an der Seite? Das gelbliche Licht der Leselampe war auf seine Hand gefallen und hatte ihr jedes Härchen auf dieser Hand gezeigt, die blauen Venen und die weißen, brüchigen Nägel. War das alles, was von einem Menschen blieb?

Wenn ich sterbe, dachte sie, wird er endgültig tot sein. Niemand wird dann noch wissen, wie seine Hand ausgesehen hat, niemand sich an jene kleine, atlasglänzende Narbe an seiner linken Daumenwurzel erinnern.

Eine quälende Sehnsucht nach dem Traumbild überfiel sie. Es schien ihr, etwas in ihrem Leben, was einen bösen Riß erlitten hatte, müßte dann wieder gut werden. Aber nichts zeigte sich vor ihren Augen als die Dunkelheit der halben Nacht.

Eine Ahnung davon ging ihr auf, daß jeder Mensch mit seiner Kindheit sein Geschick vorgezeichnet bekam.

Gewiß, ihr waren unbegreifliche Dinge geschehen, man hatte sie aus ihrem dämmernden Kinderdasein gerissen und sie in einen Abgrund von Furcht und Haß gestürzt. Alles dies wäre in normalen Zeiten nicht geschehen. Auch ihr Vater hätte dann in seinem sauberen weißen Bett sterben dürfen, statt in einem finsteren Kellerwinkel zu verbluten.

Aber sie glaubte jetzt zu wissen, daß dieses Sterben ihn nicht allzusehr erschreckt haben konnte. Im Grunde war es ja gar nicht der ihm angemessene Tod, den er da unter schmutzigen Trümmern erlitten hatte – ein häßliches Versehen, sonst nichts. Einem Mann, der fünfundsechzig Jahre Zeit gehabt hat, er selbst zu werden, kann ein solcher Zufall nichts mehr anhaben.

Und einmal – heute schien ihr das ganz gewiß – würde auch sie zurückfallen in die Hände des gütigen alten Vatergottes ihrer Kindheit. Aber es war so schwer, bis dahin das Rechte zu tun und endlich zu erfahren, was von ihr verlangt wurde.

Was hatte sie schon getan in ihrem Leben?

Es war kein Verdienst gewesen, Papa zu pflegen, so gut es in ihren Kräften stand, sondern ein großes Glück. Stets, solange sie sich zurückerinnern konnte, hatte sie nur das getan, was sie glücklich machen konnte.

Manchmal hatte sie gewünscht, sterben zu dürfen, um dem Leben, das ihr unerträglich schien, entfliehen zu können. Was wollte sie eigentlich hier in Riesenbach? Sich erholen, Milch trinken, Butterbrote essen und spazierengehen, während Tausende andere in jener Hölle zurückgeblieben waren?

Sie seufzte tief auf, streckte die nackten Arme in die Dunkelheit und flüsterte: »Gib mir ein Zeichen ...«

Der Duft der jungen Wiesen vermischte sich mit dem Schlammgeruch des Wassers und erfüllte den Raum bis in den letzten Winkel, der Geruch eines Sterbezimmers, süß und durchdrungen von leichtem Verwesungshauch.

Es war wie ein Schlag gegen ihre Brust.

Nein, dachte sie verstört, das nicht, bitte ...

Ihr Mund war so trocken, daß sie nicht schlucken konnte. Endlich löste sich etwas in ihrem Herzen, sie fühlte, wie das Blut daraus zurückfloß und daß ihre Stirne kalt und feucht war. Zum erstenmal erkannte sie den Tod und erwachte aus der langen Bewußtlosigkeit der Jugend und Kindheit. Es war nicht so, wie sie gedacht hatte – friedlich und erlösend –, es war schrecklich und würgend.

Sie starrte in die Dunkelheit und dachte: Ich will nicht – ich will nicht ... Dabei hielt sie den Atem an und bewegte kein Glied ihres Körpers, als suche sie zu verhindern, daß jemand auf sie aufmerksam werde. Jener große Jemand, der ihre Gedanken belauscht und ihr als Antwort eine Handvoll seines betäubenden Geruches durchs Fenster geworfen hatte.

Es dauerte lange Zeit, ehe sie wieder denken konnte. Sie wandte sich vorsichtig zur Seite, verbarg die Arme unter der Decke und schloß die Augen.

»Lieber Gott«, betete sie lautlos, »schick mir einen blühenden Apfelbaum« – und ein wenig später, schon im Halbschlaf – »es kann auch ein Kleefeld sein ...«

Am späten Vormittag erst erwachte sie, weil die Sonne auf ihr Gesicht brannte. Während sie sich mit dem Handtuch abrieb, beschloß sie, einen langen Spaziergang zu machen.

Sie wählte jenen Weg, der vom Fluß in ein breites Tal führte. Rechts und links von der Straße lagen niedrige Häuser und kleinere Gehöfte. Elisabeth schienen sie sehr vertraut in ihrer kalkweißen Besonntheit, mit den grünen Blumenstöcken vor den Fenstern. Das ganze Tal war voll Sonnenschein, jungem Gras und runden Obstbäumen.

Zu beiden Seiten eines kleinen Baches, der ein wenig über seine Ufer getreten war, wuchsen große Weidenbüsche, die sie zum Rasten einluden.

Sie setzte sich, als die Sonne schon heftig auf ihren Rücken brannte, in das Ufergras, zog die Schuhe aus und ließ die Füße ins Wasser hängen. Die eisige Kälte drang ihr bis zum Herzen und ließ sie leise aufschreien. Aber bald gewöhnte sie sich daran, der Bach begann zutraulich zu werden und liebkoste ihre Knie mit kleinen weißen Schaumflocken.

Sie trennte sich nur ungern von ihm. Ihre Beine waren rot, und der Wind prickelte angenehm auf der Haut.

Die Straße schien sich endlos hinzuziehen, und bald war Elisabeth so von Sonne durchglüht, daß sie selber in kleinen, gelben Wellen Hitze auszuströmen glaubte. Sie legte ihre Hand auf den Kopf und fühlte ihr Haar, das sich trocken und warm wie Heu anfaßte.

Einmal schloß sich ihr ein kleiner Bub an und trabte eine Weile neben ihr her. Er mußte einen Brief zum Tierarzt tragen, weil die Kuh einen Nagel verschluckt hatte.

Das Leiden des unbekannten Tieres fiel wie ein Schatten über den Weg, aber dann vergaß Elisabeth die Kuh, denn sie bekam eine Geschichte zu hören von einer Futterschneidmaschine, die gebrochen war und die im Dorf niemand richten konnte. Das Ganze blieb ein wenig dunkel, weil ihr kleiner Begleiter beim Sprechen ein Büschel Grashalme durch die Zähne zog und bei jedem Satz geräuschvoll ausspucken mußte.

Die Angelegenheit schien ihm aber sehr nahezugehen, denn seine runde Kinderstirn hatte sich in Falten gelegt, und er stöhnte von Zeit zu Zeit leise vor sich hin, woran aber auch die Hitze schuld sein konnte. In der nächsten Biegung schwenkte er auf einen Wiesenweg ab und lief geräuschlos auf nackten Sohlen davon.

Elisabeth sah ihm eine Weile nach, aber er wandte sich nicht um. Sein kleines Hirn steckte voll kranker Kühe und zerbrochener Maschinen, und er hatte die fremde Frau schon wieder vergessen.

Sie fühlte sich jetzt ein wenig müde. Als sie ein größeres Haus am Bach liegen sah, schritt sie darauf zu und setzte sich unter einen Nußbaum auf die Bank.

Nach einer Weile trat eine junge Frau aus dem Haus und betrachtete sie schweigend vom Brunnen aus. Gleich darauf kam sie mit einem Glas Milch und einem Stück Schwarzbrot. Plötzlich spürte Elisabeth, daß sie hungrig war. Die Frau saß neben ihr, die Hände in die blaue Schürze gewickelt, und sah ihr mit freundlicher Neugierde zu.

Ganz bewußt gab Elisabeth sich dem Genuß des Essens und Trinkens hin, dann lehnte sie sich an den Stamm des Nußbaumes.

Die Frau ging ins Haus zurück und kam wieder mit einem Kinderwagen, den sie unter den Baum schob.

Elisabeth sah das bläulichblasse Gesichtchen eines Säuglings und seine Hände, die auf der blaugewürfelten Decke zuckten. Wie der blasse Trieb einer Pflanze schien das kleine Wesen mit dem jämmerlich verzogenen Mund und den geschlossenen durchsichtigen Lidern.

Nachdem die Frau das Glas mit sich genommen hatte und nicht mehr zurückkam, blieb Elisabeth bei dem Kind sitzen und wehrte die Fliegen ab, die es bald ganz bedeckten.

Aus dem Haus drang das Geräusch streitender Stimmen.

Sie wäre gern weitergegangen, aber sie konnte doch nicht das hilflose Geschöpf in diesem Schwarm von Ungeziefer zurücklassen. Es war anstrengend, fortwährend nach vorn geneigt zu sitzen und mit dem Nußzweig zu fächeln, aber es war von Erfolg begleitet. Das kleine, kummervolle Gesichtchen entfaltete sich und wurde still und zufrieden.

Aus der winzigen Öffnung des Mundes sickerten ein paar Milchtropfen, die sie vorsichtig mit dem Tuch wegtupfte.

Je länger sie so saß, desto mehr verwandelte sich ihre Ungeduld in ein Gefühl des Nicht-versäumen-Könnens. Auf eine rätselhafte Weise schien es ihr ganz dasselbe zu sein, ob sie hier dem schlafenden Säugling die Fliegen abwehrte oder zwischen den blühenden Bäumen dahinschritt.

Ein großer, ruhiger Herzschlag bewegte alles – langsam und ohne Hast.

Die dunkle Bedrohung der Nacht bedrückte sie nicht mehr. Ein Beschluß würde zu seiner Zeit gefaßt werden –

er war nicht wichtiger als dieses winzige Menschenkind mit den zuckenden weißen Fingerchen.

Erst als der Schatten des Baumes ein gutes Stück gewandert war, kam die Frau und holte ihr Kind.

Sie lud Elisabeth ein, zum Essen zu bleiben, aber die dankte freundlich und ging zur Straße zurück, ein wenig steif vom Sitzen auf der harten Bank.

Das Tal lag nun im Schatten und war eine einzige große Verlockung. Elisabeth wünschte, in den feuchten Wiesen zu liegen und durch die rosiggrünen Zweige der Apfelbäume in den verblassenden Himmel zu schauen. Aber während sie das wünschte und die Feuchtigkeit der regengetränkten Erde an ihrem Körper zu spüren glaubte, schritten ihre Füße brav und gleichmäßig auf der Straße dahin.

Einmal begegnete ihr ein Mann, der vom Feld heimkam und ein paar Ziegen am Strick nachzog. Ein Zicklein, das frei umhersprang, blieb mit gespreizten Beinen vor Elisabeth stehen und neigte den Kopf zum Angriff. Als sie ihm die weichen Ansätze der Hörner kraulte, machte das Tierchen einen erschreckten Sprung und schnüffelte neugierig an der ausgestreckten Hand. Die mochte noch nach Milch und Brot riechen, denn das Tierchen faßte Mut und begann daran zu lecken.

Schade, dachte Elisabeth, als es fortgesprungen war. Sie trocknete ihre nasse Hand im Gras ab.

Der Wind kam nun von hinten und wehte ihr Haar wie eine Fahne über die Stirn. Er breitete ihr Kleid aus und trug sie rasch vorwärts.

Als sie in ihre Kammer ging, sah sie auf einer alten Matratze auf dem Dachboden eine der Frauen kauern und ihr

Kind stillen. Sie nickte ihr zu, und die junge Mutter lächelte dunkel zurück. Ein Hauch feuchter, quellender Weiblichkeit strömte von ihr aus. Auf ihrem Leibchen waren zwei nasse, runde Flecke, offenbar hatte sie zuviel Milch für ihr winziges Kind.

Gerne hätte Elisabeth ihr über das glänzend braune Haar gestrichen. Sie wußte nicht warum, aber diese junge Frau mit ihrem häßlichen Kind und den Milchflecken auf dem Kleid schien ihr gut und lobenswert.

Staunend erinnerte sie sich daran, daß sie sich früher immer abgestoßen gefühlt hatte von einer so offen zur Schau gestellten Fruchtbarkeit.

Etwas geschieht mit mir, dachte sie verwirrt, und dann, als sie die Tür zu ihrer Kammer öffnete, wußte sie plötzlich, was sie zu tun hatte.

Eine tiefe Freude und Ruhe kamen damit über sie.

HENRY DAVID THOREAU

Wo und wofür ich lebte

Zu einer gewissen Periode unseres Lebens gewöhnen wir uns daran, jedes Fleckchen Erde im Hinblick darauf anzusehen, ob es nicht eventuell ein guter Platz für unser Haus wäre. So habe ich die Gegend nach jeder Richtung im Umkreis von zwölf Meilen von meinem Wohnplatz aus besichtigt. Im Geiste kaufte ich alle Farmen auf, eine um die andere, denn jede war zu haben, und ich kannte ihren Preis. Ich ging mit jedem Farmer das Gut ab, versuchte seine wilden Äpfel, besprach mich über Ackerbau mit ihm, nahm seine Farm zum verlangten Preis, zu jedem Preis, und ließ die Hypothek im Geiste übertragen. Ich setzte selbst einen höhern Preis an – nahm alles an, nur keinen Vertrag, nahm sein Wort für einen Vertrag, denn ich plauderte immer gern, kultivierte das Gut und sicherlich ihn dazu in gewissem Maß, und wenn ich das Vergnügen lang genug genossen hatte, so zog ich mich zurück und überließ ihm das übrige. Diese Experimente waren schuld daran, daß ich von meinen Freunden als eine Art Realitätenmakler angesehen wurde. Wo ich gerade saß, da wollte ich mich dauernd niederlassen, und die Landschaft erstreckte ihre Radien dementsprechend von mir aus ins Weite. Was ist ein Haus anderes als ein *sedes,* ein Sitz? – Um so besser, wenn es ein Landsitz ist. Ich entdeckte manchen Platz für ein

Haus, der voraussichtlich nicht zu bald im Preise steigen würde, weil ihn mancher wohl für zu weit vom Dorfe entfernt finden würde; meiner Ansicht nach war aber das Dorf zu weit von ihm entfernt. »Gut, hier könnte ich leben«, sagte ich; und da lebte ich eine Stunde lang ein Sommer- und ein Winterleben, stellte mir vor, wie ich die Jahre vorüberziehen lassen, mich durch den Winter schlagen und den Frühling einziehen sehen könnte. Die zukünftigen Bewohner dieser Gegend dürfen überzeugt sein, daß, wohin sie auch ihre Häuser stellen mögen, ihnen dabei schon einer zuvorgekommen ist. Ein Nachmittag genügte, das Land in Obstgarten, Gehölz und Weideland abzuteilen und darüber zu entscheiden, welche schönen Eichen oder Fichten verschont werden und vor dem Hause stehenbleiben sollten und von welcher Stelle aus jeder vom Blitz getroffene Baum sich am besten ausnahm; dann ließ ich alles wieder liegen, vielleicht brachliegen, denn der Mensch ist um so reicher, je mehr Dinge er liegenlassen kann.

Meine Einbildung führte mich soweit, daß ich schon das Vorkaufsrecht bei mehreren Farmen hatte – das Vorkaufsrecht war alles, was ich wollte –, aber niemals verbrannte ich mir die Finger an wirklichem Besitz. Am nächsten geriet ich noch daran, als ich Hollowell kaufte. Ich hatte schon meine Saat auszulesen angefangen und Material zur Herstellung eines Schubkarrens gesammelt, womit ich sie davonfahren wollte. Aber ehe der Besitzer mir den Vertrag aushändigte, besann sich seine Frau – jedermann hat eine solche Frau – eines andern und wollte das Gut behalten; also bot er mir zehn Dollar, damit ich ihn freigäbe. Nun hatte ich aber, um die Wahrheit zu gestehn, nur zehn Cent in der ganzen Welt zu eigen, und es überstieg meine Rechenkunst, zu sagen, ob ich der Mann war, der zehn Cent oder eine Farm oder zehn Dollar oder alles zusammen hatte. Wie dem auch sei, ich ließ ihm seine zehn Dollar und die Farm, denn ich war mir weit genug gegangen; oder vielmehr: um großmütig zu sein, verkaufte ich ihm die Farm um denselben Preis, für den ich sie von ihm gekauft hatte, schenkte ihm, da er kein reicher Mann war, zehn Dollar, und hatte noch immer meine zehn Cent übrig, nebst Saatgut und dem Material zu einem Schubkarren. Ich fand so, daß ich ein reicher Mann gewesen war, ohne daß meine Armut dadurch Einbuße erlitten hätte. Die Landschaft aber behielt ich und habe seither alljährlich das, was sie hervorbrachte, ohne Schubkarren davongetragen. Denn:

Ich bin König, so weit als das Auge mir reicht,
Mein Recht kann mir keiner bestreiten.*

Ich sah oft einen Dichter sich von der Farm entfernen, nachdem er deren wertvollsten Teil genossen hatte, während der mürrische Besitzer glaubte, daß er sich nur ein paar wilde Äpfel angeeignet habe. Der Besitzer weiß es viele Jahre lang überhaupt nicht, daß der Dichter sein Besitztum in Reime setzte, es so mit dem denkbar schönsten unsichtbaren Gitter umzog und einhegte, die Kühe molk,

---

* I am monarch of all I survey,
  My right there is none to dispute.
  Aus William Cowpers ›Verses supposed to be written by Alexander Selkirk‹ (1782), dem geschichtlichen Vorbild für Defoes ›Robinson Crusoe‹.

den Rahm abschöpfte und mitnahm und ihm nichts übrig ließ als die Magermilch.

Was mir die Hollowell-Farm so anziehend machte, waren: ihre vollkommene Abgelegenheit, denn sie lag zwei und eine halbe Meile vom Dorf und eine halbe Meile vom nächsten Nachbargute entfernt und war von der Landstraße durch ein breites Feld getrennt; die dichte Nähe des Flusses, der, wie der Besitzer sagte, sie im Frühling durch seine Nebel vor Frösten bewahrte, was mir übrigens einerlei war; die graue Farbe und der ruinöse Zustand des Hauses und Stalles und die zerfallenen Umfassungsmauern, die einen Zeitraum zwischen mich und den letzten Bewohner einschoben; die hohlen und flechtenbedeckten Apfelbäume, die von Kaninchen angenagt waren und mir zeigten, welcher Art meine Nachbarn sein würden; vor allem aber die Erinnerung an meine ersten Fahrten den Fluß hinauf, wo das Haus hinter einer dichten Gruppe roter Ahornbäume versteckt lag, hinter denen ich den Hund bellen hörte. Ich beeilte mich mit dem Kauf, damit der Eigentümer nicht mehr imstande sei, einige Felsen herauszunehmen, den hohlen Apfelbaum umzuhauen und einige junge Birken auszugraben, die auf der Weide emporgewachsen waren, kurz, ehe er irgendwelche Verbesserungen vornehmen konnte. Um aller dieser Vorteile teilhaftig zu werden, betrieb ich den Kauf. Ich war bereit, wie Atlas die Welt auf meine Schultern zu nehmen – was er eigentlich für eine Belohnung dafür bekam, habe ich nie erfahren können – und alle die Dinge zu tun, wofür ich keinen andern Grund, keine andere Entschuldigung hatte, als daß ich dafür bezahlen und dann ungestört in ihrem Besitz bleiben durfte; denn ich wußte die ganze Zeit über, daß ich die reichste Ernte von der Gattung, die ich mir wünschte, erzielen würde, wenn ich es nur fertigbringen konnte, alles seinen Gang gehen zu lassen. Aber die Sache ging schließlich aus, wie ich erzählte.

Alles also, was ich in bezug auf den Ackerbau in größerem Maßstabe sagen kann (einen Garten hielt ich mir immer), war, daß ich meine Aussaat vorbereitet hatte. Viele sind der Ansicht, daß der Samen mit den Jahren besser wird. Ich bezweifle nicht, daß die Zeit den guten von dem schlechten sichtet, und wenn ich dann schließlich säe, werde ich weniger einer Enttäuschung ausgesetzt sein. Ich möchte aber meinen Mitmenschen ein für allemal raten, so lang als möglich frei und unbelastet zu bleiben. Es macht nur wenig Unterschied, ob man auf seinem Gut sitzt oder im Gefängnis.

Der alte Cato, dessen Buch ›De re rustica‹* mein ›Landmann‹ ist, sagt (die einzige Übersetzung, die ich gesehen habe, macht baren Unsinn aus der Stelle): »Wenn du daran denkst, dir ein Gut zu kaufen, so überlege es dir wohl. Kaufe nicht gierig, noch spare die Mühe, es anzusehen, und glaube nicht, daß es genug sei, es einmal zu durchgehen. Je öfter du es ansiehst, desto besser wird es dir gefallen, wenn es gut ist.« Ich glaube, ich kaufe nicht gierig, sondern ich gehe darin herum, solange ich lebe, und lasse mich erst darin begraben, damit es mir zum Schluß um so besser gefällt.

Das jetzige, mein nächstes Experiment dieser Art, habe ich vor, ausführlicher zu beschreiben, indem ich der Be-

---

* ›Vom Ackerbau‹, Kap. 1; dasselbe Werk wie das obengenannte ›De agricultura‹.

quemlichkeit halber die Erfahrungen zweier Jahre in eines zusammenziehe. Wie ich schon sagte, beabsichtige ich nicht, eine Ode an die Niedergeschlagenheit* zu singen, sondern so vergnügt wie der Gockel auf seinem Steig am frühen Morgen zu krähen, und wäre es nur, um meinen Nachbarn aufzuwecken.

Als ich anfing, meinen Wohnsitz im Walde aufzuschlagen, das heißt, nicht nur den Tag, sondern auch die Nacht dort zu verbringen, was zufällig auf den Unabhängigkeitstag, den 4. Juli des Jahres 1845 traf, war mein Haus noch nicht für den Winter fertig, sondern bot nur einstweilen gegen Regen Schutz, war ohne Bewurf, ohne Kamin und hatte Wände aus rauhen wetterfleckigen Brettern mit klaffenden Ritzen, die dafür sorgten, daß es in der Nacht kühl blieb. Die geraden, weißen, behauenen Pfosten und neugehobelten Türen- und Fensterrahmen gaben ihm ein sauberes, luftiges Aussehen, besonders morgens, wenn das Holz mit Tau gesättigt war, so daß ich denken mußte, am Mittag würden würzige Harztropfen hervorquellen. In meiner Phantasie behielt es den ganzen Tag mehr oder weniger diesen morgenfrischen Charakter. Es erinnerte mich an ein Haus auf einem Berg, das ich im vorigen Jahr besucht hatte. Das war eine luftige Hütte, ohne Bewurf, die würdig gewesen wäre, einem wandernden Gotte Obdach zu bieten; eine Göttin dürfte darin ihre Gewänder nachschleppen lassen. Die Winde, die über mein Haus hinzogen, waren solche, wie sie über Bergesgipfel brausen; sie tragen gebrochene Klänge, nur die himmlischen Bestandteile irdischer

---

* Anspielung auf ein bekanntes Gedicht von S. T. Coleridge (1772–1834).

Musik, zu mir herüber. Der Morgenwind weht immerfort, das Gedicht der Schöpfung klingt ununterbrochen weiter, aber nur wenige Ohren vermögen es zu hören. Überall außerhalb der Erde ist der Olymp.

Das einzige Haus, das ich je vorher besessen hatte, war, wenn ich mein Boot nicht mit einrechne, ein Zelt, das ich gelegentlich benützte, wenn ich im Sommer Ausflüge machte, und das noch zusammengerollt auf meinem Speicher liegt. Aber das Boot ist, nachdem es von Hand zu Hand gegangen war, auf dem Strom der Zeit von dannen getrieben worden. Mit dem soliden Obdach über mir, hatte ich nun einige Fortschritte in der Kunst der Niederlassung auf dieser Welt gemacht. Der so leicht gefügte Holzbau war wie eine Art Kristallbildung für mich und wirkte zurück auf den Erbauer. Es erinnerte mich an die Skizze eines Bildes. Ich brauchte nicht auszugehen, um frische Luft zu schöpfen, denn die Atmosphäre drinnen hatte von ihrer Frische nichts eingebüßt. Ich saß weniger innerhalb der Türen als hinter der Türe, selbst im regnerischsten Wetter. Die Harivansa sagt: »Eine Wohnung ohne Vögel ist wie Fleisch ohne Gewürz.« So war meine Wohnung nicht, denn ich war plötzlich den Vögeln ein Nachbar geworden, nicht indem ich sie einsperrte, sondern indem ich meinen Käfig in ihre Nähe versetzte. Ich war nicht nur einigen von jenen näher gerückt, die gewöhnlich unsre Gärten aufsuchen, sondern auch den scheueren und kräftigeren Sängern des Waldes, die nie oder selten dem Dorfbewohner ein Ständchen bringen: der Walddrossel, der Scharlach-Tanagra, der Nachtschwalbe, dem Feldsperling, dem Wendehals und vielen andern.

Am Ufer eines kleinen Teiches hatte ich mich angesiedelt, ungefähr anderthalb Meilen südlich von Concord, an einem etwas höher als dieses Dorf gelegenen Punkte, in dem großen, zwischen jenem Stadtgebiete und Lincoln sich ausbreitenden Walde, ungefähr zwei Meilen südlich von unserm einzigen rühmlich bekannten Felde, dem Schlachtfelde von Concord. Mein Haus lag aber so tief, daß das eine halbe Meile entfernte jenseitige Ufer, das wie alles übrige bewaldet war, meinen Horizont begrenzte. In der ersten Woche machte mir der Teich immer den Eindruck eines hoch oben auf einem Bergabhang gelegenen Sees, dessen Grund sich noch weit oberhalb des Spiegels anderer Seen befand. Wenn aber dann die Sonne emporstieg und er seine nebelwallenden Nachtgewänder abwarf, wurde hier und dort seine leicht gekräuselte oder klar spiegelnde Oberfläche sichtbar, während die Nebel sich nach allen Seiten in den Wald zurückzogen wie von einer nächtlichen Zusammenkunft heimkehrende Gespenster. Selbst der Tau schien hier wie an Bergabhängen länger an den Bäumen zu haften.

Dieser kleine See erwies sich als liebenswürdigster Nachbar in den Pausen zwischen leichten Regenschauern im August, wenn bei vollkommen unbewegter Luft und ebensolchem Wasser, aber bedecktem Himmel schon der Nachmittag friedlich heitere Abendstimmung aushauchte und die Walddrosseln ringsum sangen, daß es von Ufer zu Ufer hallte. Ein solcher See ist nie glatter als um diese Zeit; da die klare Luftschicht über ihm seicht und von Wolken verdunkelt ist, so wird das Wasser, das voll von Lichtern und Reflexen ist, selbst zu einem niedrigeren Himmel, der um so bedeutender wirkt. Von der Spitze eines Hügels aus, wo kürzlich Holz geschlagen worden war, hatte ich einen schönen Ausblick nach Süden zu, über den Teich, durch eine weite Einbuchtung der Hügel, die dort das Ufer umsäumen. Ihre sanft gegeneinander geneigten Hänge erweckten den Gedanken, daß ein Fluß in jener Richtung durch das Waldtal fließen müsse; aber ein Fluß war nicht da. Ich sah über die nahen grünen Hügel nach etwas weiteren, höheren, mit bläulichem Schimmer den Horizont abgrenzenden Bergen. Stellte ich mich aber auf die Zehenspitzen, so konnte ich gerade noch einige Spitzen der fernen Bergketten im Nordwesten erblicken, tiefblaue, in den Himmel tauchende Zacken. In anderer Richtung aber konnte ich selbst von diesem Punkte aus nicht über die mich rings umgebenden Wälder hinaussehen. Es ist gut, wenn man Wasser in der Nachbarschaft hat, das der Erde Schwungkraft und Bewegung verleiht. Selbst der kleinste Quell bietet den Vorteil, daß man beim Hineinschauen sieht, daß die Erde kein Kontinent, sondern eine Insel ist. Dieser Vorteil ist so wichtig wie ein anderer: daß er die Butter frisch erhält. Wenn ich von diesem Gipfel aus über den Teich nach den Wiesen von Sudbury hinüberblickte, welche zur Zeit der Flut in ihrem übersiedenden Kesseltale durch die Strahlenbrechung in die Höhe gerückt erschienen wie eine Münze in einer Schüssel, so erschien mir die ganze Erde über dem Teich wie eine dünne Kruste Landes, die von dieser kleinen zwischengeschobenen Wasserfläche zur Insel gemacht und umspült wurde.

Obgleich der Blick von meiner Türe aus noch beschränkter war, so hatte ich doch nicht im geringsten das Gefühl der Bedrückung oder Beengung. Meine Phantasie fand Spielraum genug. Das niedere, mit Buscheichen bestandene Plateau, zu welchem sich das gegenüberliegende Ufer erhob, dehnte sich hinaus bis zu den Prärien des Westens, bis zu den Steppen der Tartarei und bot Platz genug für alle wandernden Menschenfamilien. »Niemand ist glücklich in der Welt als Wesen, die frei einen weiten Horizont genießen«, sagte Damodora, wenn seine Herden neuer, größerer Weideplätze bedurften.

Ort und Zeit waren vertauscht, und ich war jenen Räumen im Weltall und jenen Zeitabschnitten in der Geschichte, die immer die größte Anziehung für mich gehabt hatten, näher gerückt. Wo ich lebte, das war so weit fort, wie manche von Astronomen nächtlich betrachtete Region. Wir suchen uns gerne seltene angenehme Stellen in einer entlegenen himmlischeren Ecke des Weltsystems aus, hinter der Cassiopeia, allem Lärm, aller Störung entrückt. Ich entdeckte, daß mein Haus wirklich an einer solch entlegenen, ewig neuen, unentweihten Stelle des Universums lag. Wenn es der Mühe wert war, sich in jenen Gegenden in der Nähe der Plejaden oder Hyaden bei Aldebaran oder Altair niederzulassen, dann war ich wirklich dort oder gleich weit entfernt von dem Leben, das ich hinter mir gelassen hatte, und ein ebenso feiner Strahl wie von dort blitzte und glitzerte zu meinem Nachbar hinüber und konnte nur in mondlosen Nächten von ihm gesehen werden. So war die Stelle im Weltall beschaffen, auf der ich mich angesiedelt hatte. –

> Es war ein Schäfer, der lebte so frei
> Und hielt die Gedanken so hoch
> Wie die Berge, auf denen die Herde sein
> Weidend vorüber ihm zog.

Was müßten wir von dem Leben des Schäfers denken, wenn seine Herde immer zu höheren Weiden wanderte als seine Gedanken?

Jeder Morgen war eine frohe Aufforderung, mein Leben so einfach und, ich darf sagen, so unschuldig zu gestalten wie die Natur selbst. Ich war ein so aufrichtiger Verehrer der Aurora wie die Griechen. Früh stand ich auf und badete im Teich; das war eine religiöse Übung, eine der besten Handlungen, welche ich beging. Es heißt, daß auf der Badewanne des Königs Tsching-Tschang Zeichen eingegraben waren, welche bedeuteten: »Erneuere dich selbst jeden Tag; tue es wieder und wieder und in Ewigkeit wieder.« Das kann ich verstehen. Der Morgen bringt uns das heroische Zeitalter zurück. Ich wurde so gepackt von dem schwachen Summen einer Moskitofliege, die in der ersten Morgendämmerung ihren unsichtbaren und geheimnisvollen Umflug im Zimmer hielt, wenn ich bei offenen Fenstern und Türen dasaß, wie von irgendwelchem ruhmkündenden Trompetengeschmetter. Es war das Requiem Homers, eine Ilias und Odyssee der Luft, die ihren eigenen Zorn und ihre Irrfahrten besangen. Es war etwas Kosmisches daran; ein ewiger Bericht von der unzerstörbaren Jugendkraft und Fruchtbarkeit der Welt. Der Morgen, die wunderbarste Zeit des Tages, ist die Stunde des Erwachens. Jetzt ist am wenigsten Schlafsucht in uns, und eine Stunde lang wenigstens sind Kräfte in uns wach, die den ganzen übrigen Tag und die Nacht durch im Schlummer liegen. Wenig ist von dem Tag – wenn wir das überhaupt Tag nennen können – zu erwarten, zu dem nicht unser Genius uns erweckt, sondern das mechanische Rütteln eines Dienstboten; wenn wir nicht durch unsere neuerworbenen Kräfte und Bestrebungen von innen heraus, unter den Schwingungen himmlischer Töne – statt dem grellen Läuten der Fabrikglocken – und in balsamischer Luft zu einem höheren Leben, als das war, in welchem wir in Schlaf sanken, erweckt werden, auf daß die Finsternis ihre Früchte trage und sich als gut erweise, nicht weniger gut denn das Licht. Der Mensch, der nicht glaubt, daß jeder Morgen eine frühere, heiligere, heller im Morgenrot leuchtende Stunde umschließe als alle, die er bis jetzt entweiht hat, der verzweifelt am Leben und geht auf dunkeln Pfaden abwärts. Nach einem teilweisen Stillstand seines Sinnenlebens fühlt sich die Seele des Menschen (oder vielmehr fühlen sich die Organe der Seele) täglich neu gekräftigt, und sein Genius versucht aufs neue, das Leben edel zu gestalten. Alle denkwürdigen Ereignisse, möchte ich sagen, werden in Morgenstunden, in Morgenluft geboren. In den Vedas heißt es: »Alle Geisteskräfte erwachen am Morgen.« Poesie, Kunst und die schönsten, erhabensten Handlungen der Menschen werden von einer solchen Stunde gezeugt. Alle Dichter und Helden sind, wie Memnon, Kinder der Aurora und geben, wenn die Sonne aufgeht, Wunderklänge von sich. Für den, dessen elastische, rüstige Gedanken mit der Sonne Schritt halten, ist der Tag ein beständiger Morgen. Es kommt nicht darauf an, was die Uhr oder das Tun und Treiben der Menschen sagt. Morgen ist, wenn ich aufwache und der Tag in mir emporsteigt. Die Bemühung, den Schlaf abzuwerfen, ist moralische Reform. Warum geben die Menschen eine so armselige Rechenschaft über ihren Tag? Doch nur, weil sie im Schlafe lagen! Sie sind keine so schlechten Rechenmeister. Wenn sie nicht in Schlafsucht befangen gewesen wären, so hätten sie etwas getan. Millionen sind wach genug für physische Arbeit; aber nur *einer* unter der Million ist wach genug zu wirksamer geistiger Anstrengung, nur ein einziger unter hundert Millionen zu seinem poetischen, göttlichen Leben. Wachsein heißt leben. Noch nie habe ich einen Menschen getroffen, der ganz wach gewesen wäre. Wie hätte ich ihm ins Angesicht sehen können!

Wir müssen lernen, wieder wach zu werden und uns wach zu erhalten, nicht durch mechanische Mittel, sondern durch das unaufhörliche Erwarten des Sonnenaufgangs, welches uns nicht verlassen darf im tiefsten Schlaf. Ich kenne keine erhebendere Tatsache als die zweifellose Fähigkeit des Menschen, sein Leben durch bewußte Anstrengung auf einen höhern Standpunkt zu erheben. Es will etwas heißen, ein besonders schönes Bild malen, eine Statue meißeln, etwas Schönes hervorbringen zu können; aber es ist weit ruhmvoller, die Atmosphäre, das Medium selbst, durch welches wir hindurchblicken, zu malen und zu meißeln, was wir moralisch zu tun vermögen. Auf die Beschaffenheit des Tages selbst einzuwirken, das ist die höchste aller Künste. Jeder Mensch hat die Aufgabe, das Leben selbst in seinen Einzelheiten der Betrachtung seiner höchsten und kritischsten Stunde würdig zu gestalten. Wenn wir die armselige Information, die wir erhalten, zurückweisen oder aufbrauchen würden, so würden die Orakel uns deutlich mitteilen, wie dies geschehen könnte.

Ich zog in den Wald, weil ich den Wunsch hatte, mit Überlegung zu leben, dem eigentlichen, wirklichen Leben näherzutreten, zu sehen, ob ich nicht lernen konnte, was es zu lehren hatte, damit ich nicht, wenn es zum Sterben ginge, einsehen müßte, daß ich nicht gelebt hatte. Ich wollte nicht *das* leben, was nicht Leben war; das Leben ist so kostbar. Auch wollte ich keine Entsagung üben, außer es wurde unumgänglich notwendig. Ich wollte tief leben, alles Mark des Lebens aussaugen, so hart und spartanisch leben, daß alles, was nicht Leben war, in die Flucht geschlagen wurde. Ich wollte einen breiten Schwaden dicht am Boden mähen, das Leben in die Enge treiben und auf seine einfachste Formel reduzieren; und wenn es sich gemein erwiese, dann wollte ich seiner ganzen unverfälschten Niedrigkeit auf den Grund kommen und sie der Welt verkünden. War es aber erhaben, so wollte ich dies durch eigene Erfahrung erkennen und imstande sein, bei meinem nächsten Ausflug Rechenschaft darüber abzulegen. Denn die meisten Menschen scheinen mir in einer sonderbaren Ungewißheit darüber zu leben, ob es vom Teufel oder von Gott ist, und so haben sie einigermaßen übereilt geschlossen, daß der Hauptzweck des Menschen hier auf Erden sei: »Gott in Ewigkeit zu loben und zu preisen.«

Noch immer leben wir niedrig wie Ameisen, obgleich die Sage erzählt, wir seien schon vor langer Zeit in Menschen verwandelt worden. Wie Pygmäen kämpfen wir mit Kranichen; Irrtum häuft sich auf Irrtum und Flickwerk auf Flickwerk, und unsere besten Kräfte verwenden wir zu überflüssigen, vermeidbaren Jämmerlichkeiten. Unser Leben zersplittert sich in Kleinigkeiten. Ein Ehrenmann hat kaum nötig, mehr als seine zehn Finger abzuzählen; in außergewöhnlichen Fällen kann er ja seine zehn Zehen – und den Rest in Bausch und Bogen – hinzunehmen. Einfachheit, Einfachheit, Einfachheit! Laß deine Geschäfte zwei oder drei sein, sage ich dir, und nicht hundert oder tausend; statt eine Million zu zählen, zähle ein halbes Dutzend und führe Buch auf deinem Daumennagel! Über dieser brandenden See des zivilisierten Lebens gibt es so viele Wolken und Stürme, hier drohen so viele Klippen und tausend andere Dinge, denen Rechnung getragen werden muß, daß der Mensch, wenn er nicht Schiffbruch leiden, versinken und nie den Hafen erreichen will, schnell seinen Überschlag zu machen imstande sein muß. Und der, dem es gelingt, muß wirklich ein großer Rechenmeister sein. Vereinfache, vereinfache! Statt drei Mahlzeiten nimm, wenn es nötig ist, nur eine ein, statt hundert Gerichten iß fünf und reduziere das übrige im Verhältnis. Unser Leben ist wie Deutschland aus kleinen Staaten mit ewig wechselnden Grenzen zusammengesetzt, so daß selbst ein Deutscher nicht zu sagen vermag, welches gerade jetzt seine Grenzen sind. Und unsere Nation selbst mit all ihren sogenannten inneren Fortschritten, die übrigens alle äußerlich und oberflächlich sind, ist gerade solch ein schwerfälliges, veraltetes, mit allem Hausrat vollgepfropftes Institut, voller Schlingen und Fußangeln, ruiniert durch Luxus und leichtsinnige Ausgaben, durch Mangel an Berechnung und an einem würdigen Ziel, wie Millionen von Familien im Land. Die einzige Hilfe aber für die beiden ist äußerste Sparsamkeit, strenge und mehr als spartanische Einfachheit der Lebensführung und Erhöhung der Bestrebungen. Es wird zu schnell gelebt. Man glaubt, es sei zweifellos notwendig, daß die Nation Handel treibe, Eis exportiere, daß man durch den Telegraphen sprechen und dreißig Meilen in der Stunde fahren könne, ob man es nun tut oder nicht. Ob wir aber wie Paviane oder wie Menschen leben sollen, ist nicht ganz so sicher. Wenn wir aber, anstatt Schwellen herbeizuschaffen und Schienen zu schmieden und Tag und Nacht an die Arbeit zu wenden, an unserm *Leben* herumhämmern, um *dieses* zu verbessern, wer wird dann Eisenbahnen bauen? Und wenn keine Eisenbahnen gebaut werden, wie wollen wir zur rechten Zeit in den Himmel kommen? Bleiben wir aber zu Hause und kehren wir vor unserer eigenen Tür, wer braucht dann Eisenbahnen? Wir fahren nicht auf der Eisenbahn, sondern sie fährt auf uns. Habt ihr je darüber nachgedacht, was die Schwellen* sind, die darunter schlafen? Jede ist ein Irländer oder ein Amerikaner. Die Schienen werden darübergelegt, mit Sand werden sie zugedeckt, und der Zug läuft glatt darüber. Sie schlafen fest, diese Schwellen, ich versichere es euch. Alle paar Jahre werden sie ausgewechselt, neue werden gelegt, und es wird aufs neue darübergefahren, so daß, wenn einige das Vergnügen haben, auf den Schienen zu fahren, die andern das Unglück haben, überfahren zu werden. Wenn aber ein Mensch nachtwandelnd auf den Schienen geht – eine überflüssige Schwelle am falschen Platz – und überfahren wird, dann hält der Zug plötzlich still, und es wird ein Lärm und ein Geschrei gemacht, als ob das eine

---

* Wortspiel mit ›sleeper‹, das ›Schwelle‹ oder ›Schläfer‹ heißt.

Ausnahme wäre. Es freute mich zu hören, daß es auf jeder Fünfmeilenstrecke einer Abteilung von Männern bedarf, um die dort unten ruhenden Schwellen wohlgebettet zu erhalten, denn das ist ein Zeichen, daß sie vielleicht doch einmal wieder auferstehen werden.

Warum sollen wir in solcher Eile, solcher Lebensverschwendung leben? Wir sind entschlossen zu verhungern, ehe wir hungrig sind. Die Leute sagen, ein Stich zur rechten Zeit erspare neun, und machen deshalb heute tausend Stiche, um morgen die neun zu sparen. Was die *Arbeit* betrifft, so haben wir keine von irgendwelcher Bedeutung. Wir leiden am Veitstanz und können unmöglich unsere Köpfe stillhalten. Wenn ich nur ein paarmal an den Glockensträngen der Pfarrkirche zöge, als ob es brennte, das heißt: wenn ich das Sturmzeichen geben würde, so gäbe es kaum einen Mann auf seiner Farm in der Umgebung von Concord, der trotz seiner vielen dringenden Geschäfte, die heute morgen seine Entschuldigung bildeten, auch keinen Jungen, fast möchte ich sagen: keine Frau, die nicht alles stehen und liegen ließen, um diesem Zeichen zu folgen. Sie täten es vielleicht weniger, um das Besitztum den Flammen zu entreißen, als – um die Wahrheit zu gestehen – um es brennen zu sehen, da es denn doch brennen muß, und *wir*, das sei kundgetan, das Feuer nicht legten. Aber man kann auch beim Löschen zusehen und sich dabei beteiligen, wenn das ebenso leicht getan werden kann, selbst im Fall es die Pfarrkirche selber wäre. Hat einer nur ein halbstündiges Mittagsschläfchen gehalten, so richtet er, wenn er wach wird, den Kopf auf und fragt: »Was gibt's Neues?« Als ob die übrige Menschheit mittlerweile Wache gestanden wäre!

Manche lassen sich, zweifellos aus keinem andern Grund, alle halbe Stunde wecken, und dann erzählen sie zum Dank dafür ihre Träume. Nach dem Nachtschlaf sind die Neuigkeiten so unumgänglich notwendig wie das Frühstück. »Ich bitte dich, erzähle mir irgendwas Neues, das irgend jemand irgendwo auf dieser Erde passiert ist!« Und er liest bei seinem Kaffee und mürben Brötchen, daß heute früh einem Mann auf dem Wachito-Fluß mit dem Daumen ein Auge herausgedrückt wurde; dabei kommt ihm aber kein Gedanke daran, daß er selbst in der dunklen, unergründlichen Mammuthöhle dieser Welt lebt und selbst nur rudimentäre Augen besitzt.

Ich für meinen Teil könnte leicht ohne Post auskommen. Ich glaube, daß nur wenig wirklich wichtige Mitteilungen durch sie gemacht werden. In meinem Leben erhielt ich, um kritisch zu reden, nicht mehr als einen oder zwei Briefe – ich schrieb dies vor mehreren Jahren –, die ihr Porto wert waren. Die Pfennigpost ist gewöhnlich diejenige Anstalt, durch welche man im Ernst jemand den Pfennig für seine Gedanken offeriert, der so oft im Scherz angeboten wird. Daß ich niemals eine denkwürdige Nachricht aus einer Zeitung schöpfte, darüber bin ich ganz sicher. Wenn wir lesen, daß *ein* Mensch beraubt, ermordet oder zufällig getötet wurde, *ein* Haus abbrannte, *ein* Schiff unterging oder *ein* Dampfer in die Luft flog, *eine* Kuh von der Eisenbahn überfahren und *ein* wütender Hund getötet wurde oder daß *ein* Schwarm Heuschrecken im Winter angetroffen wurde, so brauchen wir das niemals wieder zu lesen. Einmal genügt. Wenn dir das Gesetz bekannt ist, was brauchst du dich um die Myriaden von Fällen und Anwendungen zu kümmern?

Dem Philosophen sind alle Neuigkeiten Geschwätz, und die es herausgeben und lesen, sind alte Teetanten. Dennoch aber sind nicht wenige begierig auf dieses Geschwätz. Neulich war, soviel ich hörte, auf einem der Postämter wegen der neuangekommenen ausländischen Nachrichten ein derartiger Andrang, daß einige große Glasscheiben durch den Druck zerbrochen wurden – Nachrichten, von denen ich überzeugt bin, daß sie ein einigermaßen heller Kopf zwölf Monate oder zwölf Jahre voraus hätte verfassen können. Was Spanien betrifft, so wird jemand, der es versteht, von Zeit zu Zeit im richtigen Verhältnis Don Carlos, die Infantin und Don Pedro, Sevilla und Granada spielen zu lassen – sie haben vielleicht seit den Tagen, da ich Zeitungen las, die Namen ein wenig verändert – und mit einem Stiergefecht aufzuwarten, wenn es an anderer Unterhaltung fehlt, auf den Buchstaben korrekt berichten und uns ein ebenso gutes Bild von dem genauen Stand oder Zerfall der Dinge in Spanien geben wie der gedrängteste und lichtvollste Artikel unter dieser Rubrik in der Zeitung. Was England anbelangt, so war die letzte wesentliche Neuigkeit aus jener Gegend die Revolution von 1649; und hat man Englands Ernteberitcht für ein Durchschnittsjahr gelesen, so braucht man sich damit nie mehr zu befassen, außer man beabsichtigt Spekulationen von rein pekuniärem Charakter in dieser Richtung. Wenn nun jemand, der selten in eine Zeitung hineinsieht, solche Dinge beurteilen darf, dann passiert nie etwas Neues im Ausland, eine Französische Revolution nicht ausgenommen.

Was Neuigkeiten! Wieviel wichtiger, das zu wissen, was nie alt war! »Kieou-he-yu (Großstatthalter des Staates

Wei) schickte einen Mann zu Khoung-tseu, um von ihm Nachricht zu erhalten. Khoung-tseu ließ den Boten neben sich niedersitzen und fragte ihn: ›Was treibt dein Herr?‹ Der Bote antwortete ehrfurchtsvoll: ›Mein Herr wünscht die Zahl seiner Fehler zu verringern, aber er kommt damit nicht zu Ende.‹ Als der Bote fort war, sprach der Philosoph: ›Welch tüchtiger Bote, welch tüchtiger Bote!‹« Der Prediger sollte, statt die Ohren seiner schläfrigen Bauern an ihrem Ruhetag am Ende der Woche – denn der Sonntag ist der passende Schluß einer schlecht verbrachten Woche, nicht der frische, wackere Anfang einer neuen – mit einer abgedroschenen Predigt zu ärgern, ihnen mit Donnerstimme zurufen: »Halt! Genug! Warum scheinbar so schnell und doch so tödlich langsam?«

Blendwerk und Betrug werden als unerschütterliche Wahrheiten angesehen, während die Wirklichkeit eine Fabel ist. Wenn die Menschen ruhig nur die Wirklichkeit beobachten und sich nicht blenden lassen wollten, so würde ihnen das Leben, um es mit etwas, das wir kennen, zu vergleichen, wie ein Feenmärchen, wie Erzählungen aus ›Tausendundeine Nacht‹ erscheinen. Wenn wir nur das achten wollten, was unvermeidlich ist und ein Recht auf Existenz hat, so würden die Straßen von Musik und Poesie erklingen. Wenn wir weise und ohne Eile sind, so sehen wir, daß nur große und würdige Dinge eine ewige und absolute Dauer haben, daß kleine Sorgen und kleine Freuden nur Schatten der Wirklichkeit sind. Dies ist immer erfreulich und erhebend. Indem sie ihre Augen schließen und schlummern und sich durch den Schein betrügen lassen, setzen die Menschen überall ihre tägliche Lebens- und Gewohnheitsroutine fest, die stets auf rein illusorischem Grunde aufgebaut ist. Die Kinder, die das Leben *spielen,* erfassen seine wahren Gesetze und Beziehungen richtiger als die Erwachsenen, die nicht fertigbringen, es würdig zu leben, sich aber durch Erfahrung, das heißt: das Fehlschlagen ihrer Pläne, für weiser halten. Ich las einst in einem Hindubuch: »Es war einmal ein Königssohn, der als Kind aus seiner Vaterstadt vertrieben und von einem Waldhüter aufgezogen wurde. Da er in diesem Stand heranwuchs, glaubte er, er gehöre zu dem Barbarengeschlecht, unter dem er lebte. Als ihn aber ein Minister seines Vaters fand, offenbarte er ihm, daß er ein Königssohn sei. So«, fährt der indische Philosoph fort, »verkennt die durch ihre Umgebung verirrte Seele ihren eigenen Rang, bis ihr durch einen heiligen Lehrer die Wahrheit offenbart wird und sie erkennt, daß sie *Bráhman* ist.« Wir Einwohner von Neuengland führen solch ein niedriges Leben, weil unser Blick nicht die Oberfläche der Dinge durchdringt. Wir glauben, daß das *ist,* was zu sein *scheint.* Wenn jemand diese Stadt durchwanderte, der nur das Wirkliche sähe, wo glaubt ihr, daß der ›Mühlweg‹ bliebe? Und wenn er uns über die gesehenen Wirklichkeiten berichtete, würden wir den Ort nach seiner Beschreibung nicht wiedererkennen. Sieh ein Versammlungslokal an, ein Gerichtshaus, ein Gefängnis, einen Laden oder ein Wohnhaus und sage, was das Ding vor dem Blick der Wahrheit wirklich ist – und alles zerfällt bei deinem Bericht in Stücke. Die Menschen achten die Wahrheit, wenn sie in weiter Ferne ist, in den Vorstädten des Weltsystems, hinter dem fernsten Stern, vor Adam und nach dem letzten Menschen. In der Ewigkeit ist fürwahr etwas Wahres und Erhabenes. Aber alle diese Zeiten, Orte und Gelegenheiten sind jetzt und hier. Gott selbst kulminiert im gegenwärtigen Augenblick und wird nicht göttlicher sein im Verlaufe aller Äonen. Wir sind nur dann imstande, alles Edle und Erhabene aufzufassen, wenn wir stets die uns umgebende Wirklichkeit in uns aufnehmen, uns von ihr ganz durchdringen lassen. Das Weltall entspricht beständig und gehorsam unseren Vorstellungen; ob wir langsam oder schnell reisen, der Weg ist uns vorgezeichnet. So laßt uns also unser Leben begreifend verbringen. Kein Dichter oder Künstler hatte je einen so schönen und erhabenen Plan, daß es nicht einem seiner Nachkommen gelungen wäre, ihn auszuführen.

Laßt uns unsern Tag mit soviel Überlegung verleben wie die Natur und uns nicht von jeder Nußschale, jedem Moskitoflügel, der auf unsern Pfad fällt, davon abbringen. Laßt uns früh aufstehen und fasten oder die Fasten brechen und frühstücken, ruhig und ohne Hast; laßt Besuch kommen, laßt Besuch gehen, die Glocken läuten und die Kinder schreien – wir wollen uns unseres Tages freuen. Warum sollten wir nachgeben und im Sturme untergehen? Laßt uns nicht kentern und in die Stromschnelle, den Wirbel hinuntergerissen werden, der die mittägige Untiefe so gefährlich macht und ›Mittagessen‹ genannt wird. Entrinne dieser Gefahr, und du bist gerettet, denn der übrige Weg geht bergab. Mit angespannten Sehnen und morgendlicher Kraft segle vorbei und blicke, an den Mast gebunden wie Odysseus, nach der entgegengesetzten Richtung. Wenn die Dampfpfeife geht, laß sie pfeifen, bis sie heiser wird. Wenn die Glocken läuten, was sollten wir da laufen? Wir wollen darüber nachdenken, was das für eine Art von Musik ist.

Wir wollen uns niedersetzen und arbeiten und durch den Schlamm und Kot der Meinungen, der Vorurteile, der Tradition, der Täuschung und des Scheines, der Anschwemmung, welche die Erdkugel bedeckt, durch Paris und London, durch New York, Boston und Concord, durch Kirche und Staat, durch Poesie, Philosophie und Religion hindurch unsere Füße wetzen und reiben, bis wir auf harten Boden und Felsen an einen Ort gelangen, den wir Wirklichkeit nennen und von dem wir sagen können: »Das *ist,* das ist kein Irrtum.« Und jetzt fange dein Werk an, nachdem du unter Schlamm, Eis und Feuer einen Stützpunkt gefunden hast, einen Platz, auf dem du eine Mauer oder einen Staat errichten oder in dem du einen Laternenpfahl oder vielleicht einen Pegel einrammen kannst, kein Nilometer, sondern ein Realometer, damit die künftigen Geschlechter sehen können, wie hoch der Schlamm des Betruges und Scheines von Zeit zu Zeit angeschwemmt wurde. Wenn du eine Tatsache von Auge zu Auge in Augenschein nimmst, so siehst du die Sonne an ihren beiden Oberflächen wie auf einem Schwerte schimmern, fühlst, wie seine süße Schärfe dir durch Herz und Mark dringt, und wirst auf diese Weise glücklich deine irdische Laufbahn zu Ende führen. Sei es Leben oder Tod, wir schmachten nur nach Wahrheit. Wenn wir wirklich sterben, so laßt uns das Röcheln in unserer Kehle hören, die Kälte in unseren Gliedern spüren; wenn wir aber leben, so laßt uns an unserem Werke arbeiten.

Die Zeit ist nur ein Fluß, in dem ich fischen will. Ich trinke daraus, aber während ich trinke, sehe ich seinen sandigen Grund und entdecke, wie seicht er ist. Seine schwache Strömung verläuft, aber die Ewigkeit bleibt. Ich möchte in tieferen Zügen trinken, im Himmel fischen, dessen Grund voll Kieselsterne liegt. Ich kann nicht einen zählen. Ich kenne nicht den ersten Buchstaben des Alphabetes. Das habe ich immer bedauert, daß ich nicht so klug bin wie der Tag, der mich geboren. Der Geist ist ein Spaltkeil; er sucht und bahnt sich seinen Weg in das Geheimnis der Dinge. Ich will mit meinen Händen nicht geschäftiger sein, als notwendig ist. Mein Kopf ist mir Hand und Fuß. Mein Instinkt sagt mir, daß mein Kopf ein Organ zum Bohren ist, wie es bei manchen Tieren Schnauze und Vorderpfoten sind, und mit ihm möchte ich meinen Weg durch diese Hügel bohren und graben. Die reichste Ader muß irgendwo hier in der Gegend sein, das sagen mir Wünschelrute und leicht aufsteigende Dünste; und hier will ich anfangen, Bergbau zu treiben.

WALTER E. RICHARTZ

Der Aussteiger

Erst, als ich schon fast entschlossen war, habe ich mich zu dem Telefongespräch mit Nina aufgerafft. Sie meldete sich natürlich mit Nachnamen. Ich sagte: »Hallo, ist dort Nina? – Sie kennen mich nicht, Nina, aber ich kenne Sie – auf einem Umweg. Ich möchte Sie bitten, mir zu helfen, ich möchte zu Ihnen kommen – obwohl ich nicht in Not bin. Verstehen Sie: Es geht mir gut, es geht mir blendend, ich verdiene brutto Fünftausend im Monat, ich habe ein gewisses Vermögen, das sich von Jahr zu Jahr vermehrt, mir fehlt nichts, mir kann nichts mehr passieren. Bedenken Sie: *Nichts mehr* kann mir passieren – also, Sie sehen schon, Nina, ich brauche dringend Hilfe!«

Ich kannte ja nur ein Bild von ihr, ihre Stimme kannte ich nicht. Sie sagte mit einem glockenhaften, vollen, fast schon matronenhaften Ton, etwas befremdet, aber schon verstehend: Es wird gehen; kommen Sie Sonntag – und nannte eine Adresse. Wirklich, sie ließ sich darauf ein! Das allein schon war – unerhört! Aber war ich einer solchen Plötzlichkeit, diesem blitzhaften Glück gewachsen?

Am Sonntag habe ich den ganzen Tag mit mir gerungen. Ich war müde, wollte immer nur liegen, nichts mehr von Wagnis in mir. Widerwillig erledigte ich Hausvaterpflichten, Rasenmähen, Briefkastenschloßölen; dabei murmelte ich oder sagte in Gedanken zu mir: Mach dich nicht lächerlich, Vater, mit deinem Bäuchlein, mit weißen Haaren zum Teil; will sich durch Abenteuer verjüngen, Kraft einsaugen, physisch ausbrechen – wie albern; laß das, Vater, du mußt so zurechtkommen; kannst nicht einfach weg ...

Natürlich war, was ich vorschob, Verantwortung, Mängelgefühle, sogar die Trägheit – keines davon der wahre Grund. Für den wahren Grund habe ich keine Worte. Also habe ich diese letzte Gelegenheit auch noch fahrenlassen; letzte Gelegenheit zur Rettung von außen – für mich, der ich mich kaum mehr bewegen mag, und das Seil anschaue, es in die Hand, in die Faust nehme wie ein Onanist und es wieder loslasse – voll Selbstmitleid. Dann jedoch begann ich zu schreiben.

Ich weiß, daß ich früher schon viel schlechter dran gewesen war, auf eine lockere Art entleert, keinerlei Not empfindend, mit meinen Kräften umgehend wie mit dem Tennisschläger; fast ohne Widerstand, ja, fast ohne mein Zutun, ohne Gefühl, ohne Kalkül flog der Ball, wohin ich wollte. Ich machte eine herzzerreißende Reise nach Rio de Janeiro, vor mir, um mich ungeheure Silhouetten, eine Licht-Schatten-Räumlichkeit, der Glanz großer Belladonna-Augen, Harmonie der Grellheit – und alles ohne Herzstocken, *ohne jedes Gefühl.* Ich aß in einem Restaurant wie aus einem Valentino-Film, morbid und glitzernd, erlesene Meeresfrüchte, violett und rosa, und mit Gewürzen geschwängert; sie schlüpften mir wie geölt über die Lippen, ich zerbiß sie *ohne eine Spur von Erschütterung.* Die Geschäftsleute, mit denen ich verhandelte, hatten grausame Ziffern-Münder und Brillantine-Frisuren über den brennenden Augen; alles ging glatt über die Bühne, und nach meiner Rückkehr bekam ich für meinen Erfolg ein Lob vom Management; einen Erfolg, den ich ohne Mühe erzielt hatte. Das Leben surrte wie ein BMW-Motor, sanft und rücksichtslos.

Eines Tages stieß ich mir einen Schraubenzieher in den Handteller und durch die Hand hindurch. Ich tat es langsam und methodisch. Dann trat ich ganz ruhig ins Vorzimmer hinaus und sagte: »Schauen Sie mal, Frau Grüber, was ich gemacht habe.« Sie wurde totenblaß, griff zum Telefon und rief die Werksschwester herbei. Sie steuerte mich mit ihrer zitternden Hand an meinem Oberarm in ihren eigenen Bürostuhl hinein und stürzte dann auf den Gang hinaus, der Schwester entgegen. Sie konnte wohl den Anblick nicht ertragen. So saß ich einige Minuten, den Unterarm waagrecht auf die Stuhllehne gestützt, den Handteller ausgestreckt mit nach oben herausstehendem Schraubenziehergriff, und spürte den langsam wachsenden Schmerz, die Angst, das Glück, und den Kitzel eines Lachreizes. Es war eine Anwandlung, die bald wieder verflog.

Die Sache mit Nina war typisch für mich. Sie ist die Frau eines Werbegrafikers, der die Broschüren für unsere Software entwirft. Er besuchte mich, bevor er sie in Druck gab, damit ich sie auf »sachliche Richtigkeit« prüfte. Er ist ein rundlicher, lustiger Typ, zu redselig manchmal, für meinen Geschmack, mit einem bewundernswert sicheren Strich. Einmal wühlte er in seiner Brieftasche nach seinem kleinen, transparenten Druckermaß, und dabei glitt ihm ein Farbfoto heraus: von einer lachenden, dunkelhäutigen Frau im Bikini auf dem Sitz eines Kettenkarussells vor einem Palmenhintergrund. »Oh«, sagte ich grinsend, »passen Sie auf, daß es Ihnen zu Haus nicht rausfällt.« Er sagte: »Das ist Nina, meine Frau; sie ist Russin«, und steckte es ruhig wieder weg. Danach habe ich sie jahrelang angebetet; in ruhigen Stunden habe ich mir ihr Gesicht vorgestellt, ihren Hals, ihre Brüste, ihren Gang. Ich habe mir ihre Stimme vorgestellt – tief, fast männlich, das war gar nicht so falsch geraten – und daß sie mit dieser Stimme sagen würde: Fühl mich an, Liebster, und führ mich fort; wie ein Schüler. Offenbar habe ich mich gar nicht verändert seit der Schülerzeit, auch darin nicht, daß ich mir einbildete, sie wisse, was in mir vorging. Ich redete mit ihr im Auto, im Lift, im Klo. Bis der Betrieb unser Gespräch überdröhnte.

Ansonsten: Kamelhaarmantel, Reise nach Korfu, unser Peter in der Tennis-Liga, Claudia einskommadrei, in meinem Büro Merian-Stich und Bodenbelag Kategorie 1 als Zeichen des Aufstiegs. Wie bei leitenden Angestellten üblich, arbeitete ich lange, oft bis acht Uhr. Ostentativ, auch wenns nicht nötig war; die vereinzelten, spät erleuchteten Fenster in der Fassade des Verwaltungsgebäudes – ein stummes Schauspiel, die Pantomime rastloser Verantwortung. Ich las Geschäftsberichte, Wirtschaftsnachrichten, interne Studien und Prognosen, Sitzungsprotokolle; ich grübelte über dem Terminkalender, machte Lockenmuster auf dem großen Ideen-Block, diktierte etwas ins Diktiergerät, rauchte, manikürte mich, hauchte das Acrylglasthermometer an, bis die »28« oder sogar die »30« bläulich zu schimmern begann. Es war eine Meditation. Nach so vielen Jahren hatte ich meine Software-Sparte so fest im Kopf, Programmsprachen, Handling, Organisation, Speichermedien, Trends in die Zukunft – alles abrufbar. Meine Arbeit bestand vor allem darin, alle diese Fakten hin und her zu wälzen, um und um zu schaufeln, Strategien zu entwickeln; Strategien zum Markterfolg. Das hieß: durch kleine Varianten Bekanntes unkenntlich zu machen, durch nicht compatible Systeme der Konkurrenz das Geschäft zu verderben, durch scheinbar überraschende Datenkombination zu verblüffen; alles Tricks. Mit solchen Tricks hatte man manchmal überraschende geschäftliche Erfolge – aber wirklich neuartig waren sie nicht; ich war mir darüber klar, ich machte mir da nichts vor, aber ich ließ den Kaufleuten, Hitzig, Lodermeyer und Konsorten, ich ließ ihnen den Glauben. Fiel mir wirklich was ein, dann meist mitten in der Hetze, zwischen Tür und Angel. Ich diktierte der Sekretärin Notizen, die ich später selbst nicht mehr verstand. »Fortran-Programm schreiben, mit gezielten Logik-Fehlern, Fehler-Kontrolle ausschalten, rechnen lassen, Differenz bilden.« – Darauf verreiste ich. Später saß ich verständnislos davor. »Ist das alles, Frau Grüber? Haben Sie nichts ausgelassen?« – Na gut, dann nicht; Papierkorb. War vielleicht besser so. Der Betrieb läuft am besten, wenn man nichts verändert. Stets bewährt, allzeit verläßlich, glatte Rasur, sportlicher Spurt, klar und verständlich, mit Pfiff, ohne Krampf, design zeitgemäß, immer griffbereit, überall anschließbar, gesunde Kost, politisch fortschrittlich, zwei Kinder, zukunftssicher, cost effective, sexuell alert – schlag mich, Nina, zerkratz mir das Gesicht!

Wenn ich spät nach Hause kam – Dämmerung oder Finsternis, Autobahn leer –, saß die junge Generation vor der Sportschau, und Marion schrieb Briefe. Eigentlich war sie immer in ihrem Zimmer und schrieb dort Briefe, wenn ich kam; es dauerte eine Zeit, bis mir das auffiel. Ich öffnete die Tür einen Spalt und sagte: Nabend, Schatz, hier bin ich; sie schaute nur flüchtig auf und sagte: So spät wieder, du Armer – die Sandwiches sind in der Küche unter der Alufolie. Dann tippte sie weiter. An wen schrieb sie nur immer? Eine vorübergehende Neugier verrauchte rasch mit dem ersten Glas VAT 69. Zeitweise trank ich viel.

Aber ich habe nicht das Zeug zu einer Sucht. Der Überdruß wird immer gleich mitgeliefert; – nein, nicht der Überdruß: das Desinteresse. Zweimal habe ich Pot geraucht und kaum was gemerkt; Koks: Die Umständlichkeit des Schnupfens hat mich abgestoßen; Benzedrin schluckte ich ab und zu – ohne Probleme. Allenfalls das Verlangen nach Frauen, nie ganz befriedigt; nicht Sex allein, eine gewisse Süße auch, eine Süße des Gefühls; wie *Hiroshima mon amour*. Ich bin immer gern in Filme gegangen, sie geben einen Lift, sie katapultieren einen – wohin?

Einmal lernte ich Korbes kennen, einen früheren Abteilungsleiter bei der DRAMAG, der jetzt Kunstmaler war. Er hatte sich abgeseilt. Das war im Café Napoleon, nur noch an seinem Tisch war ein Platz frei; er hatte neben seiner Tasse seinen Skizzenblock liegen und strichelte mit spitzem Bleistift, wobei er hin und wieder den Kopf hob und aus dem Fenster blickte. Ich holte einige Akten aus meiner Tasche und blätterte in ihnen, während ich auf Marion wartete, die einkaufen war. Ab und zu wanderten seine Augen zu mir und meinen Papieren; es waren Broschüren der Konkurrenz dabei. Einmal sagte er lakonisch: »EDV-Mann, was?« Wir kamen in ein lockeres Gespräch, wobei wir beide unsere Arbeit fortsetzten. Er erzählte mir von seiner beruflichen Vergangenheit, ruhig, ohne große Worte. Er war vor sechs Jahren ausgeschieden, eine halbwegs gütliche Vereinbarung; sie hielten ihn für einen Narren. Er war fast kahl, Cordhose, schwarzes Hemd, selbstsicher, er sprach von der Anfangsangst, aber auch vom Hochgefühl, und vom direkten Umsetzen eines Gedankens in Handlung. Das betraf mich wirklich. Bald danach sah ich seine Bilder in einer Ausstellung; sie waren schauderhaft – wie aus dem Warenhaus. Das verblüffte und enttäuschte mich, es lag eine Ungereimtheit darin; ich grübelte ergebnislos darüber nach, bis das Erlebnis verblaßte. Wären diese Bilder besser gewesen, hätten sie vielleicht etwas in meinem Leben bewirkt. Ich meine nicht durch Nachahmung. Aber das ist jetzt auch schon wieder vier Jahre her.

Ich habe sozusagen wider besseres Wissen zu schreiben begonnen – »in spite of myself«, wie die Amis sagen. Die Amis haben so viele beneidenswerte Worte: »feetdragging« – »grinding to a halt« – »drop out«. Alles Worte, die etwas für mich Wichtiges bedeuten, aber unübersetzbar sind. »Tropf aus« kann man doch nicht sagen, oder doch?

In Amerika war ich dreimal, und immer hat es mich beeindruckt. Der Humor, die Großzügigkeit, die Kleingeistigkeit, die lockere Sklaverei – diese Zusammensetzung. Es ist nicht wie hier – diese Wand, die Styroporabschirmung vor unerwünschten Ansichten, vor gewissen Lebensformen, dieses Bohren in Bagatellen, der borniert Blick – das alles gibts da nicht. Es ist anders. Eine Inselhaftigkeit, ein kleines Fleckchen Bewußtsein auf einer weiten kahlen Fläche. Es wird nichts abgelehnt – ein anderes ist einfach nicht da. *Existiert nicht!* Wird lachend abgetan!

Es herrscht eine nützliche Leere wie beim stundenweiten Fahren durchs weizengelbe Kansas, mit einzelnen, selbstzufriedenen Mähdreschern in der Gegend – weit weg, mit großen Staubfahnen. Sie haben es nicht nötig, etwas in sich zu bekämpfen; abschieben genügt; da ist Platz genug für alle Verrücktheiten; durchdrehen, rumhuren, Bankrott machen, ins Gefängnis gehen – warum nicht? Alles halb so schlimm; das ist jedermanns Privatsache; it's a free country etc. Die ganze Mannschaft im Weißen Haus raucht Pot, die Kennedys treibens mit Marilyn Monroe, Johnson belügt die Volksvertreter, Nixon läßt seine Leute einbrechen, stehlen und bestechen und sagt den ganzen Tag nur »shit«, »fuck« und »screw« – egal. Jeder hat seine Macke. Hätte ich dort erwähnt, daß ich schreibe, so hätten sie mich leer angeschaut; was solls, so what, mach, was du willst; allenfalls noch: Writing a book, eh? Who's going to read it?

Ob dies ein Buch wird, weiß ich nicht; mir geht es um das Schreiben. Es ist mir völlig gleichgültig, wer das liest. Sonst kümmert sich doch auch keiner drum, wer das alles wieder abruft, was wir einspeichern; schon jetzt liegen Milliarden und Milliarden Bytes Information herum, mit denen niemand etwas anfangen kann. Das meiste wird schon gar nicht mehr von Menschen produziert, sondern maschinell, »on-line«. Irgendwo habe ich den Satz gehört: Mit dem Notizbuch entstand das Vergessen. Wie riesig muß das Vergessen im Zeitalter der Datenbanken sein! Ich aber schreibe nicht, um zu vergessen, im Gegenteil; ich schreibe, um endlich Erfahrungen zu machen, Exzesse, Morde, astronautische Expeditionen.

Die Karriere, die ich hinter mir habe: Nicht grade eine

Bilderbuchkarriere, aber doch traumhaft; ich meine, diese Veränderungen: Vorher undenkbar – nachher trivial. Vor zwanzig Jahren begonnen als frischgebackener Ingenieur mit Informatik-Kenntnissen, das war damals »brandneu«. Alles war im Fluß, auch nach der Einstellung war ich dauernd in Seminaren, Kursen; hardware, software, alles veraltete in rasendem Tempo. Es hatte schon was Seltsames an sich, was Mystisches geradezu, vor einem solchen Kasten zu stehen, glänzend und glimmend, eindrucksvoll unscheinbar, und dann hinter sich die Stimme: Ach, die Dreihundertsechziger, ja; die fliegt bald raus. Und doch, als Ingenieur im Milieu kann man nicht viel falsch machen. Die neuen Rechnergenerationen werden ins Haus gestellt, man adaptiert die Programme, man muß nicht alles rational begründen, was man macht. Die Entwicklung ist die Verlängerung des Trends. Ich habe immer stärker den Verdacht, daß *alle* Erfindungen der letzten Generationen nur Trendverlängerungen waren. Wirklich *wissen* können das nur die Spezialisten, aber es gibt in jedem Bereich immer nur *einen* Spezialisten. Die Technik, die Wissenschaft ist zerteilt, zerbröselt, zerstäubt. Nur in seinem eigenen Gebiet hat der Spezialist keine Illusionen – was jenseits des Zaunes wächst, bewundert er. Dabei ist es dort nicht anders: Kleine Abwandlungen, Verschiebungen, Improvisationen – plötzlich siehts neu aus. Der Zuschauer ist verblüfft. Die Patentsprache sagt: »Überraschende Erfindungshöhe.« Der Vertriebsmann, der Marketingexperte nicken anerkennend und klopfen dem neuen Pferd auf die Plastikhüfte. Nicht lang danach: »Wir können Ihnen eine erfreuliche Mitteilung machen.« Antrittsbesuche in Bungalows. Ein weicherer Sessel, weitläufigerer Schreibtisch, hinter dem nicht mehr gerechnet und gezeichnet, sondern nur noch die Anweisung dazu gegeben wird. »Sie zeichnen links unten mit ppa.« Die Laufbahn. Das Peter-Prinzip. »Marion, ich bin befördert worden.« An ihrem nächsten Geburtstag der Sunbeam vor der Tür.

Noch immer bin ich vollgestopft mit Gewohnheiten, mit Vorurteilen, verhärtet durch Starrheit. Ich kann mich nur mühsam mit den selbstgewollten Veränderungen befreunden. Das Schreiben, das Brüten, Träumen hinter der verschlossenen Tür, das Anhäufen der beschriebenen Papierbogen ist mir selbst fremd, fast ebenso fremd wie für Marion, die von außen an diese Tür pocht und sagt, ich soll den Unsinn beenden. Beharrlich sind wir beide. Seit zwei Wochen nun, jeden Tag ohne Variationen, von Gängen zum Klo und vom Hereinnehmen kleiner Teller mit Essen abgesehen; ich öffne nur, wenn ich sicher bin, daß niemand davor ist. Ich tue etwas, das mir selbst fremd ist, weil ich darin meine einzige Chance sehe; schreibend gehe ich durch die Tür und aus dem Haus. Ich schreibe rücksichtslos, was mir in den Sinn kommt. Ich schreibe, daß mein Körper wie ein Packschnurknäuel aus einem einzigen Satz besteht, den ich abspulen werde. Ich schreibe, daß die Erde verdampft und die Luft zu einem durchsichtigen Gelee erstarrt und ihre Bewohner einschließt, zum künftigen Bernstein einer galaktischen Küste. Und ich schreibe, das einzige Vorhaben, das mich aus dem Haus locken könnte, ist das Vorhaben, an jedem Stuhl und an jedem Tisch ein Bein kürzer zu sägen; mein Ziel ist die *wackelnde Welt*.

Natürlich habe ich mir früher zuweilen meinen TLE

gestattet, meinen Tollen-Leidenschafts-Ersatz; vor allem auf Reisen. Im Spesen-Nachtclub mit einer gummihaften Stripperin, die sich in einer Nische dicht an mich drängte und mich mit ihrem verschwitzten Alkoholduft überschwemmte; sie erzählte mir mit einem Balkan-Akzent etwas von der »Choreographie« ihres Auftritts, von dem kleinen, elefantengrauen Neger mit dem weißen Saxophon, der so wunderbar *Body and Soul* blasen konnte; ich wollte mehr, aber sie zögerte es hinaus, solange wie möglich, Sekt für 200, 300, 400 Mark, dann endlich schwankten wir beide, wie Fremde hintereinander in der Dunkelheit; dann das Zimmer mit niedrigem Waschbecken, ich mit stechendem Kopf auf einem klammen Bett, sie auf mein weiches Glied herabschimpfend, und auf dem Nachttisch das Foto eines lachenden Jungen mit Schultüte in einem Stellrahmen. Einmal hatte ich eine rasche, gefährliche Liebschaft mit der Frau eines Geschäftsfreundes – tagsüber, während er in seinem Büro auf mich wartete. Von solcher Art immer neue Hoffnungen auf den Blitzschlag des Gefühls, Erkenntnis im Auge, Erkenntnis im Ohr, unter einer leichten Berührung ein Aufblühen wie von japanischen Muschelblumen. Ach, alle diese Hoffnungen – absurd wie Religion. Obgleich ich mit Religion nie was im Sinn hatte – eines Tages war mir klar, daß ich auf Wunder hoffte.

Ich habe versucht, mit Marion darüber zu reden, vor allem in den letzten Tagen, durch die verschlossene Tür. Vielleicht war auch sie unzufrieden, ja, gewiß war sie das, darum schrieb sie ihre vielen Briefe. Wer weiß, an wen sie immer schrieb – an ihren Bruder, an einen Jugendfreund, oder an eine frühere Nachbarin, mit der sie sich manchmal im Café Napoleon traf, bei Mürbegebäck, bei Tee mit Süßstoff – auch das gehörte zu ihrer Unzufriedenheit: die Diät und die Schlankheitsmittel, das ›Ponderax‹ am Morgen, das sie in Wirklichkeit wegen des »lifts« nahm, um in Gang zu kommen. Sie war unzufrieden mit sich, das war es wohl, was sie ausdrücken wollte, und doch zugleich die Angst vor jeder Neuerung, zugleich die Angst, ohne jegliche Neuerung alt zu werden, überhaupt die Angst vor dem Altwerden, und dann die Angst vor der Unzufriedenheit, da in unseren Kreisen unüblich, da sie doch alles hatte, sogar eigenes Vermögen, zwei wohlgeratene Kinder, sportgebräunt, wie auch sie selbst sportgebräunt war, attraktiv wie ein Cover-Girl. Sie war die Projektion meiner Gefangenschaft, und das Smarte, das Kitschige an ihr war mein Markenzeichen. Wie gesagt, ich hätte gerne mit ihr über das alles geredet, aber sie verlangt hartnäckig immer nur wieder das eine, daß ich in die Firma und ins »normale Leben« zurückkehren soll. Ich höre es an die Türe donnern, und manchmal scheint es, als donnere sie *mit dem Kopf* dagegen. Sie bleibt aber nie länger als eine Viertelstunde dran, und zieht murmelnd ab, um nach einer Stunde wiederzukommen.

Die Firma und das »normale Leben«. Ist es denn nicht ein Irrsinn, daß ich beinahe zwanzig Jahre in dieser Firma zugebracht habe, in denen jeder Tag dem anderen glich? Ich übertreibe nicht: Es waren siebentausend Tage, und jeder war wie alle anderen! Ich saß vor Millimeterpapier, vor langen Zahlenreihen, vor Eingabetastaturen, vor Programmierformularen, vor einem Diktiergerät. Ich saß mit anderen leitenden Angestellten an einem großen, grün bezogenen ovalen Tisch mit je einem Glas, einer kleinen Fruchtsaftflasche und einem Öffner vor jedem Teilnehmer der Sitzung, ich saß im Auto, in der Bahn, im Flugzeug nach irgendwo – dennoch waren alle Tage gleich. Gleich in ihrer Verödung; gleich in ihrer Unwesentlichkeit. Die immergleichen Bewegungen des Hutlüftens, des Krawattenschlingens, des Reißverschlußzuziehens im Pissoir. Das immergleiche Wichtigkeitsgefühl und Überdrußgefühl beim Unterschreiben von Schriftstücken, beim Genehmigen großer Geldsummen. Die immergleichen Laute von mir und von Marion beim Erreichen des Höhepunkts. Die immergleichen Witze in der Prokuristenkantine: »Wo ham Sie sich wieder rumgetrieben heut Nacht? – Ich besuchte die wüste Gobi.« Jetzt erst begreife ich manche meiner Gereiztheiten; es scheint mir jetzt, als habe sich mein Inneres immer heftiger, immer katzenartiger zusammengekrümmt und auf ein bestimmtes Zeichen gewartet; auf den Auslöser.

Es kam in einem braunen Firmenkuvert mit der Hauspost: eine Fotokopie aus der Fachzeitschrift ›BIT‹, ein Bericht über die Geschäftsentwicklung der Firma ›World-Data‹ mit Zahlen und Prognosen für einzelne Teilbereiche. Eine Stelle war leuchtend grün mit einem Fluoreszens-Marker angestrichen: die Zahl 20 %. Sie bezog sich auf den letztjährigen Umsatzzuwachs der DTP-Programme der Firma. Am Rand, neben der grünen »20« war ein Ausrufezeichen hingekritzelt, und »Dr. Li« – mein Kürzel. Das haute mich um.

Einem Außenstehenden wird das schwer begreiflich sein. Hinter diesen 20 % verbargen sich jahrelanges Hickhack, Euphorie, angestrengte Denkarbeit und endlose Palaver. Es ging gar nicht so sehr um die Firma ›World-Data‹ und darum, daß diese Firma etwa unser Todfeind gewesen wäre; trotz der Konkurrenz – solche Vokabeln sind lächerlich, sie entsprechen nicht den wirklichen Verhältnissen; man schadet sich, aber man ruiniert sich nicht. Nein, das war nur ein Vorwand. Eigentlich ging es um ein altes, immer wieder neue Formen annehmendes Gezerre mit dem Vertriebschef Lodermeyer, um unseren Streit über das Verfahren der Preiskalkulation. Der Grossopreis war mit den Herstellkosten durch einen Faktor verbunden, derzeit stand es 1:6. Seit Jahren versuchte ich den Leuten klarzumachen, daß eine solche Multiplikation unsinnig ist, daß es vielmehr eine *Addition* sein muß; sonst verdient man ja an billigen Artikeln zu wenig, und die teuren werden unerschwinglich. Statt dessen wurden Korrekturfaktoren eingeführt; ansonsten rächte sich Lodermeyer durch Sticheleien.

Das Hickhack zog weitere Streitigkeiten nach sich, über Werbestrategie, Marketing, Methoden zur Durchsetzung bestimmter Programmtypen auf dem Markt. Diese Methoden sind unfein, sie erfordern, wie die Amerikaner sagen, »a certain amount of armtwisting«. Ich war immer gegen solche Druckmittel – aus pragmatischen Gründen; ich war überzeugt, daß sie sich letzten Endes gegen ihre Verfechter richten würden. Aber Brutalität imponiert, und so imponierte das Verfahren der Firma ›World-Data‹, den Verkauf bestimmter unentbehrlicher Organisationsprogramme an den Erwerb ihres miserablen DTP-Systems zu koppeln. DTP heißt »design-trend-prognosis«. Mir erschien es immer fragwürdig, künftige Karosserie- und Geräteformen nach einer Art Sandwellenprinzip zu simulieren. Aber mit genügendem Nachdruck, das wollte Lodermeyer mir signalisieren, läßt sich auch das durchsetzen; ich sah ihn feixen.

Der eigentliche Auslöser jedoch, das war nicht einmal diese Vorgeschichte. Es war dieses *Grün,* und dieses *Ausrufezeichen.* Dieses kleine, grünleuchtende Quadrat mitten in dem flott heruntergeschriebenen Textfeld, zwischen Wörtern wie »optimal«, »problemlos«, »zukunftssicher« und anderen unaufhaltsamen Worten; das grüne Quadrat; es war die Säuberlichkeit, mit der es hergestellt worden war, mit der frischen, unabgenutzten Kante des Filz-Markers – Lodermeyer hatte die Gewohnheit, bei Schreibarbeiten ganz dicht mit den Augen ans Papier zu gehen. – Das wars. Diese winzige hämmernde Wichtigtuerei, käferhafte Gespreiztheit, dieser idiotische, grellgrüne Liliputaner-Triumph über eine solche Lappalie – das kippte mich aus den Schuhen.

In dem Augenblick, in dem ich das erkannte, brüllte ich wie ein Verrückter. Ich schleuderte den schweren »Rotaclean«-Aschenbecher durch die Thermopenscheibe des Fensters, entzündete die Akten auf dem Tisch mit dem Tischfeuerzeug, schmiß das Telefon an die Wand, riß den Inhalt der Schränke und des Tresors heraus und wütete darin. Natürlich *nur in der Vorstellung,* als ich den Impuls verspürte, war ich mir zugleich darüber klar, daß solche Handlungen, wirklich ausgeführt, wiederum trivial und lächerlich gewesen wären: Das Theater vom wilden Mann! – Nein; nach außen blieb ich ganz ruhig. Ich zog mir den Mantel an, setzte den Hut auf, ich ließ meinen Aktenkoffer neben dem Schreibtisch stehen. Zur Sekretärin sagte ich: »Adieu, Frau Grüber; oh, wie schön rot Ihr Haar heute wieder ist! – Ich gehe jetzt. Sie sollten auch gehen, ganz schnell, und sich Ihre Wünsche erfüllen – sie sind alle erfüllbar!« – Ich verabschiedete mich sonst von niemandem. Frau Grüber ist eine gute Frau, in vieler Hinsicht, meinen Vorteil betreffend, klüger als ich; ich glaube, sie hat mich wirklich gern, aber das gilt für die meisten Sekretärinnen. Sie lassen sich lebendig rösten für ihren Chef, sie sind wirkliche Liebende, ja die einzigen weit und breit – das ist nicht die geringste der Absurditäten des Angestelltenlebens.

Ich schreibe nun, daß die Rippen der Heizkörper, scheinbar zur Wärmeabgabe, in Wirklichkeit Kiemen sind, mit denen das Haus atmet, und Blut gluckert durch die Röhren; Herr Flugkapitän, schreibe ich dann, sind Sie nie, beim Aufsteigen in die äußeren Luftschichten, auf Ihre ersten Liebesworte, auf Ihr Kindergeschrei, auf das Zeugungsstöhnen Ihrer Eltern gestoßen? Wenn schon Archäologie der Luft, schreibe ich, dann nicht wegen der schmetternden Töne eines Kaisers, oder wegen des Knatterns, Donnerns und Dröhnens, mit dem die Weltgeschichte spricht. Für die Wärter der guten Sitten in ihren sauber gebürsteten Anzügen, schreibe ich, werde ich einen ganzen Tierpark anstoßerregender Wesen erfinden, Schuhkäfer, die stets ungeputzt herumkrabbeln, den gierigen Titel-Löscher, den Schmierfinken mit der Fettfleckspur, die lebende Rülpsspraydose und den unermüdlich »Arschloch«-flüsternden Telefonrufbeantworter; ich schreibe: Sehr geehrter Herr Weltuhrmacher, ich biete Ihnen das Projekt einer dualen Welt, bestehend nur aus Bleistiftstummeln und Radiergummis; Leuchtkörper brummeln »Schwarz-schwarz«, die Teppichböden bestehen aus Orangenschalen, und die Klingeln entzünden sich bei Knopfdruck ...

Wie lange ich hier schon schreibe, weiß ich nicht, es interessiert mich auch nicht. Gewiß habe ich viele Seiten geschrieben, auf denen kaum ein Satz verständlich ist; aber: »verständlich«, hieße das nicht, daß man es vorher auch schon gewußt hätte, und wozu sollte man so etwas schreiben? Ich zerfasere den Strick zu Jutefäden und genieße jeden Augenblick einer ungewissen Zukunft.

SUSANNA TAMARO
Geh, wohin dein Herz dich trägt

21. Dezember

Nach der ganzen langen Stöberei gestern auf dem Dachboden habe ich schließlich nur die Krippe mit heruntergebracht und die Kuchenform, die den Brand überlebt hat. Die Krippe mag ja angehen, wirst du sagen, wir haben bald Weihnachten, aber was hat die Kuchenform damit zu tun? Diese Kuchenform gehörte meiner Großmutter, also deiner Urahnin, und ist der einzige Gegenstand, der von der Geschichte der Frauen in unserer Familie noch übrig ist. Durch das lange Herumliegen auf dem Dachboden ist sie stark gerostet, ich habe sie gleich in die Küche gebracht und versucht, sie mit der guten Hand im Ausguß wieder blank zu scheuern. Denk nur, wie oft sie im Lauf ihrer Existenz in den Backofen und wieder heraus kam, wie viele verschiedene, immer modernere Backöfen sie gesehen hat, wie viele verschiedene und doch ähnliche Hände sie mit Teig gefüllt haben. Ich habe sie mit heruntergebracht, damit sie noch weiterlebt, damit du sie benutzt und sie vielleicht deinerseits wieder deinen Töchtern vererbst, damit diese Kuchenform in ihrer Geschichte als einfaches Gerät die Geschichte unserer Generationen zusammenfaßt und bewahrt.

Kaum sah ich sie unten in der Truhe liegen, ist mir das letzte Mal eingefallen, als es uns zusammen gutging. Wann war das? Vor einem Jahr, vielleicht vor etwas mehr als einem Jahr. Am frühen Nachmittag warst du ohne anzuklopfen in mein Zimmer gekommen, ich lag, die Hände über der Brust gekreuzt, auf dem Bett und ruhte mich aus, und du warst bei meinem Anblick rückhaltlos in Tränen ausgebrochen. Dein Schluchzen weckte mich. »Was ist los?« fragte ich dich, indem ich mich aufsetzte. »Was ist denn passiert?« – »Du wirst bald sterben, das ist passiert«, gabst du mir zur Antwort und weintest noch heftiger. »O Gott, so bald dann hoffentlich auch wieder nicht«, sagte ich lachend und fügte hinzu: »Weißt du was? Ich bringe dir jetzt etwas bei, was ich kann und du nicht, und wenn ich dann nicht mehr da bin, tust du es und erinnerst dich dabei an mich.« Ich stand auf, und du bist mir um den Hals gefallen. »Also«, habe ich gesagt, um die Rührung zu verscheuchen, die mich schon ansteckte, »was soll ich dir beibringen?« Während du dir die Tränen trocknetest, hast du eine Weile darüber nachgedacht und schließlich gesagt: »Kuchen backen.« Daraufhin sind wir in die Küche gegangen, und es begann ein langer Kampf. Vor allem anderen wolltest du dir die Schürze nicht umbinden. »Wenn ich mir die Schürze anziehe«, sagtest du, »werde ich später auch noch mit Lockenwicklern und Pantoffeln herumlaufen müssen, was für ein Graus!« Dann, als du das Eiweiß zu Schnee schlagen solltest, tat dir das Handgelenk weh, du wurdest ärgerlich, weil die Butter sich nicht mit dem Eigelb vermischte, weil der Backofen nie heiß genug war. Beim Ablecken des Kochlöffels, mit dem ich die Schokolade flüssig gerührt hatte, ist meine Nase braun geworden. Als du es gesehen hast, hast du zu lachen angefangen. »In deinem Alter«, hast du gesagt, »schämst du dich nicht? Deine Nase ist braun wie eine Hundeschnauze!«

Um diesen einfachen Kuchen zu backen, haben wir den ganzen Nachmittag gebraucht und die Küche in einen erbarmungswürdigen Zustand versetzt. Plötzlich waren wir heiter und fröhlich, weil wir gemeinsam etwas vollbracht hatten. Erst als der Kuchen endlich in den Backofen kam und du zusahst, wie er ganz langsam hinter dem Glas braun wurde, ist dir wieder eingefallen, warum wir ihn gebacken hatten, und du hast wieder zu weinen angefangen. Ich versuchte, dich vor dem Backofen zu trösten. »Wein doch nicht«, sagte ich, »es stimmt, daß ich vor dir sterben werde, aber wenn ich nicht mehr da bin, werde ich trotzdem noch dasein, ich werde in deinem Gedächtnis lebendig sein mit schönen Erinnerungen: Du wirst die Bäume sehen, den Gemüsegarten, die Blumenbeete, und dabei werden dir all die glücklichen Augenblicke einfallen, die wir zusammen verbracht haben. Genauso wird es dir gehen, wenn du dich in meinen Sessel setzt, wenn du den Kuchen bäckst, den ich dir heute gezeigt habe, und dann wirst du mich mit braun verschmierter Nase vor dir sehen.«

22. Dezember

Heute bin ich nach dem Frühstück ins Wohnzimmer gegangen und habe begonnen, die Weihnachtskrippe am gewohnten Platz über dem Kamin aufzubauen. Zuerst habe ich das grüne Papier ausgebreitet, dann die trockenen kleinen Moospolster darauf gelegt, die Palmen, den Stall mit dem heiligen Josef und der Muttergottes und Ochs und Esel darin aufgestellt, und rundherum die Hirten, die Frauen mit den Gänsen, die Musikanten, die Schweine, die Fischer, die Hähne und Hühner, die Schafe und die Geißböcke verteilt. Mit Tesafilm habe ich über der Landschaft das blaue Himmelspapier befestigt; den Kometen habe ich in die rechte, die Heiligen Drei Könige in die linke Tasche meines Morgenrocks gesteckt; dann bin ich auf die andere Seite des Zimmers gegangen und habe den Stern an die Anrichte gehängt; darunter, etwas weiter weg, habe ich in einer Reihe die Heiligen Drei Könige mit ihren Kamelen aufgestellt.

Weißt du noch? Als du klein warst, konntest du es wegen des Zwangs zur Folgerichtigkeit, der die Kinder auszeichnet, nicht ertragen, daß der Stern und die Heiligen Drei Könige gleich von Anfang an bei der Krippe standen. Sie mußten weit entfernt sein und langsam vorrücken, der Stern vorneweg und die drei Könige knapp hinterher. Genausowenig konntest du es ertragen, daß das Jesuskind schon vor der Zeit in der Krippe lag, also ließen wir es am vierundzwanzigsten Punkt Mitternacht vom Himmel in den Stall herunterschweben. Während ich die Schafe auf ihrem kleinen grünen Teppich aufstellte, fiel mir noch etwas anderes ein, was du gern mit der Krippe machtest, ein Spiel, das du selbst erfunden hattest und das zu wiederholen du nie müde wurdest. Ich glaube, am Anfang hast du dabei an Ostern gedacht. Ich hatte die Gewohnheit, an Ostern buntbemalte Eier für dich im Garten zu verstecken. An Weihnachten verstecktest du anstatt der Eier die Schäfchen; wenn ich gerade nicht hinsah, nahmst du eins aus der

Herde und verstecktest es an den unerwartetsten Orten, dann kamst du zu mir und fingst mit verzweifelter Stimme zu blöken an. Dann ging die Suche los, ich ließ alles stehen und liegen und ging, dich lachend und blökend hinter mir, durchs Haus und sagte: »Wo bist du, verlorenes Schäfchen? Gib mir ein Zeichen, damit ich dich in Sicherheit bringe.«

Und wo bist du jetzt, mein Schäfchen? Du bist dort drüben, während ich schreibe, bei den Kojoten und den Kakteen. Wenn du dies liest, wirst du mit aller Wahrscheinlichkeit wieder hier sein, und meine Sachen werden schon auf dem Dachboden liegen. Werden meine Worte dir Geborgenheit geben? Nein, so eingebildet bin ich nicht, sie werden dich vielleicht nur geärgert haben, werden die schon sehr schlechte Meinung bestätigt haben, die du vor deiner Abreise von mir hattest. Vielleicht wirst du mich erst verstehen können, wenn du größer bist, wenn du den geheimnisvollen Weg gegangen bist, der von der Unversöhnlichkeit zur Barmherzigkeit führt.

Barmherzigkeit, gib acht, nicht Mitleid. Wenn du Mitleid empfindest, werde ich wie diese bösen kleinen Geister über dich kommen und dir einen Haufen Streiche spielen. Dasselbe werde ich auch tun, wenn du nicht demütig, sondern bescheiden sein wirst, wenn du dich an leerem Geschwätz berauschen wirst, anstatt zu schweigen. Glühlampen werden explodieren, die Teller werden aus den Regalen fliegen, die Unterhosen werden plötzlich am Kronleuchter hängen, von Tagesanbruch bis spät in die Nacht werde ich dich keinen Augenblick in Ruhe lassen.

Natürlich ist das alles nicht wahr, ich werde nichts tun. Wenn ich irgendwo sein werde, wenn es mir möglich sein wird, dich zu sehen, werde ich nur traurig sein, so wie ich jedesmal traurig bin, wenn ich ein vergeudetes Leben sehe, ein Leben, in dem der Weg der Liebe sich nicht durchsetzen konnte. Gib auf dich acht. Jedesmal, wenn du, wachsend, Lust haben wirst, die falschen Dinge in richtige Dinge zu verwandeln, erinnere dich daran, daß die erste Revolution, die man machen muß, die im eigenen Inneren ist, das ist die erste und wichtigste. Für eine Idee zu kämpfen, ohne eine Idee von sich selbst zu haben, ist mit das Gefährlichste, was man tun kann.

Jedesmal, wenn du dich verloren fühlst, verwirrt, denk an die Bäume, an ihre Art zu wachsen. Denk daran, daß ein Baum mit einer großen Krone und wenig Wurzeln beim ersten Windstoß umgerissen wird, während bei einem Baum mit vielen Wurzeln und kleiner Krone die Säfte nicht richtig fließen. Wurzeln und Krone müssen gleichermaßen wachsen, du mußt in den Dingen und über den Dingen sein, nur so wirst du Schatten und Schutz bieten können, nur so wirst du zur rechten Jahreszeit blühen und Früchte tragen können.

Und wenn sich dann viele verschiedene Wege vor dir auftun werden, und du nicht weißt, welchen du einschlagen sollst, dann überlasse es nicht dem Zufall, sondern setz dich und warte. Atme so tief und vertrauensvoll, wie du an dem Tag geatmet hast, als du auf die Welt kamst, laß dich von nichts ablenken, warte, warte noch. Lausche still und schweigend auf dein Herz. Wenn es dann zu dir spricht, steh auf und geh, wohin es dich trägt.

ELIZABETH STROUT
Fluss

Einen Tag vorher hätte sie ihn fast überfahren, beim Zurücksetzen auf dem Parkplatz der Bücherei, und obwohl er nicht aufschrie, riss er doch den Arm hoch, wie zur Abwehr oder nur vor Überraschung. Jedenfalls konnte Olive gerade noch bremsen, und Jack Kennison sah sie nicht einmal an, sondern ging weiter zu seinem eigenen Auto – einem blitzenden roten Kleinwagen, der ein paar Meter weiter stand.

Altes Ekel, dachte Olive. Er war ein großer Mann mit Bauch, Hängeschultern und (fand zumindest Olive) einer arroganten, hinterhältigen Art, so wie er den Kopf vorreckte und die Leute nicht ansah. Er hatte in Harvard studiert und in New Jersey gelebt – ob als Dozent in Princeton oder anderswo, wusste Olive nicht –, aber seit einigen Jahren war er im Ruhestand und wohnte mit seiner Frau hier in Crosby, Maine, in einem Haus, das sie am Rand einer kleinen Wiese gebaut hatten. Damals hatte Olive zu ihrem Mann gesagt: »Idiotisch, so viel Geld in ein Grundstück zu stecken, das nicht mal am Wasser liegt«, und Henry hatte ihr recht gegeben. Das mit Harvard wusste Olive nur, weil die Kellnerin im Segelclub ihr erzählt hatte, dass Jack Kennison es allen auf die Nase band.

»Widerlich«, hatte Henry mit echtem Abscheu gesagt.

Sie hatten nie mit den Kennisons geredet, sie waren nur manchmal in der Stadt an ihnen vorbeigegangen oder hatten sie beim Frühstück im Clubhaus gesehen. Henry grüßte immer, und Mrs. Kennison grüßte zurück. Sie war eine kleine Frau, die viel lächelte.

»Sie wird sich ihre ganze Ehe damit geplagt haben, seine Stoffeligkeit auszugleichen«, sagte Olive, und Henry nickte. Henry wurde nicht so recht warm mit Sommergästen oder Senioren, die an die Küste zogen, um ihren Lebensabend vor einer Kulisse gebrochenen Lichts zu verbringen. Sie waren in der Regel wohlhabend, und einige waren aufreizend überheblich. Ein Mann etwa fühlte sich berufen, einen Artikel in der Lokalzeitung zu veröffentlichen, in dem er sich über die Einheimischen lustig machte und sie kalt und hochmütig nannte. Und eine Frau hatte angeblich ihren Mann in Moodys Laden gefragt: »Warum ist hier in Maine jeder fett, und warum sehen sie alle debil aus?« Es hieß, sie sei eine Jüdin aus New York, was die Sache nicht besser machte. Noch heute gab es Leute, die lieber eine Muslimfamilie bei sich aufgenommen hätten, als sich von New Yorker Juden beleidigen zu lassen. Jack Kennison war weder jüdisch noch aus New York, aber er kam nicht von hier, und er hatte eine arrogante Art.

Als die Kellnerin im Segelclub berichtete, dass die Kennisons eine lesbische Tochter hatten, die in Oregon lebte, und dass Mr. Kennison derjenige sei, der damit nicht zurechtkam, sagte Henry: »Oh, das ist nicht gut. Man muss seine Kinder nehmen, wie sie sind.«

Aber Henry war schließlich nie auf die Probe gestellt worden: Christopher war nicht homosexuell. Seine Scheidung hatte Henry noch miterlebt, aber ein schwerer Schlaganfall kurz danach (und niemand konnte Olive erzählen, dass die Scheidung ganz daran unschuldig war) hatte ihn gelähmt und verhindert, dass er es mitbekam, als Christopher wieder heiratete. Und noch bevor das Baby geboren wurde, war Henry im Pflegeheim gestorben.

Auch anderthalb Jahre danach schnürte es Olive noch das Herz zusammen, wenn sie daran dachte. Wie ein Päckchen vakuumverpackter Kaffee kam sie sich vor, als sie jetzt durch das Morgengrauen fuhr, beide Hände fest am Lenkrad, den Oberkörper zur Windschutzscheibe vorgebeugt. Sie war noch bei Dunkelheit aus dem Haus gegangen wie so oft, und während der zwanzig Minuten, die sie die baumgesäumten Kurven entlang in die Stadt fuhr, wurde es draußen nur langsam heller. Ein Morgen war wie der andere: erst die lange Autofahrt, dann der Halt bei Dunkin' Donuts, wo die philippinische Kellnerin ihr immer schon von selbst eine extra Portion Milch in den Kaffee gab, und dann nahm Olive die Zeitung und ihre Tüte mit Doughnut-Bällchen (drei, sagte sie immer, aber das Mädchen tat jedes Mal noch ein paar dazu) mit ins Auto und saß dort und las und verfütterte ein, zwei Doughnut-Bällchen an den Hund auf dem Rücksitz. Gegen sechs war es ihr schließlich hell genug, um ihren Marsch am Fluss zu beginnen – nicht, dass sie je davon gehört hätte, dass auf dem Asphaltweg etwas passiert war. So früh waren fast nur alte Leute unterwegs, und man konnte eine gute Meile gehen, ehe man überhaupt jemanden traf.

Olive parkte auf dem Kiesplatz, holte ihre Turnschuhe aus dem Kofferraum, band sie und zog los. Es war der beste – und einzig erträgliche – Teil ihres Tages. Drei Meilen hin, drei Meilen zurück. Ihre einzige Sorge war, dass die regelmäßige Bewegung ihr Leben verlängern könnte. *Lass es schnell gehen,* dachte sie jetzt, das Sterben, meinte sie – ein Gedanke, den sie täglich mehrmals hatte.

Sie blinzelte. Auf dem Weg, nur ein Stück vor der Steinbank, die die erste Meile markierte, lag eine zusammengesackte Gestalt. Olive blieb stehen. Es war ein alter Mann, so viel konnte sie sehen, als sie zaghaft näher heranging: dünnes Haar, dicker Bauch. Gott im Himmel. Sie ging schneller. Jack Kennison lag auf der Seite, die Knie angewinkelt, fast als hätte er sich zu einem Nickerchen hingelegt. Sie beugte sich vor und sah, dass seine Augen offen standen. Es waren sehr blaue Augen. »Sind Sie tot?«, fragte sie laut.

Die Augen bewegten sich, blickten in ihre. »Eher nicht«, sagte er.

Sie sah auf seine Brust, den prallen Bauch, der unter der L.L. Bean-Jacke hervorquoll. Dann schaute sie den Weg entlang, beide Richtungen. Kein Mensch zu sehen. »Sind Sie niedergestochen worden? Angeschossen?« Sie beugte sich dichter zu ihm herab.

»Nein«, sagte er. Dann: »Soviel ich weiß.«

»Können Sie sich bewegen?«

»Weiß nicht. Hab's nicht versucht.« Sein Bauch immerhin bewegte sich, er hob und senkte sich langsam.

»Na, dann probieren Sie's.« Sie stupste mit ihrem Turnschuh gegen seinen schwarzen Wanderschuh. »Versuchen Sie, das Bein da zu bewegen.«

Das Bein bewegte sich.

»Gut«, sagte Olive. »Jetzt den Arm.«

Langsam schob sein Arm sich auf seinen Bauch.

»Ich hab keins von diesen Mobildingern«, sagte Olive. »Mein Sohn sagt immer, er besorgt mir eins, aber noch hat er's nicht getan. Ich geh zurück zum Auto und schaue, dass ich zu einem Telefon komme.«

»Nicht«, sagte Jack Kennison. »Lassen Sie mich nicht allein.«

Olive stand unschlüssig da. Es war eine Meile bis zu ihrem Auto. Sie sah auf ihn hinab, wie er dort lag und sie mit seinen blauen Augen fixierte. »Was ist passiert?«, fragte sie.

»Ich weiß es nicht.«

»Dann brauchen Sie einen Arzt.«

»Meinetwegen.«

»Ich heiße übrigens Olive Kitteridge. Ich glaube, wir sind uns noch nicht vorgestellt worden. Wenn Sie nicht aufstehen können, sollte ich auf alle Fälle einen Arzt für Sie auftreiben. Ich persönlich kann Ärzte ja nicht ausstehen. Aber Sie dürfen nicht einfach hier liegen bleiben«, sagte sie. »Sie könnten sterben.«

»Mir egal«, sagte er. In seinen Augen erschien die Spur eines Lächelns.

»Was?«, fragte Olive laut und bückte sich tiefer.

»Es ist mir egal, ob ich sterbe«, sagte der Mann. »Solange Sie mich hier nicht allein lassen.«

Olive setzte sich auf die Bank. Der Fluss floss träge, er schien sich kaum zu bewegen. Sie bückte sich wieder zu ihm. »Ist Ihnen kalt?«, fragte sie.

»Nicht besonders.«

»Es ist frisch heute.« Nun da sie saß, fror sie selber ein bisschen. »Tut Ihnen was weh?«

»Nein.«

»Meinen Sie, es könnte das Herz sein?«

»Keine Ahnung.« Er fing an, sich hochzustemmen. Olive stand auf und schob ihm die Hand unter den Arm, auch wenn er so schwer war, dass sie kaum etwas ausrichten konnte. Aber mit viel Mühe schaffte er es schließlich, sich aufzurappeln, und hievte sich auf die Bank.

»Gut«, sagte Olive. »So ist es schon besser. Jetzt warten wir, dass jemand mit einem Telefon vorbeikommt.« Worauf sie hinzufügte: »Mir ist es auch gleich, ob ich sterbe. Ich wünsche es mir sogar. Nur schnell sollte es gehen.«

Er drehte ihr seinen spärlich behaarten Kopf zu, betrachtete sie müde aus diesen blauen Augen. »Ich will nicht allein sterben«, sagte er.

»Blödsinn. Allein ist man immer. Wird allein geboren. Stirbt allein. Was für einen Unterschied macht das? Solange man nicht jahrelang in einem Heim vor sich hin rottet wie mein armer Mann. Davor habe *ich* Angst.« Sie zog an ihrer Jacke, hielt die Ränder mit der Faust zusammen. Dann musterte sie ihn kritisch. »Sie haben wieder Farbe. Können Sie sich wirklich an gar nichts erinnern?«

Jack Kennison starrte auf den Fluss. »Ich war spazieren. Ich hab die Bank gesehen und mich müde gefühlt. Also hab ich mich hingesetzt, und mir ist schwindlig geworden. Ich hab den Kopf zwischen die Beine gesteckt, und das Nächste, was ich mitgekriegt habe, war, dass ich auf dem Boden lag und eine Frau mir ins Ohr plärrte: ›Sind Sie tot?‹«

Olives Wangen wurden heiß. »Sie wirken von Minute

zu Minute weniger tot«, sagte sie. »Meinen Sie, Sie können laufen?«

»Ich versuch's gleich. Ein bisschen würde ich hier gern noch sitzen.«

Olive warf einen Blick zu ihm hinüber. Er weinte. Sie schaute weg und sah ihn aus den Augenwinkeln in seine Tasche greifen, und dann hörte sie, wie er sich schnäuzte, ein energischer Trompetenstoß.

»Meine Frau ist im Dezember gestorben«, sagte er.

Olive sah auf den Fluss hinaus. »Das heißt, Sie machen die Hölle durch.«

»Genau das heißt es.«

Sie saß im Wartezimmer des Arztes und las eine Zeitschrift. Nach einer Stunde kam die Sprechstundenhilfe zu ihr und sagte: »Mr. Kennison macht sich Sorgen, weil Sie so lange warten müssen.«

»Sagen Sie ihm, das soll er schön bleiben lassen. Mir geht's bestens.« Und es stimmte. Sie fühlte sich sogar so wohl wie seit langem nicht mehr. Es hätte sie nicht gestört, wenn es den ganzen Tag gedauert hätte. Sie las in einem Nachrichtenmagazin, was sie bestimmt seit Monaten nicht mehr gemacht hatte – überblätterte hastig eine Seite, um das Gesicht des Präsidenten nicht sehen zu müssen. Diese engstehenden Augen, das vorgeschobene Kinn; der Anblick bereitete ihr geradezu körperliches Unbehagen. Sie hatte schon einiges mitgemacht in diesem Land, aber ein solches Trauerspiel wie jetzt noch nie. *Das ist mal jemand, der debil aussieht*, dachte Olive, der die Bemerkung der Frau in Moodys Laden wieder einfiel. Schon diese dümmlichen kleinen Augen sagten doch alles. Und so einen Mann hatten die Amerikaner ins Amt gewählt! Einen Religionsfanatiker mit einem Kokainproblem! Sie hatten es verdient, in der Hölle zu schmoren, und sie würden in der Hölle schmoren. Leid tat es ihr nur für Christopher, ihren Sohn. Und für Christophers kleinen Jungen. Sie war sich nicht sicher, ob er noch eine Welt vorfinden würde, in der es sich zu leben lohnte.

Olive legte das Magazin weg und lehnte sich bequem zurück. Die Eingangstür öffnete sich, und herein kam Jane Houlton und nahm unweit von Olive Platz. »Das ist ja ein hübscher Rock«, sagte Olive, obwohl sie nie viel für Jane Houlton übriggehabt hatte; sie war zu verhuscht für ihren Geschmack.

»Den hab ich sogar ganz billig bekommen, in einem Laden in Augusta, der Räumungsverkauf hatte.« Jane fuhr mit einer Hand über den grünen Tweed.

»Ach, wie schön«, sagte Olive. »So ein Schnäppchen darf man sich nicht entgehen lassen.« Sie nickte beifällig. »Sehr gut.«

Sie fuhr Jack Kennison zu dem Parkplatz unten am Fluss, damit er sein Auto holen konnte, und dann folgte sie ihm in ihrem Wagen nach Hause. In der Einfahrt seines Hauses am Rand der Wiese fragte er: »Möchten Sie mit reinkommen und kurz was essen? Ein Ei oder eine Dose Baked Beans finde ich sicher.«

»Nein«, sagte Olive. »Schonen Sie sich lieber. Sie hatten schon genug Aufregung für einen Tag.« Der Arzt hatte alle möglichen Untersuchungen durchgeführt, und so wie es aussah, fehlte ihm nichts Gravierendes. *Stressbedingte Erschöpfung,* so die vorläufige Diagnose des Arztes. »Und der Hund war den ganzen Vormittag im Auto eingesperrt«, fügte Olive hinzu.

»Wie Sie möchten«, sagte Jack. Er hob die Hand. »Vielen Dank noch mal.«

Als sie heimfuhr, fühlte Olive sich leer. Der Hund winselte, und sie befahl ihm, damit aufzuhören, und er rollte sich auf dem Rücksitz zusammen, als hätten die Strapazen des Morgens auch ihn erschöpft. Sie rief ihre Freundin Bunny an und erzählte ihr, wie sie auf dem Weg unten am Fluss fast über Jack Kennison gestolpert wäre. »Ach, der Ärmste«, sagte Bunny, deren Mann noch am Leben war. Ein Mann, über den sie sich den Großteil ihrer Ehe schwarzgeärgert hatte, der ständig an der Erziehung ihrer Tochter herumnörgelte, der sich mit Baseballmütze zum Essen setzte – es hatte Bunny wahnsinnig gemacht. Aber jetzt erschien es wie ein Sechser im Lotto, denn er lebte noch, und Bunny sah es ja reihenweise bei ihren Freundinnen, wie es war, seinen Mann zu verlieren und dann zu ertrinken in Einsamkeit. Olive hatte sogar manchmal den Eindruck, dass Bunny ihr aus dem Weg ging – als wäre Olives Witwentum eine ansteckende Krankheit. Aber übers Telefon redete sie noch mit ihr. »Was für ein Glück, dass du vorbeigekommen bist und ihn gefunden hast«, sagte Bunny. »Stell dir vor, er wäre da liegen geblieben.«

»Dann hätte eben jemand anders ihn gefunden«, sagte Olive. Dann: »Vielleicht ruf ich ihn nachher mal an, ob alles in Ordnung ist.«

»Ach ja, mach das«, sagte Bunny.

Um fünf schlug Olive seine Nummer im Telefonbuch nach. Sie wählte die ersten Zahlen, brach wieder ab. Um sieben rief sie an. »Alles in Ordnung bei Ihnen?«, fragte sie, ohne ihren Namen zu nennen.

»Hallo, Olive«, sagte er. »Soweit ich beurteilen kann, schon. Danke der Nachfrage.«

»Haben Sie Ihre Tochter angerufen?«, fragte Olive.

»Nein«, sagte er, mit einem kleinen Laut des Befremdens, schien es Olive.

»Vielleicht würde sie gern Bescheid wissen, wenn Sie nicht ganz auf dem Damm sind.«

»Ich wüsste nicht, warum ich sie damit behelligen sollte«, sagte er.

»Na dann.« Olive ließ den Blick durch die Küche wandern, ihre leere, stumme Küche. »Bis irgendwann.« Sie ging nach nebenan und legte sich hin, ihr kleines Radio ans Ohr gedrückt.

Eine Woche verstrich. Olive merkte es selber, wenn sie ihre Morgengänge am Fluss machte: Dort in dem Wartezimmer, während der Arzt Jack Kennison untersuchte, hatte sie sich für einen kurzen Moment mitten im Leben gefühlt. Und jetzt stand sie wieder außerhalb. Sie fand und fand keine Lösung. Seit Henrys Tod hatte sie es mit allem Möglichen versucht. Sie hatte als Führerin im Kunstmuseum in Portland gearbeitet, aber nach ein paar Monaten waren ihr die vier Stunden, die sie an einem Ort ausharren musste, schier unerträglich geworden. Sie hatte im Krankenhaus ausgeholfen, aber in einem rosa Kittel herumzulaufen und verwelkte Blumen zu arrangieren, während die Schwestern an ihr vorbeihetzten, war ihr genauso unerträglich. Sie hatte Gratisunterricht für Gaststudenten am College gegeben, die jemanden brauchten, der englische Konversation mit ihnen übte. Das war noch das Beste gewesen, aber ausgereicht hatte auch das nicht.

Hin und zurück marschierte sie jeden Morgen am Fluss, und wieder wurde es Frühling – närrischer, närrischer Frühling, der da seine winzigen Knospen sprießen ließ, und was ihr am meisten zusetzte, war, dass so etwas sie Jahr um Jahr so glücklich gemacht hatte. Sie hätte nie gedacht, dass sie einmal unempfänglich werden würde für die Schönheit der äußeren Welt; nun wusste sie es besser. Der Fluss glitzerte in der höher steigenden Sonne, so grell, dass sie die Sonnenbrille herausholen musste.

Hinter der kleinen Biegung, die der Weg machte, stand die Steinbank. Jack Kennison saß darauf und sah ihr entgegen.

»Hallo«, sagte Olive. »Wollen Sie's mal wieder wissen?«

»Die Untersuchungsergebnisse sind jetzt alle da«, sagte Jack. Er zuckte die Achseln. »Anscheinend fehlt mir nichts, also dachte ich, gleich wieder rauf aufs Pferd, wie man sagt. Ja, ich will's noch mal wissen.«

»Sehr tüchtig. Kommen Sie, oder gehen Sie?« Die Vorstellung, mit ihm zwei Meilen hin und drei Meilen wieder zurück zum Auto gehen zu müssen, war ihr nicht geheuer.

»Ich gehe. Ich bin auf dem Rückweg.«

Sie hatte sein blitzendes rotes Auto vorhin gar nicht am Parkplatz gesehen.

»Sind Sie hergefahren?«, fragte sie.

»Ja, sicher. Flügel sind mir noch keine gewachsen.«

Seine Brille war nicht getönt, und sie sah, wie seine Augen ihren Blick suchten. Sie nahm die Sonnenbrille nicht ab.

»Das sollte ein Witz sein«, sagte er.

»Das denk ich mir«, gab sie zurück. »Sonst würde man's ja sehen.«

Mit der Handfläche klopfte er auf den Stein, auf dem er saß. »Machen Sie zwischendurch gar keine Pausen?«

»Nein, ich gehe in einem durch.«

Er nickte. »Also dann. Schönen Spaziergang noch.«

Sie ging an ihm vorbei und sah dann zurück. »Fühlen Sie sich nicht gut? Haben Sie sich hingesetzt, weil Sie erschöpft sind?«

»Ich hab mich hingesetzt, weil ich Lust dazu hatte.«

Sie winkte, ohne sich umzudrehen, und marschierte weiter. Sie nahm nichts wahr für den Rest des Wegs, nicht die Sonne, nicht den Fluss, nicht den Asphalt unter ihren Füßen, nicht die sprießenden Knospen. Sie ging und dachte an Jack Kennison, daran, wie es wohl für ihn war ohne seine Frau, die Freundliche der beiden. Die Hölle, hatte er gesagt, und wen wunderte es.

Als sie wieder daheim war, rief sie ihn an. »Hätten Sie Lust, mal mittagessen zu gehen?«

»Lieber abendessen«, sagte er. »Dann hätte ich etwas, auf das ich mich freuen kann. Wenn ich mittagessen gehe, bleibt immer noch der restliche Tag.«

»Ist gut.« Sie sagte ihm nicht, dass sie mit den Hühnern zu Bett ging, dass ein Abendessen in einem Restaurant für sie fast schon einer Mitternachtsparty gleichkam.

»Ach, wie nett«, sagte Bunny. »Olive, du hast ein Rendezvous.«

»Was für einen Blödsinn redest du da?«, fragte Olive erbost. »Wir sind zwei einsame Leute, die zu Abend essen.«

»Sag ich doch«, sagte Bunny. »Ein Rendezvous.«

Seltsam, wie sehr es Olive ärgerte. Und sie konnte es nicht einmal Bunny erzählen, denn es kam ja von Bunny selbst. Sie rief ihren Sohn an, der in New York wohnte. Sie fragte, wie es dem Kleinen ging.

»Der ist eine Wucht«, sagte Christopher. »Er läuft jetzt.«

»Du hast mir gar nicht erzählt, dass er laufen kann.«

»Doch, er läuft jetzt.«

Augenblicklich brach ihr der Schweiß aus, sie spürte ihn im Gesicht, unter den Achseln. Es war beinahe wie damals, als man ihr sagte, dass Henry gestorben war – als der Anruf vom Heim erst in der Früh kam. Und jetzt stapfte ein kleiner Nachkomme von ihr und Henry durch das düstere Wohnzimmer eines großen alten Backsteinhauses, fern in dem fremden Land New York. Eine Einladung bekam sie sicher nicht; ihr letzter Besuch dort war, vorsichtig ausgedrückt, in die Hose gegangen. »Chris, vielleicht habt ihr ja Lust, im Sommer für ein paar Tage herzukommen?«

»Vielleicht. Mal sehen. Wir sind hier natürlich voll eingespannt, aber klar, nett wär's schon. Mal sehen.«

»Seit wann läuft er denn schon?«

»Seit letzter Woche. Er hat sich einfach an der Couch hochgezogen, uns angestrahlt, und ab ging die Post. Drei ganze Schritte, bevor er umgekippt ist.«

So wie er klang, hätte man meinen können, kein Kind auf dieser Welt hätte je laufen gelernt.

»Und wie geht's dir, Mom?« Sein Glück hatte ihn weicher gemacht.

»Du weißt schon. Das Übliche. Erinnerst du dich an Jack Kennison?«

»Nein.«

»Ach, so ein dicker Trampel, dem letzten Dezember die Frau gestorben ist. Traurig. Wir gehen nächste Woche was essen, und Bunny musste gleich von einem Rendezvous reden. So was *Dämliches*. Ich hab mich richtig geärgert.«

»Iss ruhig mit ihm. Nimm's als Nachbarschaftshilfe.«

»Genau«, sagte Olive. »Genau so seh ich das auch.«

Es blieb lange hell jetzt im Frühsommer, und Jack schlug vor, sich um halb sieben im Painted Rudder zu treffen. »Da müsste es schön sein um diese Zeit, so direkt am Wasser«, sagte er, und Olive stimmte zu, obwohl gerade die Zeit sie beunruhigte. Fast ihr ganzes Leben hatte sie um fünf Uhr zu Abend gegessen, und dass er es (allem Anschein nach) nicht tat, war nur ein weiteres Indiz, dass er ein Mensch war, von dem sie nichts wusste und im Zweifel auch nichts wissen wollte. Sie hatte ihn von Anfang an nicht leiden können, und es war idiotisch, sich auf ein Abendessen eingelassen zu haben.

Er bestellte sich einen Wodka Tonic, und auch das störte sie. »Wasser, bitte«, sagte sie mit fester Stimme zu der Kellnerin, die nickte und verschwand. Sie saßen über Eck an einem Vierertisch, so dass sie beide auf die Bucht mit ihren

Segelbooten und Hummerbooten und den Bojen hinaussehen konnten, die kaum merklich im Abendwind wippten. Er schien ihr viel zu nah; sein großer, haariger Arm lagerte so breit vor seinem Glas. »Ich weiß, dass Henry lange im Pflegeheim war, Olive.« Mit seinen sehr blauen Augen sah er sie an. »Das muss schlimm gewesen sein.«

So redeten sie eine Weile, und eigentlich war es nett. Sie brauchten beide jemanden zum Reden, jemanden, der zuhörte, und das bekamen sie. Sie hörten sich zu. Redeten. Hörten weiter zu. Harvard erwähnte er mit keiner Silbe. Die Sonne ging schon hinter den Booten unter, da saßen sie noch bei ihrem koffeinfreien Kaffee.

Die Woche darauf trafen sie sich mittags in einem kleinen Lokal am Fluss. Vielleicht kam es daher, dass heller Tag war und der Rasen vor dem Fenster in der prallen Frühlingssonne lag und von den parkenden Autos Lichtsplitter blitzten – vielleicht kam es von der Mittäglichkeit des Ganzen, dass es nicht so schön war wie beim ersten Mal. Jack wirkte müde. Sein Hemd war gestärkt und sah teuer aus, und Olive fühlte sich unförmig und zerbeult in ihrer langen Jacke, die sie aus einem Paar alter Vorhänge genäht hatte. »Hat Ihre Frau geschneidert?«, fragte sie.

»Geschneidert?« Als wüsste er nicht, was das Wort bedeutete.

»Geschneidert. Kleider genäht.«

»Oh. Nein.«

Aber als sie erwähnte, dass sie und Henry ihr Haus selbst gebaut hatten, sagte er, dass er es gern sehen würde. »Gut«, sagte sie. »Fahren Sie hinter mir her.« Im Rückspiegel behielt sie das rote Auto im Blick; er parkte so ungeschickt ein, dass fast eine junge Birke dran glauben musste. Sie hörte seine Schritte hinter sich auf dem steilen Weg zum Haus hinauf. Sie stellte sich ihren dicken Rücken aus Jacks Perspektive vor und kam sich vor wie ein Wal.

»Sehr hübsch, Olive«, sagte er und zog den Kopf ein, dabei hätte er mühelos aufrecht stehen können. Sie zeigte ihm das Faulenzerzimmer, in dem man liegen und durch das Panoramafenster in den Garten hinausschauen konnte. Sie zeigte ihm die Bibliothek, die sie im Jahr vor Henrys Schlaganfall gebaut hatten, mit der gewölbten Decke und den Oberlichtern. Er sah sich die Bücher an, und sie hätte ihm am liebsten gesagt: »Lassen Sie das«, als würde er in ihrem Tagebuch blättern.

»Er ist wie ein kleines Kind«, berichtete sie Bunny. »Alles muss er anfassen. Ich schwör dir, er hat meine Holzmöwe hochgehoben, sie umgedreht und dann falsch zurückgestellt, und dann hat er die getöpferte Vase genommen, die Christopher uns irgendwann geschenkt hat, und die auch umgedreht. Nach was sucht er, nach dem Preis?«

Bunny sagte: »Ich finde, du bist ein bisschen arg streng mit ihm, Olive.«

Also erzählte sie Bunny nichts mehr von ihm. Sie erzählte ihr weder von ihrem Abendessen die Woche darauf, als er ihr beim Gutenachtsagen einen Kuss auf die Wange gegeben hatte, noch von dem Konzert in Portland, das sie zusammen besucht hatten und nach dem er sie leicht auf den Mund geküsst hatte! Nein, über so etwas sprach man nicht, das ging niemanden etwas an. Und erst recht ging es niemanden etwas an, wenn sie mit ihren vierundsiebzig Jahren nachts wachlag und sich vorstellte, sie würde in seinen Armen liegen – sich Dinge ausmalte, die sie sich seit Jahren nicht mehr ausgemalt oder getan hatte.

Gleichzeitig ließ sie in Gedanken kein gutes Haar an ihm. Er hat nur Angst vor dem Alleinsein, dachte sie, er ist schwach. Fast alle Männer waren schwach. Wahrscheinlich wollte er einfach jemanden, der für ihn kochte und hinter ihm herräumte. Nun, da war er bei ihr an der falschen Adresse. Er sprach so häufig von seiner Mutter, schilderte sie in so glühenden Farben – irgendetwas musste da faul sein. Wenn er eine Mutter suchte, sollte er sich gefälligst anderswo umschauen.

Fünf Tage lang regnete es. Dicht und peitschend – so viel zum Thema Frühling. Dieser Regen war kalt und herbstlich, und selbst Olive, die ohne ihre Flusswanderung nur ein halber Mensch war, sah keinen Sinn darin, ins Freie zu gehen. Sie war nicht der Regenschirmtyp. Sie saß einfach im Auto, draußen vor Dunkin' Donuts, mit dem Hund auf dem Rücksitz. Grauenhafte Tage. Jack Kennison meldete sich nicht, und sie meldete sich auch nicht. Wahrscheinlich hatte er längst eine Neue, bei der er sich ausweinen konnte. Sie stellte sich vor, wie er neben einer Frau in Portland im Konzert saß, und verspürte Lust, ihm eine Kugel in den Kopf zu jagen. Die Gedanken an den Tod kehrten zurück. *Lass es schnell gehen.* Sie rief Christopher in New York an. »Wie geht's?«, fragte sie, wütend, dass er nie von selber anrief.

»Gut«, sagte er. »Und selbst?«

»Grauenhaft«, sagte sie. »Was machen Ann und die Kinder?« Christophers Frau hatte zwei Kinder mit in die

Ehe gebracht, jetzt war noch seines dazugekommen. »Alle munter und auf den Beinen?«

»Fast zu munter«, sagte Christopher. »Hektisch, chaotisch.«

In dem Moment hasste sie ihn beinahe. Ihr Leben war auch einmal hektisch und chaotisch gewesen. Warte nur, dachte sie. Alle bildeten sich ein, alles zu wissen, und einen Dreck wussten sie.

»Wie war dein Rendezvous?«

»Was für ein Rendezvous?«, fragte sie.

»Mit diesem Typ, den du nicht leiden kannst.«

»Das war kein Rendezvous, Himmel noch mal.«

»Na gut, aber wie war's?«

»Ein Traum«, sagte sie. »Er ist ein Depp, und dein Vater wusste es von Anfang an.«

»Daddy hat ihn gekannt?«, sagte Christopher. »Das hast du mir gar nicht erzählt.«

»Nicht richtig gekannt«, sagte Olive. »Nur vom Sehen. Gut genug eben, um zu merken, dass er ein Depp ist.«

»Theodore weint«, sagte Christopher. »Ich muss Schluss machen.«

Und dann – als erschiene ein Regenbogen am Himmel – rief Jack Kennison an. »Morgen soll es aufklaren, hieß es. Treffen wir uns am Fluss?«

»Von mir aus«, sagte Olive. »Abmarsch um sechs.«

Als sie am nächsten Morgen auf den Kiesparkplatz am Fluss einbog, lehnte Jack Kennison an seinem roten Auto und nickte, ohne die Hände aus den Taschen zu nehmen. Er trug eine Windjacke, die sie noch nicht an ihm kannte, blau – passend zu seinen Augen. Sie musste ihre Turnschuhe aus dem Kofferraum holen und sie vor ihm anziehen, was sie ärgerte. Sie hatte sie in der Herrenabteilung gekauft, ganz kurz nach Henrys Tod. Breite, beigefarbene Treter, aber sie bekam sie zu, sie konnte laufen darin. Sie richtete sich auf, schwer atmend. »Dann mal los«, sagte sie.

»Es könnte sein, dass ich nach der ersten Meile verschnaufen muss. Ich weiß ja, dass du lieber keine Pausen machst.«

Sie sah ihn an. Er hatte vor fünf Monaten seine Frau verloren. »Wenn du verschnaufen musst, rasten wir.«

Der Fluss floss links von ihnen. An einer Stelle verbreitete er sich, und man konnte die kleine Insel sehen, auf der ein paar Büsche schon in einem ganz hellen Grün schimmerten.

»Meine Vorfahren sind diesen Fluss in ihren Kanus raufgepaddelt«, sagte Olive.

Jack antwortete nicht.

»Ich dachte immer, einmal habe ich Enkelkinder, die auch hier auf dem Fluss paddeln. Aber mein Enkel wächst in New York auf. Der Lauf der Welt, ich weiß. Aber weh tut es trotzdem. Die eigenen Gene verstreut zu sehen wie Pusteblumensamen.« Olive musste ihr Tempo zügeln, um sich Jacks behäbigem Schritt anzupassen. Es fiel ihr schwer, so wie es schwerfiel, sein Wasser nicht hastig hinunterzutrinken, wenn man durstig war.

»Wenigstens werden deine Gene überhaupt verstreut«, sagte er, die Hände immer noch in den Taschen. »Ich werde gar keine Enkel haben. Nicht richtig jedenfalls.«

»Was heißt das? Wie kann man unrichtige Enkel haben?«

Es verging einige Zeit, ehe er antwortete, wie sie es bereits erwartet hatte. Sie spähte zu ihm hinüber und fand, dass er nicht besonders vorteilhaft aussah; es war etwas Ungutes in seinem Ausdruck, der Art, wie er den Kopf über den Hängeschultern vorreckte. »Meine Tochter hat sich für eine alternative Lebensform entschieden. In Kalifornien.«

»Ja, dafür scheint Kalifornien nach wie vor sehr beliebt zu sein. Für alternative Lebensformen.«

»Sie lebt mit einer Frau zusammen«, sagte Jack. »Sie lebt mit einer Frau zusammen, so wie andere Frauen mit Männern zusammenleben.«

»Ah so«, sagte Olive. Vor ihnen, im Schatten, wartete die Granitbank. »Sollen wir Pause machen?«

Jack setzte sich hin. Sie setzte sich hin. Ein älteres Paar ging händchenhaltend vorüber und nickte ihnen zu, als wären sie auch ein Paar. Als die zwei außer Hörweite waren, sagte Olive: »Das ist dir offenbar nicht so ganz recht – das mit deiner Tochter.«

»Es ist mir überhaupt nicht recht«, sagte Jack. Er schob das Kinn vor. »Vielleicht bin ich da oberflächlich.«

»Ach, du bist ein Intellektueller«, erwiderte Olive, und sie fügte hinzu: »Wobei das in meinen Augen manchmal aufs Gleiche hinausläuft.«

Er sah sie an, seine Altmännerbrauen schossen in die Höhe.

»Ich selber bin ja kein bisschen intellektuell. Ich bin eher der bäurische Typ. Und ich bin so stur und voller Vorurteile wie ein Bauer.«

»Und was soll das genau heißen?«, fragte Jack.

Olive langte in die Tasche, bekam ihre Sonnenbrille zu fassen, setzte sie auf.

Nach einer Weile sagte Jack: »Jetzt mal ehrlich. Wenn dein Sohn dir eröffnen würde, dass er mit Männern ins Bett gehen möchte, mit Männern ins Bett geht, dass er in einen Mann verliebt ist, mit ihm zusammenlebt, mit ihm schläft, sich mit ihm eine Wohnung einrichtet – meinst du allen Ernstes, das würde dich nicht stören?«

»Ja«, entgegnete Olive. »Ich würde ihn deswegen nur noch mehr lieben.«

»Das ist jetzt die sentimentale Sicht«, sagte Jack. »Du weißt nicht, wie du reagieren würdest, weil du mit so etwas nie konfrontiert worden bist.«

Olives Wangen wurden heiß. Unter ihrer Achsel kitzelten ein paar Schweißtropfen. »Ich bin mit genug konfrontiert worden.«

»Zum Beispiel?«

»Zum Beispiel damit, dass mein Sohn eine Hexe geheiratet hat, die ihn nach Kalifornien geschleppt hat, nur um ihn da sitzenzulassen.«

»Statistisch gesehen, Olive, passiert das andauernd. In fünfzig Prozent der Fälle.«

»Ja und?« Es schien ihr eine dumme, unsensible Antwort. »Und wie hoch ist die statistische Wahrscheinlichkeit, dass man ein homosexuelles Kind hat?«, fragte sie. Ihre Füße sahen monströs aus, so vorgestreckt am Ende ihrer Beine. Sie versteckte sie unter der Bank.

»Unterschiedlich. Jede neue Studie kommt zu einem anderen Ergebnis. Aber fünfzig Prozent aller Kinder sind es jedenfalls nicht.«

»Vielleicht ist sie gar nicht lesbisch«, sagte Olive. »Vielleicht mag sie einfach nur keine Männer.«

Jack Kennison verschränkte die Arme über seiner blauen Windjacke und starrte geradeaus. »Das war nicht sehr nett, Olive. Ich habe keine Theorien darüber entwickelt, warum dein Sohn eine Hexe geheiratet hat.«

Olive brauchte ein bisschen, bis das eingesickert war. »Charmant«, sagte sie. »Wirklich äußerst charmant.« Sie stand auf, ohne abzuwarten, ob er auch aufstehen würde. Aber sie hörte ihn hinter sich und verlangsamte ihr Tempo, bis er sie eingeholt hatte; sie ging zum Auto zurück.

»Jetzt weiß ich immer noch nicht, was du damit meinst, wenn du dich als Bauer bezeichnest. Hier bei uns kann man von Bauern doch eigentlich gar nicht reden. Vielleicht sollte man eher sagen, wie ein Cowboy?« Sie sah zu ihm hin, und zu ihrer Überraschung lächelte er sie gutmütig an.

»Als Cowboy könnte ich dich sehen«, sagte er.

»Dann eben Cowboy, mir auch recht.«

»Heißt das, du bist Republikanerin?«, fragte Jack nach kurzem Schweigen.

»Untersteh dich!« Olive blieb stehen und fixierte ihn durch ihre Sonnenbrille. »Ich hab nicht gesagt Vollidiotin. Meinst du, weil wir diesen Cowboy zum Präsidenten haben? Und davor einen Schauspieler, der Cowboys gespielt hat? Was soll dieser gehirnamputierte Exkokser mit einem Cowboy gemeinsam haben? Und wenn er noch so viele Cowboyhüte aufsetzt. Ein verpimpeltes Millionärssöhnchen ist er, nichts sonst, und er kotzt mich an.«

Sie hatte sich in Rage geredet und sah nicht gleich, dass er von ihr wegschaute, mit einer Verschlossenheit im Blick, als wäre er innerlich auf Abstand gegangen und wartete nur darauf, dass sie fertig wurde.

»O nein«, sagte sie nach einer Pause. »Nicht im Ernst?«
»Was nicht im Ernst?«

»Du hast ihn gewählt.« Jack Kennison machte ein müdes Gesicht. »Du hast ihn gewählt. Du, Mr. Harvard. Mr. Intellekt. Du hast diesen Kotzbrocken gewählt.«

Er stieß ein schnaubendes Lachen aus. »Mein Gott, du bist wirklich so stur und voreingenommen wie ein Bauer.«

»Du sagst es«, sagte Olive. Sie setzte sich wieder in Bewegung, in ihrem üblichen Tempo jetzt. Über die Schulter hinweg sagte sie: »Wenigstens habe ich keine Vorurteile gegen Homosexuelle.«

»Nein«, rief er. »Nur gegen reiche weiße Männer.«

Goldrichtig, dachte sie.

Sie rief Bunny an, und Bunny – Olive traute ihren Ohren nicht –, Bunny *lachte*. »Ach, Olive«, sagte sie. »Spielt das wirklich so eine Rolle?«

»Ob es eine Rolle spielt, wenn jemand einen Mann wählt, der das Land belügt? Verdammt, Bunny, die Welt ist ein einziger Katastrophenschauplatz.«

»Das stimmt«, sagte Bunny. »Aber die Welt war schon immer ein einziger Katastrophenschauplatz. Ich finde, wenn du gern mit ihm zusammen bist, solltest du ein Auge zudrücken.«

»Ich bin aber nicht gern mit ihm zusammen«, sagte Olive und legte auf. Sie hätte nicht gedacht, dass Bunny so eine Idiotin war, aber man lernte nie aus.

Aber niemanden zum Reden zu haben war schrecklich. Mit jedem Tag, der verstrich, quälte es sie mehr. Sie rief Christopher an. »Er ist Republikaner«, sagte sie.

»Igitt«, antwortete Chris. Dann: »Ich dachte, du rufst an, weil es dich interessiert, wie es deinem Enkelsohn geht.«

»Natürlich interessiert es mich, wie es ihm geht. Noch netter fände ich es allerdings, wenn du zwischendrin auch mal *mich* anrufen würdest, um mir zu sagen, wie's ihm geht.« Genau wann und wodurch ihr Sohn und sie sich so auseinandergelebt hatten, hätte Olive nicht sagen können.

»Ich ruf ja an, Mom.« Eine lange Pause. »Aber ...«

»Was aber?«

»Na ja, es ist eben nicht ganz leicht, mit dir zu kommunizieren.«

»Verstehe. Die Schuld liegt also einzig und allein bei mir.«

»Nein. Die Schuld liegt immer bei den anderen. Darum geht's mir.«

Es konnte nur Christophers Therapeut sein, der ihm all das einredete. Wer hätte je mit so etwas gerechnet? »Ich nicht, sprach die kleine rote Henne«, sagte sie in den Hörer.

»Was?«

Sie legte auf.

Zwei Wochen vergingen. Sie verlegte ihren Spaziergang am Fluss auf vor sechs Uhr, weil sie Jack nicht begegnen wollte und auch, weil sie immer schon nach wenigen Stunden Schlaf wieder wach war. Der Frühling war so schön, dass es ihr wie ein Affront vorkam. Milchsterne brachen zwischen den Kiefernnadeln hervor, um die Granitbank blühten ganze Kissen von tiefblauen Veilchen. Sie kam an dem älteren Paar vorbei, das wieder Händchen hielt. Danach hörte sie mit den Spaziergängen ganz auf. Ein paar Tage blieb sie im Bett, etwas, was es – ihres Wissens – bei ihr noch nie gegeben hatte. Sie war kein Mensch, der sich verkroch.

Christopher rief nicht an, Bunny rief nicht an. Jack Kennison rief nicht an.

Eines Nachts wachte sie um Mitternacht auf. Sie fuhr den Computer hoch und tippte Jacks E-Mail-Adresse ein, die sie noch aus der Zeit hatte, als sie zusammen zu Mittag aßen und nach Portland ins Konzert fuhren.

»Hasst deine Tochter dich?«, schrieb sie.

Am Morgen fand sie ein schlichtes »Ja« vor.

Sie wartete zwei Tage. Dann schrieb sie: »Mein Sohn hasst mich auch.«

Eine Stunde später kam die Antwort. »Zermürbt es dich? Mich zermürbt es, dass meine Tochter mich hasst. Aber ich weiß, dass es meine Schuld ist.«

Sie schrieb sofort zurück. »Mich zermürbt es auch. Völlig. Und es muss auch meine Schuld sein, obwohl ich es nicht verstehe. Ich erinnere mich an vieles ganz anders als er. Er ist bei einem Psychiater, der Arthur heißt, und ich glaube, dieser Arthur steckt hinter dem Ganzen.« Sie überlegte lange, klickte auf Senden und schrieb dann sofort: »P.S. Aber es ist sicher auch meine Schuld. Henry hat gesagt, ich hätte mich nie, kein einziges Mal, für irgendetwas entschuldigt, und vielleicht stimmt das.« Sie ging auf Senden. Dann schrieb sie: »NOCH MAL P.S. Es stimmt.«

Darauf kam nichts mehr, und sie fühlte sich wie ein Schulmädchen, dessen Schwarm mit einer anderen abzieht. Gut, Jack hatte ja höchstwahrscheinlich auch eine andere. Eine andere alte Frau. Von der Sorte liefen schließlich genügend herum, Republikanerinnen inbegriffen. Sie legte sich auf das Bett im Faulenzerzimmer und drückte sich ihr kleines Radio ans Ohr. Dann stand sie wieder auf und führte den Hund aus, angeleint, weil er sonst Jagd auf die Moody-Katzen machte; eine hatte er schon totgebissen.

Als sie zurückkam, war die Sonne schon über den Zenit, keine gute Tageszeit für Olive; wenn die Dunkelheit kam, wurde es besser. Wie hatte sie diese langen Frühlingsabende geliebt, früher, als sie jung war und ihr ganzes Leben noch vor ihr lag. Sie suchte im Schrank gerade nach einem Kauknochen für den Hund, da hörte sie den Anrufbeantworter piepsen. Absurd, wie sehr sie hoffte, es könnte Bunny sein oder Chris. Jack Kennisons Stimme sagte: »Olive. Kannst du herkommen?«

Sie putzte sich die Zähne und ließ den Hund in seinem Hundehaus.

Sein blitzendes rotes Auto stand in der kleinen Einfahrt. Als sie klopfte, hörte sie nichts. Sie drückte die Tür auf. »Hallo?«

»Hallo, Olive. Ich bin hier hinten. Ich hab mich kurz hingelegt, ich komme sofort.«

»Nein«, rief sie, »bleib ruhig liegen. Ich finde dich schon.« Sie fand ihn auf dem Bett in dem ebenerdigen Gästezimmer. Er lag auf dem Rücken, eine Hand unter den Kopf geschoben.

»Ich bin froh, dass du gekommen bist.«

»Fühlst du dich wieder wacklig?«

Er lächelte, diese Spur von einem Lächeln. »Nur in der Seele. Der Körper frettet sich durch.«

Sie nickte.

Er rückte die Beine zur Seite. »Komm«, sagte er und klopfte auf das Bett. »Setz dich zu mir. Ich bin zwar ein reicher Republikaner, wobei ich so reich auch wieder nicht bin, falls du dir insgeheim Hoffnungen gemacht hast. Wie auch immer ...«

Er seufzte, schüttelte den Kopf, und die Sonne, die zu den Fenstern hereinschien, machte seine Augen noch blauer als sonst.

»Wie auch immer, Olive, du kannst mir alles sagen, auch, dass du deinen Sohn grün und blau geprügelt hast, ich werd's dir nicht vorhalten. Glaube ich jedenfalls. Ich habe meine Tochter emotional geprügelt. Ich habe volle zwei Jahre nicht mit ihr geredet, kannst du dir das vorstellen?«

»Ich hab meinen Sohn wirklich geprügelt«, sagte Olive. »Ein paarmal, als er noch klein war. Nicht nur den Hintern versohlt. Geprügelt.«

Jack Kennison nickte, einmal nur.

Sie trat über die Schwelle, stellte ihre Handtasche auf dem Boden ab. Er setzte sich nicht auf, er blieb einfach auf dem Bett liegen, ein alter Mann mit einem Bauch, der sich hochwölbte wie ein Sack Sonnenblumenkerne. Seine blauen Augen sahen ihr entgegen, als sie zu ihm ging, und das Zimmer war erfüllt von sonniger Nachmittagsstille. Sonne strömte durchs Fenster und schräg über den Schaukelstuhl, über die ganze Breite der Tapete ergoss sie sich. Die Mahagoniknäufe der Bettpfosten schimmerten. Draußen vor der Fensterbucht sah sie das Blau des Himmels, die Lorbeerbüsche, die Steinmauer. Die Nachmittagsstille schien die ganze Welt auszufüllen. Ein Sonnenstrahl strich über Olives bloßes Handgelenk, und ein kleiner Schauder durchlief sie. Sie schaute Jack an, sah weg, sah wieder zu ihm hin. Sich neben ihn setzen, das hieße die Augen verschließen vor der gähnenden Einsamkeit dieser sonnigen Welt.

»Gott, ich hab Angst«, sagte er leise.

Fast hätte sie gesagt: »Ach, halt den Mund. Ich hasse Leute, die Angst haben.« Zu Henry hätte sie das sicher gesagt, zu beinahe jedem. Vielleicht weil sie mit ihrer eigenen Angst nicht zurechtkam – aber das dachte sie nur ganz flüchtig, während Widerwille und ein zaghaftes Begehren miteinander kämpften. Die Erinnerung an Jane Houlton im Wartezimmer war es, die sie ans Bett treten ließ – die plötzliche Erinnerung an die Gelöstheit, mit der sie diese harmlosen kleinen Bemerkungen mit Jane ausgetauscht hatte, einfach weil Jack im Sprechzimmer des Arztes sie brauchte und ihr so einen Platz in der Welt gab.

Seine blauen Augen beobachteten sie unverwandt; sie sah die Verletzlichkeit darin, die Aufforderung, die Furcht, als sie sich wortlos hinsetzte, ihm die flache Hand auf die Brust legte und das Schlagen seines Herzens spürte, das irgendwann stehenbleiben würde, wie jedes Herz. Aber jetzt gab es kein Irgendwann, jetzt gab es nur die Stille dieses sonnendurchfluteten Zimmers. Sie beide gab es, und Olives Körper – alt, dick, schlaff – sehnte sich unverhohlen nach seinem. Dass sie bei Henry nichts dergleichen mehr empfunden hatte, schon Jahre vor seinem Tod nicht, versetzte ihr einen solchen Stich, dass sie die Augen schließen musste.

Was doch die Jungen alles nicht wussten, dachte sie, als sie sich neben diesen Mann legte und er sie an der Schulter berührte, am Arm, oh, was die Jungen alles nicht wussten. Sie wussten nicht, dass unförmige, alte, verschrumpelte Körper so hungrig waren wie ihre eigenen festen Leiber; dass Liebe nicht leichtsinnig abgewiesen werden durfte, als wäre sie ein Törtchen auf einem Teller voller Süßigkeiten, der immer wieder herumgereicht wird. Nein, wenn Liebe zu haben war, dann griff man entweder zu, oder man griff nicht zu. Und ihr Teller war randvoll gewesen von der Güte Henrys, aber sie hatte darüber die Nase gerümpft, hatte immer wieder entnervt ganze Brocken weggeworfen, alles nur, weil sie nicht begriff, was eigentlich jeder Mensch begreifen sollte: dass so Tag um Tag unter den Fingern zerrann.

Und wenn der Mann neben ihr kein Mann war, den sie sich früher einmal ausgesucht hätte, was machte das schon? Er hätte sie sich ja bestimmt auch nicht ausgesucht. Aber hier waren sie nun, und Olive musste an zwei zusammengeklappte Scheiben Schweizerkäse denken, solche Löcher brachten sie beide zu dieser Vereinigung mit – solche Stücke fraß das Leben aus einem heraus.

Sie ließ die Augen zu, und durch ihr müdes Hirn rollten Wellen der Dankbarkeit – und der Trauer. Hinter ihren Lidern sah sie das sonnige Zimmer, die sonnenübergossene Mauer draußen, den Lorbeer. Ein Rätsel, diese Welt. Noch war sie nicht fertig mit ihr.

Nachweis

Der Verlag dankt den folgenden Rechteinhabern für die Genehmigung zum Abdruck:

Dave Eggers (*1970, Boston)
Bis an die Grenze. Auszug aus dem gleichnamigen Roman. Copyright © 2017, Verlag Kiepenheuer & Witsch GmbH & Co. KG, Köln. Aus dem Amerikanischen Ulrike Wasel und Klaus Timmermann.

Margaret Forster (1938, Carlisle – 2016, London)
Ein Zimmer, sechs Frauen und ein Bild. Auszug aus dem gleichnamigen Roman. Arche Literatur Verlag, Zürich 2006. Copyright © Margaret Forster 2006. Copyright der deutschsprachigen Übersetzung © 2006 by Brigitte Walitzek. Aus dem Englischen von Brigitte Walitzek.

Joey Goebel (*1980, Henderson/Kentucky)
Das Schneckenhaus. Erstmals erschienen mit dem Titel *Der Mann, der sich selbst genügte* in: ders., *Irgendwann wird es gut*. Copyright © 2019, Diogenes Verlag AG Zürich. Aus dem Amerikanischen von Hans M. Herzog.

Marlen Haushofer (1920, Frauenstein – 1970, Wien)
Die Verwandlung. Aus: dies., *Schreckliche Treue*. Copyright © 1992 Claassen Verlag in der Ullstein Buchverlage GmbH, Berlin.

Clemens Meyer (*1977, Halle/Saale)
Warten auf Südamerika. Aus: ders., *Die Nacht, die Lichter*.

Copyright © 2008, S. Fischer Verlag GmbH, Frankfurt am Main.

Sy Montgomery (*1958, Frankfurt am Main)
Einfach Mensch sein. Erstmals erschienen mit dem Titel *Christopher Hogwood* in: dies., *Einfach Mensch sein*. Copyright © 2018 by Sy Montgomery. Copyright der deutschsprachigen Ausgabe © 2019, Diogenes Verlag AG Zürich. Aus dem Amerikanischen von Heide Sommer.

Walter E. Richartz (1927, Hamburg – 1980, Neu-Isenburg)
Der Aussteiger. Aus: ders., *Das Leben als Umweg*. Copyright © 1979, Diogenes Verlag AG Zürich.

Joachim B. Schmidt (*1981, Thusis)
Die Widmung. Originalbeitrag für diese Anthologie. Copyright © 2021 by Joachim B. Schmidt.

Meir Shalev (*1948, Nahalal)
Glücksmomente. Aus: ders., *Mein Wildgarten*. Copyright © 2017 by Meir Shalev. Copyright der deutschsprachigen Ausgabe © 2017, Diogenes Verlag AG Zürich. Aus dem Hebräischen von Ruth Achlama.

Elizabeth Strout (*1956, Portland/Maine)
Fluss. Aus: dies., *Mit Blick aufs Meer*. Copyright © 2010 Luchterhand Literaturverlag, München, in der Penguin Random House Verlagsgruppe GmbH. Aus dem Amerikanischen von Sabine Roth.

Susanna Tamaro (*1957, Triest)
Geh, wohin dein Herz dich trägt. Auszug aus dem gleichnamigen Roman. Copyright © 1994 by Susanna Tamaro. Copyright der deutschsprachigen Ausgabe © 1995, Diogenes Verlag AG Zürich. Aus dem Italienischen von Maja Pflug.

Sylvain Tesson (*1972, Paris)
Die Wälder der Rückkehr. Aus: ders., *Kurzer Bericht von der Unermesslichkeit der Welt*. Herausgegeben von Judith Schalan-

sky. Copyright © Éditions des Équateurs, 2005. Copyright der deutschsprachigen Ausgabe © 2013 MSB Matthes & Seitz Berlin Verlagsgesellschaft mbH. Aus dem Französischen von Nicola Denis.

Henry David Thoreau (1817, Concord, Massachusetts – 1862, ebd.)
Wo und wofür ich lebe. Aus: ders., *Walden: oder Leben in den Wäldern*. Copyright der deutschsprachigen Ausgabe © 1971, Diogenes Verlag AG Zürich. Aus dem Amerikanischen von Emma Emmerich und Tatjana Fischer.

Kurt Tucholsky (1890, Berlin – 1935, Göteborg)
Die Kunst, falsch zu reisen. Die Kunst, richtig zu reisen. Aus: ders., *Ausgewählte Werke*. Rowohlt Verlag GmbH, Reinbek bei Hamburg.

Laura de Weck (*1981, Zürich)
Zeitenwende. Erstmals erschienen im Tages-Anzeiger, Zürich, vom 10. Dezember 2019. Copyright © 2019 by Laura de Weck. Abdruck mit freundlicher Genehmigung der Autorin.